"重庆工商大学管理科学与工程重点学科建设"丛书

基于竞合博弈的
供应链入侵策略研究

杨家权 ◎等著

中国财经出版传媒集团

经济科学出版社
Economic Science Press

·北京·

图书在版编目（CIP）数据

基于竞合博弈的供应链入侵策略研究／杨家权等著．北京：经济科学出版社，2025.2. ——（"重庆工商大学管理科学与工程重点学科建设"丛书）．—— ISBN 978 - 7 - 5218 - 6734 - 3

Ⅰ. F252

中国国家版本馆 CIP 数据核字第 2025S4Y462 号

责任编辑：李　雪　袁　澂
责任校对：齐　杰
责任印制：邱　天

基于竞合博弈的供应链入侵策略研究
杨家权　等著
经济科学出版社出版、发行　新华书店经销
社址：北京市海淀区阜成路甲 28 号　邮编：100142
总编部电话：010 - 88191217　发行部电话：010 - 88191522
网址：www. esp. com. cn
电子邮箱：esp@ esp. com. cn
天猫网店：经济科学出版社旗舰店
网址：http://jjkxcbs. tmall. com
固安华明印业有限公司印装
710×1000　16 开　23.75 印张　264000 字
2025 年 2 月第 1 版　2025 年 2 月第 1 次印刷
ISBN 978 - 7 - 5218 - 6734 - 3　定价：118.00 元
（图书出现印装问题，本社负责调换。电话：010 - 88191545）
（版权所有　侵权必究　打击盗版　举报热线：010 - 88191661
QQ：2242791300　营销中心电话：010 - 88191537
电子邮箱：dbts@ esp. com. cn）

丛书编委会

总 主 编： 黄钟仪

编委会成员：（按姓氏笔画排序）

文 悦 白 云 代春艳 邢文婷

杨家权 李红霞 张德海 詹 川

序　言

　　21世纪的管理科学与工程学科在推动创新、优化管理、提高效率、降低风险、推动可持续发展等多方面起着重要的预测、决策、指导与干预作用。重庆工商大学管理科学与工程学科于2011年获评一级学科硕士学位授权点，是重庆市高等学校"十二五""十三五""十四五"重点学科，主要关注现代产业发展与创新的有关问题，聚焦数字经济与智能商务管理、现代物流与供应链管理、信息管理与大数据分析、战略与创新创业管理、投资与项目管理等特色方向。首批丛书包含我们最新的部分研究成果。

　　现代物流与供应链管理方向，本系列丛书探讨了不同领域的供应链协同与竞合机制。《乡村振兴战略下现代农业服务供应链协同机制研究》聚焦我国乡村振兴战略中的现代农业服务供应链，《基于竞合博弈的供应链入侵策略研究》从竞合博弈视角分析制造商和零售商的角色与关系。现代农业服务供应链和供应链竞合策略为企业在乡村振兴和供应链管理方面提供了重要指导。

　　战略方向的三本书探讨了我国天然气发展、双碳发展以及技术创新发展中的有关问题。《我国天然气进口风险防范机制设计与政策创新研究》全面系统地研究了天然气战略中的进口风险评价与防范机制，提出了创新性的评价指标体系和风险扩散动力学演化模型，为我国天然气进口风险防范提供了理论指导和实践参考。《碳达峰与碳中和目标下典型工业城市低碳发展研究》基于工业城市碳排放发展问题，以重庆为例，探索了实现可持续碳达峰、碳中和目标的低碳发展模式、路径与关键举措，总结提炼了科技支撑典型工业城市的低碳发展模式和政策建议。《商业模式对高新技术服务企业创新绩效的影响研究》以我国高新技术服务企业为对象，探讨了技术创新和技术体制对创新绩效的影响，为技术创新、技术体制、商业模式与创新绩效等理论提供了深入分析和实践支持。

本系列丛书是本学科的部分成果，后续将推出涵盖数字经济与智能商务管理、信息管理与大数据分析等研究方向最新研究成果。希望这些研究能为相关领域的学者、政策制定者和实务工作者提供有价值的理论参考和实践启示。

感谢学校同意本学科对本丛书的出版支持计划，感谢出版策划、作者、编者的共同努力，希望本学科的研究后续能够继续得到相关出版支持。小荷已露尖尖角，愿有蜻蜓立上头。希望本系列丛书能够得到学术界和实践界的关注和指导。

丛书策划编委会
2024 年 1 月

前言

　　制造商和零售商分工合作是驱动供应链高效运作的基石，它优化了资源配置，加速了创新与响应速度，有效降低了运营成本，助力企业提升市场竞争力，构建了共赢的命运共同体，最终为消费者奉上更高品质、更便捷的产品与服务。然而，信息技术的飞速发展与电子商务的广泛普及，特别是移动电商的迅速崛起，以及第三方物流服务商所提供的配送服务速度的不断加快，共同构成了强大的外部推力，促使制造商积极开辟直销渠道。同样，在内部战略发展需求与外部市场环境变化的双重驱动下，零售商为增强供应链议价能力、满足消费者多元化需求、提升盈利能力及保持市场竞争优势，纷纷选择创建自有品牌。制造商的渠道入侵和零售商的品牌入侵正对供应链分工协作体系构成前所未有的考验，迫使供应链上下游成员企业不得不同步重新审视并优化自身决策，以有效应对日益复杂的渠道冲突和品牌竞争新格局。

　　供应链入侵问题，特别是制造商的渠道入侵和零售商的品牌入侵，正日益受到学者们的关注。已有研究从竞合博弈的视角出发，深入分析了这些现象的发生条件，并在此基础上提出了相应的对策和建议。其中，在对制造商入侵的研究中，以往的文献多聚焦于制造商新开辟的直销渠道和现有的零售渠道一起销售经典产品的情形，却在一定程度上忽视了制造商为缓解渠道冲突而不断探索与实践的渠道间产品差异化策略。在这种对产品差异化重视不足的背景下，直销渠道中新产品的网络外部性特征及其对竞合博弈的影响，尚未得到深入探讨。此外，在对零售商品牌入侵的研究领域，零售商为缓和品牌竞争而实施的品牌差异化效果尚未得到有效评估。在零售商推出自有品牌的情况下，制造商是否应开辟直销渠道以降低对零售商的依赖也需进一步探讨。最后，当制造商渠道入侵和零售商品牌入侵同时发生时，供应链竞合博弈的复杂性更加贴近供应链实践的真实情况，但这一领域仍缺乏全面和深入的理论指导。因此，基于竞合博弈视角研究供应链入侵策略研究具有重要的理论和应用价值，能够为供应链上下游成员企业提供新的分析视角和坚实的理论基础，以更有效地应对渠道冲突和品牌竞争。

　　本书探讨了供应链入侵发生的条件、影响及应对策略，综合考量了网络外部性、消费者偏好的异质性、渠道差异性、品牌差异性以及管理者的过度自信等关键市场环境因素。具体而言，本书不仅深刻分析了制造商和零售商入侵行为的根本原因，还全面探讨了这些行为对供应链整体及其各参与方的长期影响。这一创新性的研究视角，不仅为供应链管理提供了全新的竞合博弈分析框架，而且为供应链的稳定运作奠定了坚实的理论基础，帮助企业在复杂多变的市场环境中保持竞争优势。首先，本书深入分析了制造商开辟直销渠道和零售商推出自有品牌的成因及其背景。在制造商入侵研究中，构建了一个包含制造商和零售商的二级供应链模型，其中制造商向零售商批发经典产品，并自主决定是否建立新的直销渠道来销售新产品。随后，研究转向零售商入侵行为，探讨零售商在分销制造商品牌的同时，是否推出具有网络外部性特征的自有品牌。其次，本书探讨了供应链双重入侵的情况，即在零售商推出自有品牌的情况下，制造商决定是否建立新的直销渠道。再次，本书集中研究了在制造商的渠道入侵或零售商的品牌入侵下供应链的竞合博弈问题。最后，本书还刻画了零售商或制造商对品牌的市场规模过度自信的心理，分析零售商品牌入侵下的供应链定价策略，并探讨了这种心理状态对供应链成员利润的影响。

通过以上研究，本书能够得出一系列基于竞合博弈视角的策略组合，帮助供应链上下游成员应对渠道或者品牌入侵造成的不利影响，进一步丰富、充实供应链管理理论研究成果。同时，本书的研究结论能够为识别供应链成员间的竞合关系、优化供应链入侵防范机制、保证供应链稳定运作提供新的分析视角和科学的理论依据。

本书得到重庆市社会科学规划项目"推动成渝地区双城经济圈先进制造业协同发展的供应链创新与应用研究"（项目批准号：2021NDYB060）、重庆市教育委员会人文社会科学研究项目"网络游戏诱导性奖励行为协同监管的机制创新研究"（项目批准号：24SKGH135）、重庆市教育委员会科学技术研究项目"线上线下供需风险识别、评估与协同控制研究"（项目批准号：KJQN202000820）、重庆工商大学重点平台开放项目"联合库存与共同配送助力生鲜农产品供应链线上线下协调发展研究"（项目批准号：950222013）等项目的资助。

　　本书由重庆工商大学杨家权副教授统稿，并撰写了第3章、第4章、第6章、第7章、参考文献和附录等部分；硕士研究生黄依霞撰写了第1章；硕士研究生程应菲撰写了第2章；硕士研究生冉昕瑜撰写了第5章；重庆市大渡口区育才小学易红梅老师撰写了第8章。特别感谢方瑾瑜和孙莹两位研究生在前期准备工作中的重要贡献，以及朱祎晖、陈昕和杨思好三位研究生对文献整理工作的支持。同时，衷心感谢重庆工商大学黄钟仪教授、重庆理工大学覃燕红教授以及其他提供过帮助的朋友！

杨家权

于重庆工商大学启智楼

2025 年 1 月

目录

CONTENTS

第 1 章

绪　　论

1.1　研究背景与问题

1.1.1　研究背景

在现代市场经济体制下，制造商与零售商之间的专业化分工对于提升供应链效率和增强市场竞争力发挥着至关重要的作用。这种分工模式使得制造商能够集中资源和精力，专注于产品的生产和质量控制，而零售商则能够专注于销售策略和客户服务，从而实现供应链各环节的优化和协同。具体而言，制造商专注于生产，能够通过规模经济和技术创新来提高生产效率，降低成本。这不仅能够保证产品的质量和一致性，还能够快速适应市场变化，满足消费者对产品多样性和个性化的需求。此外，专注于生产的制造商能够更有效地控制库存，减少过剩或短缺的风险。零

1

售商专注于销售环节，能够更好地理解市场需求，提供精准的客户服务。零售商通过与消费者的直接互动，收集市场信息和消费者反馈，这些信息对于制造商调整生产计划和改进产品设计至关重要。同时，零售商可以通过有效的营销策略和促销活动，增强产品的市场知名度，提升销售数量和扩大市场份额。

专业化分工还有助于降低供应链的运营风险，促进供应链上下游企业之间的协同合作。首先，制造商可以避免涉足不熟悉的销售和分销领域，而零售商则可以利用其专业的销售网络和客户关系来专注于市场拓展。这种明确的分工减少了供应链中的不确定性和复杂性，提高了供应链的稳定性和可预测性。其次，制造商和零售商可以建立长期稳定的合作关系，共享信息、资源和技术，实现供应链的协同优化。通过紧密合作，双方可以共同开发新产品，提高供应链的创新能力和市场竞争力。在全球化的背景下，专业化分工体系使得制造商和零售商能够更好地参与国际分工，利用全球资源，拓展国际市场。制造商可以通过专业化生产，提高产品的国际竞争力，而零售商则可以利用其全球销售网络，将产品推广到更广阔的市场。总之，制造商专注于生产、零售商专注于销售的专业化分工体系对于提升供应链效率、促进技术创新、加强市场响应、降低运营风险、推动协同合作、参与国际分工等方面都具有重要意义。在当前经济形势下，构建和优化专业化分工体系，是提升供应链竞争力、实现经济高质量发展的关键举措。

然而，供应链入侵现象，包括制造商开辟直销渠道进入零售市场和零售商推出自有品牌进入生产者市场，正在对传统的供应链分工体系构成显著挑战。供应链入侵现象的出现，与互联网和电子商务的快速发展以及消费者对性价比的不断追求紧密相关。首先，互联网技术的革新和电子商务平台的兴起为制造商开辟直销渠道提供了便利。制造商利用线上平台，可以绕过传统的零售渠道，直接与消费者进行交易，这种模式大大降低了销售成本，提高了效率。其次，直销模式使得制造商能够更快速地响应市场变化，更直接地获取消费者反馈，从而更精准地调整生产和营销策略。此外，直销渠道的建立还有助于制造商建立更紧密的消费者关系，提升品牌形象和市场影响力。另外，消费者对性价比的关注促使零售商推出自有品牌。在竞争激烈的零售市场中，零售商通过自有品牌能够提供更具竞争力的价格，满足消费者对高性价比产品的需求。自有品牌的产品通常具有较低的生产成本和销售价格，但品质却能与知名品牌相媲美，这种"物美价廉"的策略成功吸引了大量寻求性价比的消费者。同时，自有品牌也是零售商实现差异化竞争的重要手段，有助于零售商在同质化竞争中脱颖而出。然而，供应链入侵也带来了挑战。对于制造商而言，直销渠道的建立可能会与传统零售渠道产生冲突，引发渠道冲突和合作困境。零售商可能因为制造商的直销行为而失去部分市场份额，这可能导致零售商的利润下降，甚至影响到整个供应链的稳定性。对于零售商而言，自有品牌的推广需要大量的市场推广和品牌建设投入，且自有品牌的市场接受度和忠诚度需要时间来培养。

供应链入侵现象对传统的供应链分工体系构成了显著的挑战，这要求制造商和零售商重新思考和调整其在供应链中的定位与策略。制造商在开辟直销渠道的过程中，必须谨慎平衡直销模式与现有传统渠道之间的关系，以确保两者能够协同工作，而不是相互竞争。这涉及建立一个和谐的渠道策略，使得直销渠道能够补充而非取代传统渠道，从而避免内部冲突和市场碎片化。同时，零售商在推广自有品牌的过程中，应着重关注产品的质量与服务，这是建立和维护消费者信任的基础。零售商需要通过提供与知名品牌相媲美的高性价比产品，来吸引和保留客户。此外，零售商应与制造商保持紧密的合作伙伴关系，通过共享数据、市场洞察和技术，实现供应链的优化和效率提升。为了应对市场变化，制造商和零售商都需要不断创新商业模式，并加强彼此之间的合作。这包括共同开发新产品，优化供应链管理，以及实施精准的市场策略。通过这些努力，可以构建一个更加高效、协同且具有适应性的供应链体系，从而实现供应链成员企业的互利合作，最终提升整个供应链的运营效率、客户满意度和财务表现，同时增强供应链的可持续性与创新能力。

1.1.2　问题的提出

随着全球化与数字化的加速发展，供应链已不再是传统的线性结构，而是呈现出更加复杂、多变的网络形态。在这一背景下，供应链入侵现象日益突出，不仅改变了传统的供应链结构，也对供应链中的分工、合作与竞争关系产生了深远影响。然而，现有文献对供应链入侵的动因、影响以及应对措施的探讨尚显不足，尤其缺乏从竞合博弈视角的深入分析。因此，有必要从竞合博弈的视角出发，深入探讨供应链入侵的动因，揭示制造商入侵零售领域或者零售商入侵生产领域背后的经济逻辑和市场驱动力。基于这些深入的分析，我们才能提出更为精准、有效的应对策略，以应对供应链入侵带来的挑战。具体而言，本书旨在提出以下研究问题：

（1）供应链入侵的主要动因是什么？这些动因如何影响企业的战略决策？

供应链入侵的动因是多元且复杂的，既有企业内部战略调整的需要，也有外部环境变化的推动。从竞合博弈的视角出发，我们需要深入分析供应链入侵的主要动因，包括追求利润最大化、弥补产业链短板、应对市场变化以及拓展业务范围等。同时，我们还需要探讨这些动因如何影响企业的战略决策，以及企业在不同动因下的行为模式。

（2）供应链入侵对产业链上下游企业、消费者乃至整个市场结构产生了哪些影响？这些影响是如何传导和扩散的？

供应链入侵对产业链上下游企业、消费者乃至整个市场结构都产生了深远的影响。我们需要从竞合博弈的视角出发，深入分析供应链入侵对产业链上下游企业的市场份额、议价能力、竞争地位等方面的影响。对消费者选择、购物体验、利益保障等方面的影响，以及对整个市场结构的变化和竞争格局的影响。同时，我们还需要探讨这些影响是如何在供应链中传导和扩散的，以及企业如何适应这些变化并调整战略。

（3）面对供应链入侵带来的挑战和机遇，企业应如何制定有效的应对策略？这些策略应如何平衡竞争与合作的关系？

面对供应链入侵带来的挑战和机遇，企业需要制定有效的策略以应对市场变化。从竞合博弈的视角出发，我们需要探讨企业应如何根据自身的资源和能力，制定符合自身实际的应对策略。这些策略应包括加强战略规划和市场研究、提高核心竞争力、加强合作与共赢以及灵活调整战略和策略等方面。同时，我们还需要探讨这些策略如何平衡竞争与合作的关系，以实现企业的可持续发展。

通过对以上研究问题的深入探讨和分析，我们可以更加全面地理解供应链入侵的本质和规律，为企业制定有效的应对策略提供有益的参考。同时，这也有助于推动供应链管理的理论创新和实践发展，促进供应链的协同优化和竞争力提升。

1.2　研究目的与意义

1.2.1　研究目的

本书的主要研究目标包括理论目标和应用目标。

（1）理论目标。

第一，阐释竞合博弈理论在供应链入侵策略研究中的应用。本书将深入探究竞合博弈理论在供应链入侵策略中的理论内涵，明确竞争与合作在供应链入侵过程中的相互关系和影响机制，为理解供应链入侵现象提供新的理论视角。

第二，分析供应链入侵的动因、过程与影响机理。通过构建供应链入侵的理论模型，分析入侵发生的动因、入侵行为的演化过程以及入侵对供应链整体及各方参与者的影响，揭示供应链入侵的复杂性和动态性。

第三，形成供应链入侵应对策略的理论框架和分析范式。在建模研究和数值分析的基础上，总结供应链入侵策略的一般规律，构建基于竞合博弈的供应链入侵应对策略理论框架和分析范式，为后续的深入研究和实践应用提供理论基础。

（2）实践目标。

第一，构建基于竞合博弈的供应链入侵应对策略体系。本书将综合理论框架、动因分析、过程演变和影响评估，提出针对供应链入侵的应对策略体系，包括预防策略、应对策略和恢复策略等，为供应链上下游成员企业应对制造商渠道入侵或者零售商品牌入侵提供实践指导。

第二，形成多案例、多维度、多主体的供应链入侵策略分析。通过收集和分析多个供应链入侵案例，从多个维度和多个主体的视角出发，对供应链入侵策略进行深入剖析，揭示不同情境下供应链入侵策略的特点和差异，为企业和政府制定针对性的策略提供参考。

第三，提供政策依据和实践建议。本书的研究成果将为企业和政府制定相关政策和实践提供科学依据，包括加强供应链合作、提升供应链绩效等方面的政策建议和实践建议，为推动供应链稳定发展贡献力量。

1.2.2　研究意义

本书的研究不仅丰富了供应链管理理论，提供了对供应链入侵现象的全面认识，也为制造商和零售商应对供应链入侵提供了实践指导。通过理论分析和实证研究，本书揭示了供应链入侵的复杂性和动态性，强调了供应链成员间合作的重要性，并为供应链管理提供了新的视角和工具。随着市场竞争的加剧和消费者需求的多样化，供应链入侵现象将更加普遍，本书的研究将对核心企业制定有效的供应链战略，提高供应链的适应性和竞争力，具有重要的理论和实践价值。

（1）理论意义。

第一，丰富和完善供应链管理理论。本书将竞合博弈理论引入供应链入侵策略的研究中，不仅拓展了供应链管理理论的研究领域，也为理解供应链入侵现象提供了新的理论视角。通过构建基于竞合博弈的供应链入侵策略理论框架和分析范式，可以进一步丰富和完善供应链管理理论。

第二，揭示供应链入侵的内在规律。通过对供应链入侵的动因、过程与影响的深入研究，可以揭示供应链入侵的内在规律，加深人们对供应链入侵现象的理解和认识。这对于构建有效的应对策略和防控机制具有重要的指导意义。

第三，推动供应链管理学科的交叉融合。本书涉及管理学、经济学、心理学、运筹学等多个学科领域的知识和方法，有助于推动这些学科之间的交叉融合，促进供应链管理学科的创新和发展。

（2）实践意义。

第一，指导企业应对供应链入侵。本书提出的基于竞合博弈的供应链入侵应对策略体系，可以为企业应对供应链入侵提供实践指导。企业可以根据自身情况选择合适的策略，加强供应链管理，提升供应链韧性和稳定性。

第二，促进供应链稳定发展。本书旨在推动供应链稳定发展，具有重要的社会和经济意义。通过构建有效的应对策略和防控机制，可以减少供应链入侵对企业和整个供应链的冲击，保障供应链的正常运行和稳定发展。

1.3 研 究 内 容

1.3.1 研究对象

全球化与数字化背景下，供应链网络日益复杂，入侵现象频发且影响深远。在此背景下，本书以供应链入侵现象为研究对象，深入探索供应链入侵的动因、策略、影响及应对策略。我们提出基于竞合博弈的供应链入侵策略研究的理论框架，旨在剖析供应链入侵中竞争与合作的关系，理解入侵行为的动因和影响机理，探索有效的稳定性提升路径，为构建更加安全、稳定、高效的供应链网络提供理论支持和实践指导。

　　为提高研究成果的精准性和普适性，本书重点关注供应链入侵中具有代表性的制造商入侵和零售商入侵。具体而言，制造商入侵策略表现为制造商选择突破传统的分销渠道和零售商的界限，转而通过其精心打造的官方网站、活跃的社交媒体平台以及独立的实体零售门店，直接向消费者销售产品。这种新型的直销模式不仅为消费者提供了更为便捷和直接的购物途径，而且也在一定程度上与现有的分销渠道和零售商形成了竞争关系，从而"入侵"了他们的市场份额。在制造商入侵的过程中，制造商不仅在线上渠道取得了显著的销售增长，还通过开设实体零售门店，进一步拓宽了销售渠道，实现了线上线下融合的全渠道销售策略。而零售商入侵则表现为零售商在销售制造商品牌产品的同时，积极推出自有品牌。这种策略旨在增加收入来源、提升品牌影响力，并满足消费者多样化的需求。零售商通过自有品牌的开发，不仅拓展了产品线，还增强了与消费者的联系，进一步巩固了市场地位。

　　考虑到供应链入侵的多样性和复杂性，我们在供应链入侵风险较高的行业或领域中选取具有典型性和普遍性的案例进行深入剖析，特别是在全球化竞争中占据重要地位、供应链网络错综复杂、竞争与合作交织共存的行业。在分析和阐述结论时，本书还特别关注不同行业供应链入侵的共性和差异。通过对比分析不同行业供应链入侵的案例，我们可以更深入地理解供应链入侵的动因、影响机理和应对策略的异同，为不同行业提供更具针对性和实用性的指导。

1.3.2　研究思路

本书遵循严谨的逻辑框架，从理论构建到动因探究，再到策略制定、影响机理分析，直至应对策略的提出，形成了一套完整的研究体系，并将研究过程划分为三个部分。

第一部分：基于竞合博弈的供应链单边入侵策略研究。

本部分旨在剖析制造商或零售商在供应链中的入侵现象，进而探讨这种单边入侵的驱动力、实施策略以及其对整个供应链网络产生的广泛影响，为相关企业和政策制定者提供决策参考。

首先，我们关注制造商入侵的现象，即制造商在销售其经典产品的同时，决定是否在新的直销渠道中推出具有网络外部性的创新产品。我们定义这一过程为制造商单边入侵，并深入研究其动因、条件以及对整个供应链结构的影响。进一步地，我们将对比分析使用创新产品入侵与利用经典产品入侵这两种不同策略的优劣。

其次，我们将研究焦点转向零售商入侵。在分销制造商经典产品的基础上，零售商决定是否推出具有网络外部性的全新自有品牌。我们将这一过程定义为零售商单边入侵，并探讨其可行性以及潜在的供应链影响。此外，本书还将对零售商推出全新品牌与模仿现有制造商品牌这两种截然不同的入侵策略进行深入对比，以全面评估它们各自的效果和对供应链产生的深远影响。

第二部分：基于竞合博弈的供应链双重入侵策略研究。

本部分致力于全面深入地分析和解构供应链中的双重入侵现

象，特别强调其背后复杂的互动机制以及各供应链实体间策略对抗的重要性。

具体而言，本部分重点探究制造商入侵和零售商入侵之间的新型互动关系，即零售商推出自有品牌的背景下，制造商决定是否推出直销渠道来降低对零售商的依赖、增强品牌竞争优势和提升盈利能力。为了深入剖析这一复杂的市场现象，我们提出基于竞合博弈的供应链双重入侵策略研究的理论框架，旨在剖析在多方参与的供应链双重入侵中，竞争与合作如何交织影响各方的战略决策，理解双重入侵行为的动因和影响机理，评估不同应对策略对增强供应链稳定性的有效性，并提出实际指导策略，帮助供应链管理者构建更加安全、稳定、高效的供应链系统。

第三部分：供应链入侵下竞合博弈研究。

在前两部分深入剖析了供应链入侵发生的条件与潜在影响的基础上，本部分聚焦零售商入侵下的供应链竞合博弈研究。

在零售商入侵下的供应链竞合博弈中，零售商、制造商或者双方对市场规模过度自信也是一个不可忽视的现象。因此，我们构建了供应链成员完全理性下的基准模型，研究该情形下供应链定价策略。随后，研究进一步聚焦于零售商或者制造商对市场规模的过度自信心理，分析这种心理状态如何影响零售商品牌竞争下的供应链定价策略并剖析过度自信心理对供应链成员利润的影响。通过建模研究，我们求解过度自信情形下供应链成员的真实利润和感知利润，对比完全理性和过度自信情形下供应链成员真实利润的差异。最后，我们利用数值仿真的方法，具体分析了双方对市场规模过度自信时的供应链定价策略，从而进一步验证了过度自信与完全理性状态下真实利润的比较结果。

1.3.3 研究内容

本书聚焦于供应链入侵现象，将竞合博弈理论应用于供应链入侵策略的研究中。通过建立理论模型，本书深入探讨了入侵的动因、行为演变及其对供应链整体和各方参与者的影响，为供应链管理和运作提供了新的分析视角和理论支持。

第1章，绪论。本章结合现实问题、理论分析以及国家需求，强调了从竞合博弈视角研究供应链入侵策略的重要性和紧迫性。具体内容包括：介绍研究背景和问题；明确研究目的和意义；提出研究思路和分析框架；阐述本书的特色和创新点。

第2章，相关基础理论。本章围绕研究主题，对相关的基础理论进行阐述。为更好地理解本书的研究理论和研究问题，本章将详细介绍与之紧密相关的基本理论，包括博弈论、供应链管理理论、渠道冲突理论、网络外部性理论、过度自信理论以及消费者偏好异质性理论。

第3章，相关文献综述。本章对研究主题紧密相关的国内外研究文献进行评述，进一步论证本书研究主题的必要性和合理性。具体而言，通过对供应链中制造商渠道入侵研究、供应链中零售商品牌入侵研究、供应链中双重入侵下的竞合博弈研究、制造商品牌的分销渠道策略研究、网络外部性研究和过度自信研究进行文献梳理，论证在供应链入侵现象越发普遍的情况下，帮助核心企业制定有效的供应链战略，提高供应链的适应性和竞争力的紧迫性和重要性。

第 4 章，考虑新产品具有网络外部性的制造商入侵策略研究。本章旨在分析制造商通过新产品入侵市场对供应链成员利润及运作的影响。为此，我们构建了一个包含制造商和零售商的二级供应链模型。在该模型中，制造商向零售商批发经典产品，并决定是否建立直销渠道销售新产品。本章将计算制造商入侵的条件，对比无入侵与新产品入侵的场景，并评估制造商入侵对均衡情形下供应链成员决策和盈利能力的影响。

第 5 章，考虑新品牌具有网络外部性的零售商入侵策略研究。本章建立一个由制造商和零售商组成的二级供应链模型。在这个模型中，双方均为风险中性，即在决策时追求自身利润最大化。零售商分销制造商品牌，并内生地决定是否推出新的自有品牌。通过数理模型推理证明了零售商推出差异化的自有品牌去入侵制造商市场的条件，通过敏感性分析，挖掘网络外部性强度和品牌差异化程度的变化与零售商利润之间的关系。有机结合理论研究和现实依据，分别对制造商和零售商提出合理的管理启示。

第 6 章，基于竞合博弈的制造商和零售商双重入侵策略研究。与第 3 章、第 4 章不同，本章考虑制造商和零售商双重入侵。零售商将制造商品牌转售给消费者，并自行决定是否推出自有品牌。当零售商推出自有品牌时，制造商内生地决定是否建立新的直销渠道。本章研究证明：如果零售商失去了销售制造商品牌的机会，那么推出自有品牌就会损害其盈利能力。此外，数值研究表明，更高的品牌替代率或更低的自有品牌偏好的消费者，可能会降低零售商推出其新品牌的积极性。

第 7 章，零售商入侵下考虑供应链成员具有过度自信特征的竞合博弈研究。本章考虑了零售商、制造商或者双方对市场规模过度自信的情形。基于博弈模型分析结果，本章回答了以下研究问题：相较于供应链成员企业完全理性的情形，零售商、制造商或者双方对市场规模过度自信是否改变零售商品牌竞争下的供应链最优定价策略？过度自信制造商或者零售商感知的利润和供应链成员企业的真实利润之间是否存在显著差异？与制造商或者零售商对市场规模过度自信的情形不同，双方对市场规模过度自信情形下供应链定价及绩效有哪些新变化？

第 8 章，总结。本章对本书研究进行总结。

1.4 研究方法

1.4.1 文献调研方法

文献调研法是一种系统收集、整理、分析和评价已有文献资料的科学研究方法。在供应链管理领域的研究中，文献调研法扮演着至关重要的角色，因为它能够帮助研究人员快速掌握领域内的研究现状、理论进展和实践经验，为后续的研究提供坚实的理论支撑和实践指导。

在本书的研究中，文献调研法发挥了重要的作用，其被广泛应用于各个章节。通过系统地收集、整理、分析和评价已有文献资料，本书不仅构建了清晰的理论框架，还识别出了当前研究领域的研究缺口，为后续的研究提供了有针对性的研究方向和思路。同时，文献调研法也为本书的建模和仿真研究提供了有力的理论支持和实践指导，使得研究结果更加可靠和有效。具体而言，文献调研法在本书中的应用体现在以下四个方面。

（1）构建理论框架。

通过广泛阅读和分析相关领域的文献，本书构建了一个基于竞合博弈的供应链入侵策略研究的理论框架。这一框架不仅涵盖了对制造商入侵、零售商入侵策略的研究，还考虑了网络外部性和过度自信等特殊因素，为后续的数学建模研究提供了清晰的理论指导。

（2）了解研究现状。

在本书的各个章节中，文献调研法被用于了解当前研究领域的现状和发展趋势。通过梳理和分析已有的研究成果，本书能够清晰地识别出当前研究的热点、难点和不足之处，为后续的研究提供有针对性的研究方向。

（3）识别研究缺口。

在构建理论框架和了解研究现状的基础上，本书通过文献调研法识别出了当前研究领域中的研究缺口。这些研究缺口为后续的研究提供了重要的研究方向和思路，有助于推动供应链管理和市场营销等领域的学术进步。

（4）验证研究假设。

在本书的实证研究中，文献调研法被用于验证研究假设的有效性和合理性。通过对比和分析已有的研究成果和实验数据，本书能够验证研究假设的正确性和可靠性，为实践应用提供有力的理论支持。

1.4.2 竞合博弈方法

竞合博弈被广泛应用于分析供应链中制造商和零售商之间的策略互动和决策过程。竞合博弈理论强调了在竞争与合作并存的市场环境中，供应链成员如何制定策略以最大化自身利益，并考虑其他成员的反应。具体而言，竞合博弈在本书中的应用体现在以下四个方面。

（1）策略分析与制定。

本书利用竞合博弈理论，分析制造商面对新品牌入侵和零售商面对新渠道入侵时的策略选择。通过构建竞合博弈模型，研究人员能够模拟不同策略组合下的市场反应和供应链成员的收益情况，从而找出最优策略。

（2）考虑网络外部性。

在网络外部性存在的情况下，产品的价值不仅取决于其本身的特性，还受到其他用户数量的影响。本书通过竞合博弈模型，分析了网络外部性对供应链成员入侵策略选择的影响，并探讨了如何通过入侵策略调整来应对网络外部性带来的挑战。

（3）考虑过度自信特征。

供应链成员可能存在的过度自信特征会影响他们的策略选择和决策过程。本书利用竞合博弈理论，分析了在供应链成员具有过度自信特征时，他们的策略互动和决策偏差，并探讨了如何通过策略调整来减少这种偏差对供应链绩效的负面影响。

（4）双重入侵策略。

当制造商和零售商入侵同时发生时，供应链上下游成员企业之间的竞合关系更加复杂。本书利用竞合博弈理论，分析了这种双重入侵情境下的策略互动和决策过程，并探讨了制造商和零售商如何通过策略调整来应对上下游成员企业入侵的挑战。

1.4.3　比较研究方法

比较研究是一种极具效力的科学研究方法，它基于对不同对象、现象或情境的细致对比，旨在揭示它们之间的共性与差异，从而进一步加深对研究主题的理解与洞察。在本书中，比较研究尤为关键，因为通过设立基准情形与比较情形，能够为我们提供一个清晰的框架来分析并解释制造商入侵、零售商入侵以及供应链双重入侵的影响。具体而言，比较研究方法在本书中的应用体现在以下三个方面。

（1）制造商单边入侵的影响。

本书以制造商不开辟直销渠道情形为基准，将制造商开辟直销渠道的情形与基准情形进行比较，揭示制造商单边入侵对供应链分工体系的挑战。同时，以制造商的直销渠道销售具有网络外部性特征新产品情形为基准，将制造商直销渠道销售没有网络外部性特征经典产品的情形与基准情形进行比较，获得制造商直销渠道销售具有网络外部性特征新产品的优势和劣势。

（2）零售商单边入侵的影响。

本书以零售商不推出自有品牌情形为基准，将零售商推出自有品牌的情形与基准情形进行比较，揭示零售商单边入侵对供应链竞争格局的影响。同时，本书还将对零售商推出全新品牌与模仿现有制造商品牌这两种截然不同的入侵策略进行深入对比，以全面评估它们各自的效果和对供应链产生的深远影响。

（3）供应链双重入侵的影响。

在本书中，我们深入探讨零售商推出自有品牌的条件，以及制造商在面临零售商品牌竞争时，推出直销渠道的策略条件。然后，本书利用竞合博弈理论，分析了这种双重入侵情境下的策略互动和决策过程，并探讨了制造商和零售商如何通过策略调整来应对上下游成员企业入侵的挑战。最后，通过比较分析，本书旨在揭示双重入侵对供应链各方盈利能力的潜在影响，研究特别关注了双重入侵情形下，供应链成员如何调整策略以应对市场变化，以及这些调整如何影响供应链的整体效率和利润分配。此外，本书通过数值模拟，检验了品牌替代性动态变化对供应链双重入侵条件及其影响的作用，这为我们理解市场动态和品牌间竞争提供了新的视角。

本书不仅丰富了供应链管理的理论，也为制造商和零售商在多变市场环境中制定策略提供了实证依据。同时，本书强调了供应链成员在面对双重入侵时，需要考虑的策略互动和市场适应性，为供应链成员提供了应对市场入侵和维持竞争优势的策略指导。通过这些发现，供应链成员可以更好地评估入侵行为的潜在影响，制定相应的应对措施，以保持其市场地位和盈利能力。

1.5　本书研究的创新之处

（1）学术思想。

本书围绕网络外部性影响下制造商和零售商在供应链中的入侵策略及其相互作用的研究路径进行深入探讨，提出了一种全新的视角来分析制造商和零售商的入侵策略。此外，本书通过引入竞合博弈的理论框架，突破了传统研究中仅考虑单一市场参与者的局限，从而在理论上开创了制造商和零售商互动关系研究的新思路。通过引入网络外部性和过度自信等因素，对制造商和零售商的入侵策略进行系统性研究，这不仅是对现有制造商与零售商互动模式的一种开创性探索，同时也为理解和应对网络外部性带来的市场变化提供了新的理论工具。

（2）学术观点。

第一，制造商和零售商的入侵策略不仅影响供应链内部的博弈平衡，还关系到整个市场竞争格局的变化以及新产品和新品牌的市场接受度，进而影响数字经济的创新活力和市场动态；第二，在制造商和零售商的入侵策略研究中，需要综合考虑网络外部性以及供应链成员的心理特征，构建多层次、多维度的研究框架，以更加全面地理解供应链中的竞合关系；第三，社会力量的干预，如政策引导和市场监管，可以在供应链双重入侵策略的实施中发挥重要作用，促使供应链成员不断优化其行为策略，实现供应链整体效益的最大化。

（3）研究方法。

本书通过将比较研究和竞合博弈分析方法有机结合，使研究成果更加客观真实。通过比较研究的应用，本书能够全面地评估和比较不同市场入侵策略的优势与劣势，以及这些策略在特定市场条件下的适用性。这种方法使研究者能够在多个维度上分析策略的效果，从而识别出在特定环境下最有效的市场行为。此外，通过竞合博弈分析，本书深入探讨了制造商和零售商在不同市场环境中的策略互动，以及这些互动如何影响整个市场的结构和竞争态势。竞合博弈理论提供了一个强大的分析框架，帮助研究者揭示市场参与者如何在相互依赖的关系中作出战略决策，并预测这些策略互动的可能结果。这两种方法的结合，有助于全面、系统地研究制造商和零售商的入侵策略。通过综合运用比较研究和竞合博弈分析，可以在更广泛和更深入的层面上理解市场入侵策略的形成和演变机制，从而为理论研究提供新的视角和方法。同时，这种结合也为实际应用提供坚实的基础，使企业能够在不断变化的市场环境中作出更为明智和有效的决策，提升其市场竞争力和创新能力。

第 **2** 章

相关基础理论

2.1 博　弈　论

博弈，也称为对策或赛局，是指在一定的规则约束下，基于直接相互作用的环境条件，两个或多个参与者依靠所掌握的信息，选择各自允许选择的行为或策略，并加以实施，各自从中取得相应结果或收益的过程。博弈现象不仅存在于棋牌、赌博、战争等活动中，也广泛存在于人类经济生活中，如寡头市场中的价格竞争、股市中投资者与上市公司的博弈、劳动力市场上的工资谈判等。

博弈论，是现代数学的一个新分支，也是运筹学的一个重要学科。博弈论研究博弈行为中竞争各方是否存在最合理的策略选择，以及如何找到合理策略的数学理论和方法。博弈论，作为一种研究决策主体在特定环境下如何进行策略选择以实现自身利益最大化的科学，其起源可追溯至古代的游戏和策略思考，其发展则经历了一个漫长而曲折的过程。在这个过程中，无数学者为博弈论的完善和推广作出了巨大贡献。如今，博弈论已经成为一门具有广泛应用价值的学科，被广泛应用于经济学、政治学、计算机科学、国际关系学等多个领域，成为现代社会科学的一个重要分支。

2.1.1　中国古代的博弈思想

中国古代的博弈思想源远流长，如同千年古树般根深叶茂，早在古籍之中便有其身影。这些智慧不仅被运用于军事战略的部署、政治斗争的较量、经济活动的博弈，更深深地烙印在人们的日常生活之中，成为指导行为的重要准则。

（1）军事战略中的博弈思想。

中国古代军事战略中的博弈思想丰富而深刻，主要体现在整体战略、防御策略、兵种协同和谋略运用等多个方面。这些思想和策略的应用，既体现了对战争的全面考虑和综合斗争的认识，也展现了对敌我双方实力的精准判断和博弈思维的灵活运用。

首先，军事家们认识到战争是政治、经济和军事的综合斗争，需要全面考虑各个方面的因素。他们强调战争不是单一维度的较量，而是多个层面的综合博弈。例如，孙武在《孙子兵法》中提出"不战而屈人之兵"和"攻心为上，攻城为下"的思想，就体现了这种博弈思想。他强调心理战术的重要性，试图通过影响敌方士兵的心理状态来取得战争的胜利。《孙子兵法》是博弈思想在中国古代军事领域的杰出代表，蕴含了丰富的战略互动与决策分析内容。

其次，中国古代军事战略以防御为主，注重守势防御。军事家们认为战争是万不得已的手段，因此他们更加注重谋略和战略的灵活应用，以取得主动权。例如，三国时期的诸葛亮运用了"空城计"，通过虚张声势、制造假象来削弱敌人的攻势，实现战略上的反击。这种策略体现了对敌我双方实力的精准判断和博弈思维的运用，更是中国古代军事博弈思想中策略与智慧的典范。

再次，在中国古代军事博弈中，兵种协同的重要性不言而喻。战场上，步兵、骑兵、弓箭手等不同兵种，如同棋盘上各司其职的棋子，彼此间相互依存，密切配合。这种协同作战的策略，不仅彰显了军事指挥的智慧，更通过兵种间的互补与配合，构筑起坚不可摧的防线，发挥出最大的战斗力。正是这种协同，使军队在军事博弈中能够形成整体作战优势，最终取得胜利。

最后，古代军事战略中，谋略、变化和计谋的运用被置于核心地位。军事家们深知，智慧的力量往往能超越武力的局限。他们精心制定战争策略，敏锐地捕捉并利用敌人的弱点，巧妙布局以制造敌人的失误。这种策略性思维不仅要求军事家们对战争形势有深刻的洞察，更需要在瞬息万变的战场上灵活应变。这种思想体现了对战争复杂性的深刻理解，也展现了军事家们对博弈策略的娴熟运用。

（2）政治斗争中的博弈思想。

中国古代政治斗争中的博弈思想是一种深刻而复杂的智慧体现，它体现了古代政治家们的智慧、胆识和策略水平。以春秋战国时期的政治斗争为例，由于诸侯割据、王纲解纽、礼崩乐坏，社会秩序出现了严重的混乱，各诸侯国之间互相争斗，利益集团之间纷争不断。这种背景下，博弈思想在政治斗争中起到了关键的作用。

首先，在古代政治斗争中，博弈思想扮演着至关重要的角色。政治家们首先要精准判断局势，深入洞察敌我双方的实力对比、政治环境以及社会舆论的动向。基于这些判断，他们制定出相应的政治策略和手段，以应对复杂的政治环境。同时，政治家们还需善于整合和调配各种资源，包括人力、物力、财力等，通过有效运用这些资源来增强自身的实力和影响力，从而在政治博弈中占据优势地位。

其次，在古代政治斗争中，博弈思想还深入体现在对对手心理的揣摩与应对策略的制定上。政治家们深知，了解对手的性格、喜好和弱点是制定有效策略的关键。他们通过细致的观察和分析，掌握对手的心理动态，进而制定出有针对性的策略。同时，他们善于运用各种手段，如舆论宣传、外交斡旋等，巧妙地影响对手心理，瓦解其斗志，制造其失误，从而为自己在政治博弈中争取更多优势。

最后，古代政治斗争中的博弈思想，更体现在对政治局势的主动塑造与引导上。政治家们不仅应对复杂局面，更致力于通过智慧和努力塑造有利于自己的政治环境。他们通过精心制定政策、推动改革、培养势力等手段，逐步增强自身的政治地位和影响力。这种主动塑造政治局势的能力，是政治家们博弈思想的重要体现，也是他们在政治斗争中取得胜利的关键所在。

在具体的历史事件中，我们可以看到这些博弈思想的体现。

例如，春秋战国时期的诸侯争霸，各国之间通过合纵连横、远交近攻等策略来争夺霸权和领土。在这些政治斗争中，政治家们充分运用了博弈思想，通过精准的判断、巧妙的策略和有效地利用资源，来达到自身的政治目的。这些历史事件不仅展现了政治家们的智慧和谋略，也凸显了博弈思想在政治斗争中的重要地位和作用。

（3）经济领域的博弈思想。

中国古代经济领域的博弈思想体现在农业、商业、经济政策以及儒家经济伦理等多个方面，这些思想不仅是社会实践的结晶，也是中国文化中独具活力的部分。

首先，在春秋战国时期的农业经济制度中，博弈思想无处不在，尤其体现在对土地和农田的精细控制与管理上。政府官员通过巧妙的策略，如发放田地、征收租税等手段，不仅确保了国家的经济稳定，也促进了农业生产的繁荣。农民与地主之间的土地使用关系，如佃农制度、耕种地租等，更是体现了双方之间利益的博弈。农民们作为农业生产的主体，他们时刻关注着市场的需求和价格变化，不断调整自己的种植策略。他们种植水稻、小麦等农作物时，会根据市场需求和价格趋势来安排种植计划，力求在有限的土地上实现最大的收益。这种基于市场需求和价格变化的种植策略，正是农民与市场之间博弈的生动体现。

其次，在商业经济中，博弈思想同样占据核心地位。商人与商人之间、商人与消费者之间的交易行为，都充满了对利益的博弈和考量。商人时刻关注着市场的供求关系、价格变动以及竞争对手的经营策略，他们需要灵活调整自己的经营策略，以便在激烈的市场竞争中脱颖而出，实现利润的最大化。在这个过程中，商人们会运用各种手段，如促销、折扣等，来吸引消费者的眼球，增加商品的销售数量。而消费者作为市场交易的另一方，他们也会根据商品的质量、价格以及自身的实际需求来作出购买决策。他们会权衡各种因素，选择性价比最高、最符合自己需求的商品。这种基于商品质量、价格以及自身需求的购买决策，实际上也是消费者与商人之间的一种博弈过程。

再次，中国古代的经济政策中也蕴含着丰富的博弈思想。例如，春秋战国时期，齐国管仲通过改革内政、发展生产，实现了国家富强。不仅如此，通过一系列的策略，管仲成功地利用贸易战控制了鲁国，进一步巩固了齐国在春秋战国时期的地位。管仲的策略是让齐国从鲁国购买大量的丝织品（鲁缟），并鼓励齐国人民放弃纺织业而改种粮食。这样一来，鲁国的丝织品（鲁缟）在市场上需求大增，价格随之上涨。为了赚取更多的利润，许多鲁国百姓开始放弃种粮而生产丝织品的原料，导致粮食产量大幅减少。然后，当鲁国囤积了大量丝织品后，管仲采取了第二步行动：他下令齐国不再购买鲁国的丝织品，并大幅度抬高粮食价格。由于鲁国粮食短缺，他们不得不向齐国购买粮食，而齐国则趁机提高了粮食价格。这样一来，鲁国的经济陷入了困境，最终不得不向齐国屈服。管仲的这些策略使得齐国通过贸易战成功控制了鲁国，体现了其高超的经济智慧和政治手腕。

最后，儒家的经济伦理也体现了博弈思想。儒家思想强调民本、民生，注重经济发展与人民福祉的关系。孟子等儒家学者提出的"民为贵，社稷次之，君为轻"的观点，以及"均田、限田""轻徭薄赋"等经济措施,都是在考虑统治者与被统治者之间利益博弈的基础上提出的。

2.1.2 现代博弈论的诞生与发展

(1)古典博弈与早期探索。

博弈论的萌芽深深植根于古代文明之中,特别是在各种棋类游戏和战争策略中得到了显著的体现。在这些古老而智慧的游戏和策略中,人们逐渐认识到一个至关重要的现象:每个参与者的决策并非孤立存在,而是与其他参与者的选择紧密相连。一个棋子的落下,一个战术的部署,都会引发对手的反应,进而影响到整个局势的走向。同样,在战争策略中,每个将领的决策都会牵动敌我双方的行动,进而影响最终的胜负。这种相互依赖和相互影响的关系,正是博弈论研究的核心所在。它揭示了参与者之间决策的互动性和复杂性,强调了每个决策背后所蕴含的深远影响。通过深入研究这种关系,博弈论为我们提供了一种理解和分析各种互动决策情境的有力工具,帮助我们更好地预测和应对复杂的社会和经济现象。

尽管古代文明中已经蕴含了丰富的博弈思想,但当时对于博弈的研究主要还停留在直观和经验层面,缺乏深入且系统的理论支撑。这种研究方式往往依赖于个人经验和直觉,难以形成普遍适用的规律和原则。直到18世纪,随着数学和统计学的发展,数学家们开始运用这些学科的工具来分析一些简单的博弈问题,这可以视为博弈论发展的初期探索。他们将概率论和统计学应用于博弈场景，试图揭示参与者之间决策的相互影响和最终结果的统计规律。这标志着博弈论发展的初期探索，为后来博弈论的形成和发展奠定了坚实的基础。这一时期的探索不仅拓展了博弈论的研究领域，也为后来的研究提供了重要的理论支持和研究方法。

（2）现代博弈论的诞生与拓展。

现代博弈论的真正起步，可以追溯到 19 世纪末和 20 世纪初。这一时期，博弈论的研究开始逐渐脱离早期的简单游戏和竞赛模型，转向更为复杂和现实的情境。数学家和经济学家开始关注到零和博弈（即博弈双方的得失总和为零）的特性。例如，国际象棋和围棋等棋类游戏就属于典型的零和博弈。随着研究的深入，学者们逐渐认识到，现实世界中的许多决策问题并非零和博弈，而是存在合作和共赢的可能性。

其中，匈牙利大数学家冯·诺伊曼（Von Neumann）的工作尤为突出。他在 20 世纪 20 年代开始创立现代博弈理论，并于 1944 年与经济学家奥斯卡·摩根斯坦（Oskar Morgenstern）合作，出版了巨著《博弈论与经济行为》。这部作品标志着现代系统博弈理论的初步形成，为博弈论的发展奠定了坚实基础。在这本书中，冯·诺伊曼和摩根斯坦提出了许多关键概念和理论，如扩展型策略、混合策略以及最小最大定理等。特别是最小最大定理，为二人零和博弈提供了解法，并对后续的非合作博弈论产生了深远影响。此外，他们的研究还涉及了合作博弈和非合作博弈的区分，为博弈论的应用和发展开辟了新的道路。

随着时间的推移，非合作博弈论的研究不断深入，吸引了越来越多的学者投身其中，共同推动这一领域的蓬勃发展。其中，纳什（Nash）在 1950 年和 1951 年提出的"纳什均衡"概念及其存在性证明，无疑是博弈论发展史上的里程碑。纳什均衡描述了在一定的策略组合下，每个参与者都选择了最优策略，从而没有参与者有动力去改变其策略的一种稳定状态。这一概念为分析各种博弈现象提供了有力的理论工具，为后续的博弈论研究奠定了坚实基础。与此同时，塔克（Tucker）发展的"囚徒困境"理论也为非合作博弈论的发展作出了重要贡献。囚徒困境展示了在个体理性与集体理性之间存在冲突的情况下，个体可能会选择背离集体最优利益的策略，从而导致整体利益的损失。这一理论深刻揭示了非合作博弈中的某些固有矛盾，为我们理解现实生活中的博弈现象提供了独特视角。

在 20 世纪 60 年代以后，博弈论的研究经历了一个显著的深入和广泛发展的阶段。这一时期的众多理论贡献不仅丰富了博弈论的内涵，也拓宽了其应用领域。赛尔顿（Selten）提出的子博弈完美纳什均衡是其中一个重要的里程碑。子博弈完美纳什均衡是纳什均衡的一个精炼概念，它要求均衡策略在每一个子博弈上都是纳什均衡。这一概念的引入，使得博弈论在分析复杂动态博弈时更加精确和有效。它能够帮助研究者识别出在动态博弈过程中真正稳定的策略组合，从而更好地理解和预测博弈的结果。与此同时，克瑞普斯（Kreps）和威尔逊（Wilson）对不完全信息动态博弈的研究也为博弈论的发展开辟了新的方向。不完全信息动态博弈是指在博弈过程中，参与者对于其他参与者的策略选择、支付函数等信息了解不完全，并且这些信息是随着博弈的进行而逐渐揭示的。这种博弈形式更接近现实生活中的许多情况，因此其研究具有重要的实际意义。克瑞普斯和威尔逊的研究为分析这类博弈提供了有效的工具和框架，使得博弈论能够更好地应用于实际问题的分析和解决。

（3）现代博弈论的成熟与应用。

进入 21 世纪，博弈论的发展迎来了新的高峰。它不仅在社会科学领域稳固了其核心地位，更在经济学、政治学、生物学、计算机科学等多个领域实现了广泛的应用与突破。博弈论的研究深度和广度不断扩展，其理论框架和模型被不断精细化和复杂化，以更好地适应和解析现实世界中的复杂问题。

在经济学领域，博弈论的应用尤为突出。它以其独特的视角和工具，为经济学家们提供了深入剖析市场竞争复杂性和动态性的能力。通过对市场参与者不同竞争策略背后的逻辑和动机进行细致研究，博弈论揭示了市场运作的微妙之处。同时，博弈论也为企业间的合作与协调提供了坚实的理论支撑。在竞争激烈的市场环境中，企业不再仅仅是单打独斗的个体，而是需要与其他企业共同寻求合作与共赢的机会。博弈论的分析方法使企业能够发现潜在的合作伙伴，并在合作中找到各自的优势，实现互利共赢。此外，在经济学政策制定中，博弈论也发挥着不可替代的作用。政策制定者需要综合考虑各方利益，制定出既公平又有效的政策。博弈论为政策制定者提供了分析和预测政策效果的有力工具，帮助他们更好地理解政策实施后可能产生的各种影响，从而制定出更加科学合理的政策。

在政治学领域，博弈论的应用同样广泛。它成为政治学者理解国际关系复杂性的重要工具，尤其是在分析权力平衡、利益冲突以及潜在的合作机制时。通过博弈论的视角，政治学者能够更清晰地洞察各国之间的策略互动，为国际形势的评估和外交政策的制定提供理论支持。此外，博弈论在国内政治过程的研究中也展现出其独特的价值。从政策制定的背后逻辑，到选举策略的制定，博弈论为我们揭示了政治现象背后的复杂性和多样性。它帮助我们理解不同政治参与者之间的利益博弈和策略选择，为理解政治决策过程提供了新的视角和分析工具。通过博弈论的应用，政治学者能够更全面地把握政治现象的本质，为政治实践提供更有针对性的指导。

在管理学领域，博弈论的应用同样不容忽视。它为企业提供了独特的管理视角和工具，助力企业在日益激烈的市场竞争中立于不败之地。首先，博弈论在供应链管理中发挥了关键作用。企业可以通过分析供应链中各参与者的行为模式和策略选择，优化资源配置，降低运营成本，提升整个供应链的效率和响应速度。其次，博弈论也为企业解决团队合作中的冲突和协调问题提供了有效工具。通过运用博弈论的原理和技巧，企业可以更好地理解团队成员之间的利益关系和策略互动，找到合作与共赢的平衡点，促进团队内部的和谐与稳定。总之，博弈论在管理学领域的应用，不仅提升了企业的管理水平和运营效率，也为企业实现组织目标和提升整体绩效提供了有力支持。

此外，随着计算机技术的迅猛发展，博弈论在人工智能和机器学习领域的应用也呈现出显著的增长趋势。这些技术使得模拟和分析复杂的博弈过程成为可能，从而推动了更加智能和高效的算法与决策系统的研发。在人工智能领域，博弈论被用于构建能够自主决策和学习的智能体。通过模拟人类或动物在博弈中的行为，研究者可以训练这些智能体以最优策略进行决策，并使其能够在复杂多变的环境中自适应和进化。这不仅提升了人工智能系统的性能，还拓展了其应用范围。同时，博弈论在机器学习领域也发挥了重要作用。机器学习算法常常需要处理大量的数据和复杂的模式识别问题，而博弈论提供的优化和决策工具可以帮助这些算法更好地理解和应对这些问题。这种交叉融合不仅推动了科技的进步和社会的发展，也为博弈论的研究和应用开辟了全新的道路。

2.1.3　博弈论的基本要素

博弈的基本要素主要包括博弈的参与者、博弈的规则、博弈的策略、博弈的收益以及博弈的均衡。这些要素共同构成了博弈的基本框架，使得我们能够对各种具有竞争或合作性质的现象进行深入的分析和理解。

博弈的参与者，包括个人、团体、国家等，他们的决策和行动以及相互之间的决策和行动的互动是博弈论研究的核心。

博弈的规则，包括参与者的行动、决策和结果等，它们决定了博弈的进程和结果。

博弈的策略，参与者根据不同的情况和目的所采取的行动和决策，这些策略是参与者根据自身利益和对手行动的预期结果而确定的。

博弈的收益，参与者针对不同的情况和目的所获得的利益或损失，是参与者在决策和行动中所关注的重要因素。

博弈的均衡，参与者在决策和行动中达成的一种状态，其中每个参与者都采取最优策略，任何一方单方面地改变策略都无法获得更多的收益。

2.1.4 博弈论的分类

随着博弈论的发展，新的分类方式也不断涌现，以适应更广泛的研究需求和应用场景。由于博弈论的分类方式多种多样，一个博弈可能同时属于多个分类。理解和运用不同的博弈类型有助于我们更好地理解和分析现实生活中的各种竞争和合作现象，从而制定更有效的策略和决策，更好地解决现实生活中的各种问题。

（1）按博弈参与者之间是否存在合作协议，博弈论主要分为合作博弈（cooperative game）、非合作博弈（non-cooperative game）以及竞合博弈（co-opetition game）三个大类。合作博弈强调合作和共同利益，适用于需要集体行动和共同决策的情况；非合作博弈则强调竞争和个体利益，适用于参与者之间利益冲突和竞争激烈的情境；竞合博弈理论强调在竞争环境中寻找合作的可能性，以实现共同利益和双赢或多赢的局面。

①合作博弈是指参与者之间可以达成具有约束力的协议，强调共同利益的最大化。具体而言，在合作博弈中，参与者之间可以达成具有约束力的协议，强调团体理性（collective rationality），即博弈活动的参与者之间存在一个对各方具有约束力的协议，参与者在协议范围内进行博弈，博弈活动结束时，参与人的支付不

仅依赖于各参与人自身的策略选择，还依赖于其他参与人的选择。合作博弈采取的是一种合作的方式，或者说是一种妥协。妥协之所以能够增进妥协各方的利益以及整个社会的利益，就是因为合作博弈能够产生一种合作剩余。这种剩余就是从整体活动的总收益中减去各参与人从事其他活动所得的总收益之后的剩余。

②非合作博弈是指参与者之间无法达成具有约束力的协议，各自追求自身利益最大化，强调个体理性（individual rationality）。具体而言，非合作博弈中，参与者的策略选择是独立的，且没有义务遵守任何形式的协议或约定。每个参与者都试图通过选择最佳策略来最大化自己的收益，而不考虑其他参与者的利益。非合作博弈的结果通常取决于参与者之间的策略互动和相互影响。

非合作博弈又可以进一步细分为静态非合作博弈、动态非合作博弈、完全信息非合作博弈和不完全信息非合作博弈等。静态非合作博弈中，参与者同时选择策略，没有先后顺序；动态非合作博弈中，参与者的策略选择有先后顺序，后行动者可以观察到先行动者的选择并据此作出决策；完全信息非合作博弈中，每个参与者都完全了解其他参与者的特征、策略及收益函数等信息；不完全信息非合作博弈中，参与者只能了解其他参与者的部分信息，或者需要通过观察、推理来获取更多信息。

③竞合博弈也被称为合作竞争理论，是指在竞争与合作并存的环境中，参与者通过策略选择和行动来寻求自身利益最大化的同时，也考虑与其他参与者的合作与共赢的关系。它融合了合作博弈和非合作博弈的特点，因此它并不完全属于传统的合作博弈

或非合作博弈分类。然而，从某些角度来看，竞合博弈更接近于合作博弈的概念。在竞合博弈中，参与者通常需要在竞争与合作之间取得平衡，既要追求自身的利益，又要考虑与其他参与者的关系，以及整体系统的利益。通过合作，参与者可以共同应对外部威胁、共享资源、降低成本、提高效率，从而实现整体效益的提升。同时，竞争也促使参与者不断创新、提高竞争力，以在市场中获得更大的份额和优势。

竞合博弈在各个领域都有广泛应用，特别是在商业战略、供应链管理、国际关系等领域。通过竞合博弈的分析，企业和个人可以更好地理解竞争与合作的关系，制定更有效的策略，实现长期可持续发展。其中，在供应链管理中，竞合博弈理论有助于分析供应链成员之间的合作关系和竞争关系。供应链成员可以通过竞合博弈来优化供应链的运作效率，降低库存成本，提高响应速度，实现供应链的协同和共赢。例如，供应商和制造商可以通过合作来共同开发新产品、优化生产流程，从而提高产品质量和市场竞争力。

（2）按照参与者行动的顺序，博弈论可以分为静态博弈（static game）和动态博弈（dynamic game）两大类。静态博弈通常用于分析那些参与者同时作出决策，且决策之间互相独立的情况；而动态博弈则更多地用于分析那些参与者决策有先后顺序，且后行动者可以根据先行动者的选择来调整自己策略的情况。

①静态博弈指的是参与博弈的各方同时采取策略，或者并非同时但后行动者并不知道先行动者采取了什么具体行动。这些博弈者的收益取决于博弈者们不同的策略组合。因此，静态博

弈也称为"同时行动的博弈"（simultaneous-move games）。在某些情况下，博弈方采取策略有先后，但是他们并不知道之前其他人作出的策略，例如"囚徒困境"中的两个罪犯，他们各自选择坦白或抵赖的策略时，并不知道对方的选择。

②动态博弈指的是在博弈中，参与博弈的博弈方所采取策略是有先后顺序的（sequential-move），且博弈者能够知道先采取策略者所选择的策略。在动态博弈中，后行动者可以根据先行动者的选择来调整自己的策略，而先行动者也会考虑到自己的选择如何影响后行动者的决策。因此，动态博弈也被称为序贯博弈。

（3）按照参与者的信息掌握程度，博弈论主要分为完全信息博弈（complete information game）与不完全信息博弈（incomplete information game）。在现实生活和经济活动中，不同的信息掌握程度会对参与者的决策和博弈结果产生重要影响，因此了解并应用这些分类方式对于解决实际问题具有重要意义。

①完全信息博弈是博弈论中一个重要的概念，它描述的是在一个博弈过程中，每个参与者都能获得其他所有参与者的所有相关信息。具体来说，这包括其他参与者的特征、策略选择以及他们的收益函数等，没有任何信息是不透明或未知的。在完全信息博弈中，由于参与者掌握了全面的信息，他们能够基于这些信息作出更为准确和合理的决策。这种透明度使得参与者能够更好地预测其他人的行为，并据此调整自己的策略。因此，完全信息博弈大大减少了因信息不对称导致的决策失误的可能性。这种博弈形式在经济学、政治学和管理学等领域都有着广泛的应用，它有助于我们更深入地理解现实世界中的竞争与合作，为制定更为有

效的策略和政策提供理论支持。

②不完全信息博弈是博弈论中另一种重要的博弈类型，它描述了在博弈过程中，参与者无法获取其他所有参与者的完整信息，而只能掌握部分信息，或者需要通过观察、推理来推测更多信息的场景。在这种博弈中，参与者面临着更大的挑战，因为他们需要在信息不完全的情况下作出决策。由于信息的不对称性，参与者无法准确地预测其他人的行为，因此可能需要采取一些试探性的策略，或者根据过去的经验进行推断。这种不确定性使得不完全信息博弈更加复杂和具有挑战性。然而，正是这种复杂性也使得不完全信息博弈更加贴近现实世界的许多情况。在现实生活中，我们往往无法获得所有相关的信息，而需要在有限的信息下作出决策。因此，不完全信息博弈为我们提供了一种理解和分析这种情况下参与者行为的理论框架。

（4）按照博弈的结果，博弈论主要分为零和博弈（zero-sum game）与非零和博弈（non-zero-sum game）。值得注意的是，零和博弈和非零和博弈并不是互相排斥的。在实际情况中，博弈可能同时包含零和博弈及非零和博弈的元素。此外，随着环境的变化和参与者策略的调整，一个原本看似是零和博弈的情况也可能转变为非零和博弈。

①零和博弈是博弈论中一种特殊的情况，它体现了参与者之间利益的严格对立性。在这种博弈中，一方的所得必然意味着另一方的所失，也就是说，所有参与者的得益总和为零。这种对立性使得博弈的结果呈现为一种零和游戏，其中一方的胜利必然伴随着另一方的失败。在零和博弈中，参与者之间的竞争异常激

烈，因为他们深知自己的收益与对方的损失是紧密相连的。因此，为了最大化自己的利益，参与者往往会采取各种策略来削弱对手，同时努力保护自己的利益不受损害。然而，这种竞争往往导致资源的浪费和效率的降低，因为博弈的结果并没有创造额外的价值，而只是在不同参与者之间进行了重新分配。

零和博弈的经典实例包括棋类游戏，如国际象棋和围棋，以及某些赌博游戏。在这些竞技场景中，每个玩家的得分或胜利都直接对应着对手的失分或失败，双方的总得分始终保持不变。然而，这种零和博弈的观念并不局限于游戏世界。在现实生活中，我们也能找到许多类似的例子，如某些激烈的市场竞争和政治斗争。在这些场合中，一方的成功往往意味着另一方的挫败，双方之间的利益冲突显得尤为尖锐。但值得注意的是，随着全球化的推进和合作精神的崛起，人们开始逐渐意识到合作的重要性。在零和博弈的背景下，如何找到一种能够实现共赢的策略，已经成为一个迫切需要解决的问题。这不仅是游戏玩家的挑战，更是现实生活中每个个体和组织需要深思的议题。

②非零和博弈是指博弈过程中，参与者的得益或损失的总和不是零。也就是说，参与者之间的利益并非完全对立，而是存在合作的可能性。非零和博弈又可以进一步细分为正和博弈（positive-sum game）和负和博弈（negative-sum game）。在正和博弈中，所有参与者的总收益大于他们各自单独行动时的收益之和。这意味着通过合作，参与者可以实现共同利益的最大化。在负和博弈中，所有参与者的总收益小于他们在博弈中投入的总成本。这意味着博弈过程中存在资源的浪费或损失。

现实中的许多情况都属于正和博弈，如企业间的合作研发、国际贸易等。在这些情况下，通过合作和资源共享，各方都能获得比单独行动更大的利益。负和博弈的情况相对较少见，但确实存在。例如，某些军备竞赛或恶性竞争可能导致资源的过度消耗和浪费，使得总收益低于总成本。

2.2　供应链管理理论

供应链是指围绕核心企业，通过对信息流、物流、资金流的控制，从采购原材料开始，制成中间产品以及最终产品，最后由销售网络把产品送到消费者手中的，将供应商、制造商、分销商、零售商，直到最终用户连成一个整体的功能网链结构。它不仅是一条连接供应商到用户的物料链、信息链、资金链，而且是一条增值链，物料在供应链上因加工、包装、运输等过程而增加其价值，给相关企业带来收益。

供应链是一个复杂而动态的系统，需要各参与方密切合作，共同应对市场变化和挑战，以实现整体绩效的优化和提升。具体而言，供应链的概念是将企业的生产活动进行了前伸和后延，包含了满足客户需求的所有过程。供应链不仅包括制造商或供应商，而且包括运输商、仓储商、零售商，甚至最终用户。在供应链中，企业间形成了一种战略合作关系，通过对供应链中的商流、物流、信息流和资金流进行计划、协调、组织、控制和优化，以寻求整个供应链运作过程的最优化，实现以最小的成本满足最终用户的需求。这种合作关系强调共享利益、共担风险，并通过信息技术实现管理上的协调与集成。

供应链管理理论是一种先进的管理模式，旨在通过协调和优化供应链中的各个环节，提高企业运营效率、降低成本、优化资源配置，并实现企业及其所在供应链长期稳定的发展。该理论强调企业不再仅仅关注自身的内部管理，而是将目光拓展到整个供应链体系，包括供应商、制造商、分销商和物流服务等环节，实现全方位的管理和优化。

2.2.1   双重边际效应理论

双重边际效应理论是经济学中一个核心概念，尤其在供应链管理和市场策略分析中占有重要地位。其揭示了市场结构、定价策略以及资源配置效率之间的深层关系，对于理解市场行为、优化资源配置和提高经济效率具有至关重要的意义。

该理论的核心观点认为，当两个或多个市场中的中间商或垄断者在不同的阶段分别添加其自己的边际成本时，商品或服务的价格会经历多次上涨，从而导致最终价格远高于产品本身的边际成本。具体来说，在供应链中，产品的生产者（例如供应商或生产商）在将产品卖给中间商（如零售商）时，会基于其边际成本加上一定的利润加成进行定价。随后，这些中间商在将产品转售给最终消费者时，同样会再次基于其边际成本加上利润加成来设定销售价格。这种双重加价的过程导致了商品最终售价的显著提高，而这往往超出了产品本身的边际成本。

双重边际效应的存在对市场效率和资源配置产生了显著影响。具体而言，从消费者角度来看，他们需要支付更高的价格来购买商品或服务，这降低了消费者的购买力和福利水平。从生产者角度来看，虽然短期内可能通过提高价格获得更高的利润，但长期来看，过高的价格可能导致销售数量下降，进而影响整体利润。此外，双重边际效应还可能导致市场总供给量低于市场总需求量，造成资源的浪费和市场的无效率。最后，双重边际效应还可能鼓励供应链中的某些环节采取垄断行为，进一步扭曲市场价格和资源配置。

应对供应链中的双重边际效应，关键在于通过协作与竞争寻求平衡。生产商与分销商之间应加强沟通协作，共同制定定价策略，以减少价格扭曲，提高市场效率。同时，政府和市场监管机构应积极推动市场竞争，防止垄断现象的发生，为供应链创造公平、透明的市场环境。此外，完善风险评估和防控机制也是关键，通过对潜在风险的及时识别和应对，可以有效减少双重边际效应带来的负面影响，确保供应链的稳定和高效运行。综合多种措施，能够更好地应对双重边际效应，促进供应链的健康发展。

2.2.2 牛鞭效应理论

牛鞭效应理论是供应链管理中一个核心而重要的概念。它主要描述了供应链上需求信息的变异放大现象，特别是在信息流从最终客户端向原始供应商端传递的过程中。在这个过程中，由于各种原因导致的信息扭曲，每一级供应链成员所接收到的需求信息相较于前一级都有所放大，就像牛鞭的挥舞，一级比一级更为剧烈。

具体来说，当消费者或零售商的需求信息向上游供应商传递时，由于预测误差、订货批量决策、价格波动、短缺博弈等多种因素，这些信息在传递过程中逐渐失真和放大。这导致供应商接收到的需求信息远大于实际的市场需求，从而可能作出不准确的决策，如过度生产、库存积压或供不应求等。

牛鞭效应的存在对供应链的稳定性和效率造成了严重影响。它不仅增加了企业的运营成本，如仓储成本和劳动力成本，还可能导致未满足的客户期望，进而损害企业的品牌声誉和盈利能力。因此，对牛鞭效应的理解和有效管理对于优化供应链管理至关重要。

为了缓解牛鞭效应带来的负面影响，企业可以采取一系列措施。例如，加强供应链成员之间的信息共享和协同合作，提高需求预测的准确性；采用先进的库存管理技术，如实时库存监控和自动化补货系统，以减少库存积压和缺货风险；以及优化订货策略和批量决策，避免过度反应和浪费。

2.2.3　供应链协调理论

供应链协调理论涉及供应链中各参与方如何通过合作来提高整个供应链的效率和效益。它包括了一系列的概念、模型和方法，旨在解决供应链中的信息不对称、利益冲突和不确定性等问题，以实现供应链成员之间的有效合作。

供应链协调的目的在于通过协调供应链各成员间的利益，在实现各成员自身利益最优化的同时，也实现整个供应链利益的最大化。供应链协调机制的设计通常包括供应链契约、信息共享、激励机制等手段，以减少供应链中的不确定性，提高供应链的响应速度和市场竞争力。

（1）供应链契约。

供应链契约是指通过设计契约并调整契约参数来诱使供应链成员按照整个供应链利益最大化的目标作出决策，并进行合理的利润分配的一种机制。这种契约关系不仅限于书面的形式，还可以是一种默认的交易关系。供应链契约通过改变供应链有关各方的收益和承担风险的结构，进而影响各方的决策，改变博弈结果，使博弈得到的均衡解对各方都有利，达到供应链的帕累托（Pareto）最优状态。

供应链契约在供应链管理中具有重要的作用。它可以帮助企业实现风险共担和利益共享，提高供应链的核心竞争力。通过约束和协调供应链上的各个个体，供应链契约可以提高供应链系统的绩效，实现参与方的共赢。供应链契约的设计需要考虑供应链成员的目标、市场条件、产品特性和运作流程等多种因素。通过精心设计的契约，可以激励供应链各方朝着共同的目标努力，从而提高整个供应链的效率和响应市场的能力。常见的供应链契约类型包括退货契约、数量折扣契约、数量弹性契约、利润共享契约、收益共享契约和价格补贴契约等。

此外，供应链契约在利益分配方面也具有关键的作用。通过计算和评估供应链各个环节的价值贡献，可以按照贡献比例进行利益分配，保证每个参与方都能得到相应的回报。同时，供应链契约还可以激发各方的积极性和创造力，推动供应链的协同发展。

（2）信息共享。

在供应链协调中，信息共享扮演着至关重要的角色。它指的是供应链成员之间交换、传递和共享与供应链运作相关的各种信息，包括订单状态、库存水平、销售数据、生产计划、物流情况等。这种信息共享的实践旨在减少信息不对称，提高供应链的透明度和效率。

首先，信息共享对于减少信息不对称现象具有重要意义。在供应链中，由于不同成员各自承担不同的角色和职责，他们往往拥有各自独特的信息和视角。这种信息的不对称可能导致决策偏差、资源浪费甚至合作破裂。然而，通过积极的信息共享机制，供应链成员可以相互分享关键信息，如库存状态、生产进度、市场需求等。这种信息的共享使得各成员能够更好地理解整个供应链的状况，减少因信息不透明而产生的误解和冲突，为供应链的顺畅运作提供有力支持。

其次，信息共享能够提高供应链的透明度。透明度是供应链协调的基石，它有助于建立各成员之间的信任关系，促进更加紧密的合作。通过共享信息，供应链成员可以清晰地了解彼此的需求、能力和限制，从而作出更加明智的决策。这种透明度不仅有助于减少误解和冲突，还能够增强供应链成员的责任感和紧迫感，推动他们更加积极地参与供应链的优化和改进。

最后，信息共享可以显著提高供应链的效率。在竞争激烈的市场环境中，供应链的效率直接影响到企业的竞争力和市场份额。通过实时获取和更新信息，供应链成员可以更加准确地把握市场动态和客户需求，从而优化资源配置和生产计划。例如，供应商可以根据共享的销售数据预测市场需求变化，及时调整生产策略，减少库存积压和缺货现象。物流部门则可以根据共享的订单信息优化配送路线和运输方式，降低运输成本，缩短运输时间。这种高效的协同工作不仅能够提高供应链的响应速度和服务质量，还能够降低整体运营成本，提升企业竞争力。

在建立信息共享机制的同时，还需要考虑如何激励供应链成员积极参与。为此，可以建立有效的激励机制，如设立信息共享奖励制度、提供技术支持和培训等。这些激励措施能够激发供应链成员的积极性和创造力，促使他们采取对整体供应链有利的行动，共同推动供应链的发展和进步。

2.3 入 侵 理 论

入侵理论（invasion theory）是生态学中的一个概念，它主要研究外来物种（非本地物种）如何进入一个新的生态系统，并在那里定居、扩散乃至对本地生态系统造成影响的过程。入侵理论的诞生与人类活动导致的物种迁移有关。随着全球贸易和旅行的增加，人类无意中或有意地将物种从一个生态系统带到了另一个生态系统。这些外来物种在新环境中可能因为没有天敌而快速繁殖，从而对当地的生物多样性和生态系统功能产生影响。

2.3.1　入侵理论的诞生与发展

入侵生态学的诞生，可以追溯到 20 世纪中叶。当时，随着全球贸易和交通的日益频繁，外来物种的引入和传播变得更为普遍。这些外来物种，在新的生态环境中往往缺乏自然天敌的控制，因而容易形成优势种群，对本地物种和生态系统造成威胁。这一现象引起了生态学家的广泛关注。

查尔斯·埃尔顿（Charles Elton）作为入侵生态学的奠基人之一，他的经典著作《动物和植物的生态入侵》（*The Ecology of Invasions by Animals and Plants*）于 1958 年出版。这本书详细分析了外来物种入侵的过程、机制及其对生态系统的影响，为入侵生态学的发展奠定了坚实的基础。埃尔顿认为，外来物种的入侵是一个复杂的生态过程，涉及多个因素的相互作用。

在入侵理论的发展过程中，生态学家提出了多种假说来解释生物入侵的机制，包括空余生态位假说（empty niche hypothesis）、生物抵抗假说（bioticresistance hypothesis），以及天敌逃逸假说（enemy release hypothesis）等。这些假说从不同角度解释了外来物种成功入侵的原因。

（1）空余生态位假说。

空余生态位假说是入侵生态学中最早提出的假说之一。该假说认为，外来物种之所以能够成功入侵，是因为它们能够占据本地生态系统中空余的生态位。这些生态位可能是由于本地物种的灭绝、迁移或竞争失败而空置出来的。外来物种通过占据这些生态位，获得生存和繁殖所需的资源，从而在新的生态系统中形成优势种群。

空余生态位假说的提出，为解释外来物种的入侵机制提供了新的视角。然而，该假说也面临着一些挑战。例如，有些外来物种在入侵过程中并没有占据明显的空余生态位，而是通过与本地物种的竞争和适应来获得成功。

（2）生物抵抗假说。

生物抵抗假说是另一个重要的入侵生态学假说。该假说认为，本地物种的多样性和复杂性是阻止外来物种入侵的关键因素。本地物种通过竞争、捕食、寄生等相互作用，形成了一个复杂的生物网络。这个网络能够有效地抵御外来物种的入侵，保护生态系统的稳定性和多样性。

生物抵抗假说的提出，为理解本地物种与外来物种之间的相互作用提供了新的思路。然而，该假说也存在一些局限性。例如，在某些情况下，外来物种可能通过适应和进化来克服本地物种的抵抗，成功入侵生态系统。

（3）天敌逃逸假说。

天敌逃逸假说是近年来备受关注的入侵生态学假说之一。该假说认为，外来物种在新的生态系统中往往缺乏自然天敌的控制，从而容易形成优势种群。这是因为在外来物种的原生地，它们可能受到天敌的严格控制，而在新的生态系统中，这些天敌往往不存在或数量稀少，使得外来物种得以逃避天敌的压力，实现快速繁殖和扩散。

天敌逃逸假说的提出，为解释外来物种的入侵机制提供了新的视角。该假说强调了天敌在生态系统中的作用，并指出了外来物种在新环境中缺乏天敌控制的现象。然而，该假说也面临一些挑战，如如何确定哪些物种是天敌逃逸的关键因素，以及如何评估天敌逃逸对生态系统稳定性的影响等。

2.3.2　入侵理论在管理学中的应用

入侵理论在管理学中具有广泛的应用和探讨价值。通过将组织视为一个生态系统，将新的竞争者、技术、政策等视为外来物种或入侵者，企业可以更好地应对外部环境和内部条件的变化和挑战。

（1）竞争战略与入侵者识别。

在管理学中，竞争战略是企业为了获得竞争优势而制定的一系列行动计划和策略。然而，随着市场的不断变化和新的竞争者的涌现，企业需要不断地调整其竞争战略以应对新的挑战。入侵理论可以帮助企业识别潜在的入侵者，即新的竞争者或技术。通过对市场进行深入的分析和研究，企业可以预测潜在的入侵者的出现和可能带来的影响，从而制定相应的竞争战略来应对。

例如，在智能手机市场中，新的竞争者如华为、小米等不断涌现，对传统的手机制造商如苹果、三星等构成了威胁。这些新的竞争者通过提供更具性价比的产品和创新的营销策略，成功地吸引了大量消费者。在这种情况下，传统的手机制造商需要密切关注市场动态和新的竞争者的动向，及时调整其竞争战略以应对挑战。

（2）组织变革与入侵应对。

随着外部环境的不断变化和内部条件的不断调整，组织需要不断地进行变革以适应新的环境和条件。然而，在变革过程中，新的政策、技术或文化等因素可能会对组织的稳定性和运营产生不利影响。这些新的因素可以视为管理学中的入侵者。入侵理论可以帮助组织识别这些潜在的入侵者，并采取相应的措施来应对。

例如，在数字化转型的过程中，许多企业面临着来自新技术和新模式的挑战。这些新技术和新模式可能会对传统的业务模式和组织结构产生重大影响，需要企业进行相应的调整和变革。在这种情况下，企业可以利用入侵理论来识别潜在的入侵者，并制定相应的变革计划来应对。同时，企业还需要加强内部沟通和协作，提高员工的适应能力和创新能力，以应对变革过程中可能出现的不确定性和风险。

（3）风险管理与入侵防范。

在管理学中，风险管理是企业为了降低风险而采取的一系列措施和方法。然而，随着市场的不断变化和新的风险的涌现，企业需要不断地加强其风险管理能力以应对新的挑战。入侵理论可以帮助企业识别潜在的入侵者并评估其可能带来的风险，从而采取相应的措施来防范和应对。

例如，在网络安全领域，新的黑客攻击和病毒威胁不断涌现，对企业的信息安全构成了严重威胁。这些黑客攻击和病毒威胁可以视为管理学中的入侵者。企业需要加强网络安全意识和防范能力，建立完善的信息安全体系和技术手段来应对这些威胁。同时，企业还需要加强员工的安全意识和培训，提高员工的防范意识和应对能力。

2.3.3　入侵理论对企业管理的启示

入侵理论可以帮助企业识别潜在的入侵者并评估其可能带来的风险，从而制定相应的竞争战略和应对措施。同时，入侵理论还可以为企业提供有益的启示，如关注外部环境变化、加强内部变革和创新能力、提高风险管理能力等。

（1）关注外部环境变化。

在当今日益复杂多变的商业环境中，入侵理论为企业提供了一个独特的视角来审视外部环境的变化。企业需要时刻保持警惕，密切关注市场动态、技术革新、政策调整等外部因素的变化。这些变化可能带来新的竞争者、消费者需求的转变或行业趋势的颠覆。通过深入分析外部环境的变化，企业可以及时调整竞争战略，抓住市场机遇，避免潜在威胁。同时，加强市场研究和预测能力，能够帮助企业更准确地把握市场趋势，为未来发展提供有力支持。

（2）加强内部变革和创新能力。

面对外部环境的不断变化，企业要想保持竞争力，就必须加强内部变革和创新能力。入侵理论提醒我们，只有不断适应新的环境和条件，才能在激烈的市场竞争中立于不败之地。企业可以通过引入新的技术和管理模式，优化内部流程，提升运营效率。同时，加强内部沟通和协作，鼓励员工提出创新性的想法和建议，培养一支具备高度适应性和创新能力的团队。这样，企业就能更好地应对新的竞争者和挑战，实现可持续发展。

（3）提高风险管理能力。

风险管理是企业应对外部环境变化和内部挑战的关键环节。入侵理论强调了对潜在入侵者的识别和评估能力，这对于企业提高风险管理能力具有重要意义。企业需要建立完善的风险管理体系和技术手段，对可能面临的风险进行全面评估，并制定相应的防范措施。同时，加强员工的安全意识和培训，提高员工的防范意识和应对能力，也是企业提高风险管理能力的重要举措。只有如此，企业才能在复杂多变的市场环境中稳健发展，实现长期竞争优势。

2.4　渠道冲突理论

渠道冲突理论涉及同一渠道模式中，处于同一层次的中间商或分销商之间的冲突。这种冲突可能源于多种因素，包括市场区域的重叠、定价策略的差异、促销活动的竞争、售后服务的不一致等。渠道冲突理论认为，冲突是不可避免的，但其性质可以是建设性的或破坏性的，对渠道运作和企业竞争力都有影响。

2.4.1　渠道冲突的原因

渠道冲突产生的原因多种多样，主要可以归结为以下几个方面：

（1）价格策略差异。

在销售渠道中，不同渠道可能采取不同的定价策略，旨在吸引不同的消费者群体或维护特定的品牌形象。然而，当这些价格策略在同一市场或消费者群体中产生冲突时，就会引发渠道之间的竞争。例如，线上渠道可能通过低价策略吸引价格敏感的消费者，而线下渠道则可能因维护品牌形象而定价较高。这种价格差异不仅可能引发消费者在不同渠道间的比较和选择，还可能导致渠道间的矛盾升级，影响整个销售渠道的和谐与稳定。

（2）市场定位重叠。

在同一市场区域内，不同的销售渠道可能销售相似或相同的产品，这就容易导致市场定位的重叠。当消费者难以区分不同渠道的产品或服务时，就会产生对产品和品牌形象的混淆。这种混淆不仅可能导致消费者对产品的选择产生困惑，还可能加剧渠道成员之间的竞争和冲突。为了争夺市场份额和客户资源，不同渠道可能采取各种策略，进一步加剧冲突的程度。

（3）目标客户群一致。

当多个销售渠道都针对同一目标客户群进行销售时，它们在争夺客户资源、提高市场份额等方面就可能产生直接竞争。为了吸引和保留客户，各渠道可能采取不同的策略，如价格优惠、赠品活动等。然而，这些策略在内容上或时间上可能相互冲突，导致消费者对产品的认知产生混乱。这种混乱不仅影响消费者的购买决策，还可能加剧渠道间的矛盾和冲突，对整个销售渠道造成不良影响。

（4）促销和广告策略冲突。

为了吸引消费者和塑造品牌形象，不同渠道可能会采用不同的促销和广告策略。然而，当这些策略在内容上相互矛盾或在时间上相互冲突时，就会对消费者造成困扰和混淆。例如，同一产品在不同渠道的宣传口径不一致或促销时间重叠等。这种不一致和冲突不仅可能导致消费者对产品的认知产生混乱，还可能影响消费者对销售渠道的信任度和忠诚度。为了维护自身的利益和品牌形象，不同渠道可能采取各种手段来应对这种冲突，从而加剧渠道间的竞争和矛盾。

（5）渠道资源分配不均。

渠道资源是销售渠道中不可或缺的一部分，包括销售渠道、客户信息、销售支持等。然而，当这些资源在渠道成员间分配不均时，就可能导致某些渠道感到不满或受到不公平待遇。这种不公平感可能引发渠道间的矛盾和冲突，影响整个销售渠道的稳定和效率。为了争夺有限的资源，不同渠道可能采取各种手段来争取更多的资源支持，从而加剧渠道间的竞争和冲突。为了避免这种情况的发生，企业需要制订合理的资源分配方案并加强渠道间的沟通与协调，确保各渠道能够获得公平的资源分配和支持。

2.4.2 渠道冲突的影响

渠道冲突给企业及其所在供应链带来的影响是复杂且深远的，这些影响不仅直接关联到渠道的运营效率，还间接地影响到企业的品牌形象和市场定位。

（1）竞争关系恶化。

渠道冲突最直接的影响是导致同一层次的中间商之间关系紧张。当渠道成员为了争夺市场份额或利润而展开激烈竞争时，可能引发价格战或促销战，这不仅损害了彼此的利益，还可能破坏整个渠道的生态平衡。

（2）品牌和市场形象受损。

当渠道成员之间为了争夺市场而进行激烈的价格竞争或促销活动时，消费者可能会对品牌形象产生怀疑。这种价格战或促销战可能给消费者留下品牌不稳定、品质不可靠的印象，从而损害品牌的长期价值和市场形象。

（3）销售效率下降。

渠道冲突可能导致销售渠道的合作受阻，使得销售流程变得复杂而低效。渠道成员之间的信任关系受损，信息共享和协调变得困难，这可能导致销售效率下降，产品的市场渗透率降低。

（4）消费者信任度下降。

频繁的价格变动和促销活动可能会降低消费者对品牌的信任度。消费者在购买产品时更注重稳定性和可靠性，如果品牌无法提供稳定的价格和优质的服务，消费者可能会转向其他品牌，从而影响消费者忠诚度和市场份额。

（5）资源浪费。

为了应对竞争对手，渠道成员可能投入大量资源进行促销和广告。然而，当这些活动相互冲突或重叠时，可能导致资源的浪费。这不仅增加了企业的运营成本，还可能降低整体的销售效果和市场占有率。

（6）渠道管理成本增加。

渠道冲突使得企业需要花费更多的时间和资源来管理和协调渠道成员之间的关系。企业需要投入更多的人力、物力和财力来解决冲突、维护渠道稳定并促进合作。这不仅增加了企业的管理成本，还可能影响企业的运营效率和市场竞争力。

（7）市场策略执行困难。

渠道冲突可能导致企业难以执行统一的市场策略。当渠道成员之间存在利益分歧和竞争关系时，它们可能不愿意执行企业的统一策略或标准。这可能导致市场策略的执行效果大打折扣，影响企业的市场定位和长远发展。

（8）渠道成员合作意愿下降。

长期的渠道冲突可能导致渠道成员之间的合作意愿降低。渠道成员可能不愿意进行信息共享、策略协调或共同应对市场挑战。这种合作意愿的下降可能使得整个渠道陷入僵局或分裂状态，影响企业的整体运营效率和市场竞争力。

（9）法律风险增加。

如果渠道冲突升级并无法通过协商解决，可能需要通过法律手段来解决。这不仅增加了企业的法律风险和经济负担，还可能导致长期的法律纠纷和负面影响。企业可能面临诉讼、赔偿或声誉受损等风险，这些风险都可能对企业的长期发展产生不利影响。

（10）供应链稳定性受损。

渠道冲突不仅影响渠道成员之间的关系和合作，还可能对供应链稳定性产生负面影响。当渠道成员之间存在竞争和冲突时，它们可能不愿意共享资源、信息或协调生产计划。这可能导致供应链效率下降、生产成本上升以及产品供应不稳定等问题。这些问题都可能对企业的生产和经营产生不利影响，影响企业的市场竞争力和长期发展。

2.4.3　渠道冲突的应对策略

针对渠道冲突，供应链上下游成员企业特别是上游品牌制造商需要采取积极的措施来加以解决。具体而言，可以采取综合性的策略，从规则制定、沟通协调、差异化策略、第三方调解、渠道优化和文化建设等多个方面入手，缓解和解决渠道冲突，确保渠道的高效运行，维护渠道的稳定和效率，实现渠道成员的共同发展和繁荣。

（1）建立明确的渠道规则。

上游品牌制造商应制定一套详尽的渠道规则，以规范渠道成员的行为和互动。这些规则应涵盖价格控制、市场划分、产品分销、促销活动和客户服务等方面，确保所有渠道成员都清楚自己的职责和限制。通过明确的规则，可以减少误解和冲突，同时保护品牌利益和市场秩序。

（2）加强沟通和协调。

为了解决渠道冲突，加强渠道成员之间的沟通和协调至关重要。制造商应定期组织会议，提供一个平台让渠道成员能够开放地讨论问题、分享市场信息和反馈。此外，建立有效的沟通渠道，如电子邮件、电话会议和即时通信工具，可以促进日常的沟通和问题的快速解决。通过增强沟通，可以增进相互理解，减少误解，从而促进渠道成员之间的合作和共赢。

（3）实施差异化策略。

为了避免渠道成员之间的直接竞争和冲突，可以实施差异化策略。根据各渠道成员的特点和优势，制定不同的市场定位、产品策略和服务策略。这样可以使各渠道成员在错位发展中实现共赢，共同开拓市场。例如，线上渠道可以注重价格优势和便利性，而线下渠道则可以提供更优质的客户服务和产品体验。

（4）引入第三方调解或仲裁。

当渠道成员之间的冲突无法通过内部协调解决时，可以考虑引入第三方调解或仲裁机构进行调解。这些机构通常具有专业性和公正性，能够客观地评估冲突情况并提出解决方案。通过第三方调解或仲裁，可以帮助渠道成员达成和解，避免冲突进一步升级。同时，这也为渠道成员提供了一个公正、公平的解决渠道冲突的平台。

（5）优化渠道结构和管理。

渠道结构和管理对渠道的稳定和高效运行至关重要。因此，需要定期对渠道结构进行评估和调整，确保渠道的合理性和高效性。同时，加强渠道管理，提高渠道成员的素质和能力，降低冲突发生的可能性。例如，可以通过培训和指导等方式提高渠道成员的市场营销能力和客户服务水平，使它们能够更好地适应市场变化和满足客户需求。

（6）建立共同的价值观和目标。

共同的价值观和目标有助于增强渠道成员之间的凝聚力和向心力。通过培训和文化建设等方式，培养渠道成员的共同价值观和目标，使它们能够认识到只有通过合作和协同作战才能实现共同的发展和成功。这有助于减少渠道成员之间的利益分歧和冲突，促进渠道的稳定和高效运行。

2.5　网络外部性理论

网络外部性是新经济中的一个重要概念，它描述的是连接到一个网络的价值取决于已经连接到该网络的其他人的数量。通俗地说，每个用户从使用某产品中得到的效用与用户的总数量正相关。用户人数越多，每个用户得到的效用就越高，网络中每个人的价值与网络中其他人的数量成正比。

2.5.1　网络外部性理论的诞生与发展

网络外部性理论最早由罗尔夫斯（Rohlfs，1974）在 1974 年提出，他指出网络外部性是需求方规模经济的源泉。这意味着当一种产品对消费者的价值随着其他使用者数量增加而增加时，这种产品就具有网络外部性。这为理解网络经济中的价值创造提供了新的视角。

1985 年，卡茨和夏皮罗（Katz & Shapiro，1985）对网络外部性进行了更为正式的定义。他们指出，随着使用同一产品或服务的用户数量变化，每个用户从消费此产品或服务中所获得的效用也会发生变化。这一定义明确了网络外部性的核心特征，即用户数量与产品效用之间存在正向关系。换句话说，随着用户数量的增加，每个用户从产品或服务中获得的效用也会相应增加。这种正向关系反映了网络外部性在网络经济中的重要作用。当一种产品或服务的用户基数扩大时，每个用户都能从中获得更多价值，因为更多的用户意味着更广泛的网络覆盖、更丰富的信息资源和更高效的互动体验。这种价值增加进一步吸引了更多用户加入，形成了良性循环。因此，企业在设计和推广产品或服务时，需要充分考虑网络外部性的影响，通过提高用户基数、优化用户体验、加强用户互动等方式来增强网络外部性效应，从而提升产品或服务的市场竞争力。

进入 20 世纪 80 年代后，网络外部性理论的研究取得了显著的进展。卡茨和夏皮罗（Katz & Shapiro，1985）等研究对网络外部性的理论进行了深入的推动和深化，使得该理论得以不断完善和发展。他们的研究从早期对电信网络等特定领域的关注，逐渐扩展到对一般网络效应现象的研究。这种转变不仅拓宽了网络外部性理论的应用范围，也使其能够更全面地解释和预测各种网络经济现象。在这些经济学家的努力下，网络外部性理论的内容得到了极大的丰富。他们深入探讨了网络外部性的形成机制、影响因素以及经济后果，提出了一系列新的观点和见解。这些研究成果不仅深化了我们对网络外部性的理解，也为相关领域的政策制定和实践提供了重要的理论支持。此外，这些经济学家还通过实证研究等方法，对网络外部性理论进行了验证和拓展。他们利用大量的数据和案例，分析了网络外部性在不同行业和市场中的表现和作用，为理论的应用提供了有力的支持。

随着研究的深入和技术的飞速发展，网络外部性理论的应用领域日益广泛。从最初的电信、航空等传统行业，到如今的互联网、电子商务等新兴领域，网络外部性理论都发挥着不可或缺的作用。特别是在电子商务平台技术的发展中，网络外部性理论为理解商家对消费者（Business-to-Consumer，B2C）模式向消费者对商家（Consumer-to-Business，C2B）模式变迁的内在动力机制提供了强有力的理论支撑。C2B 模式的兴起，正是基于消费者数量的增加和需求的多样化，使得消费者在网络中的影响力逐渐增强，进而推动了市场结构和商业模式的变革。网络外部性理论在这一过程中的应用，不仅深化了我们对网络经济规律的认识，也为相关行业的创新发展提供了宝贵的理论指导。

2.5.2　网络外部性理论的分类

网络外部性理论的分类方式多种多样，每种分类方式都有其特定的应用场景和研究价值。首先，网络外部性是一个涉及多个方面和层次的概念。它不仅涉及用户之间的相互影响和依赖，还涉及产品、市场、技术等多个层面。因此，研究者们可以根据不同的研究目标和关注点，从不同的角度对网络外部性进行分类。其次，网络类型和结构的不同也会导致网络外部性表现形式的差异。有些网络可能更侧重于用户之间的直接互动和依赖，而有些网络则可能更侧重于产品之间的互补性和市场效应。这些不同的网络类型和结构也会使得网络外部性的分类方式呈现出多样性。不同的研究领域和学科背景也会对网络外部性的分类产生影响。

例如，经济学、社会学、管理学等不同学科的研究者们可能会根据各自的理论框架和研究方法，对网络外部性进行不同的分类和解释。以下是常见的几种网络外部性：

（1）按照影响方式和范围的不同，网络外部性可以分为直接网络外部性（direct network externality）和间接网络外部性（indirect network externality）。直接网络外部性更侧重于同类用户之间的相互影响，而间接网络外部性则关注不同类型用户之间的相互影响和价值变化。

①直接网络外部性是指同一市场内消费者之间的相互依赖性，即一个用户消费某产品所获得的效用随着消费同一产品的用户数量的增加而增加。换句话说，当使用某种产品或服务的用户数量增加时，每个用户从该产品或服务中获得的效用或价值也会相应增加。

这种外部性在需要用户间直接互动和通信的产品或服务中尤为明显，如电话、短信、社交媒体等。在这些平台上，用户数量的增长意味着网络规模的扩大和用户基础的广泛化，为用户提供了更多与他人交流、分享和互动的机会。这些机会的增加不仅丰富了用户的社交体验，还提高了用户从产品或服务中获得的效用。

对于企业而言，直接网络外部性是一个重要的市场策略工具。企业可以通过扩大用户基数、提高用户活跃度等方式来增强直接网络外部性，从而吸引更多用户并增加市场份额。例如，社交媒体平台通过提供丰富的社交功能和优质的用户体验来吸引用户，进而形成庞大的用户群体和活跃的社交氛围。同时，政府和相关机构也需要关注直接网络外部性的影响，制定合理的政策和规范，以促进市场的健康发展，确保公平竞争和保护消费者权益。

然而，直接网络外部性的效果并非对所有用户都是均等的。用户之间的交互方式、使用频率以及产品特性等因素都可能影响他们从直接网络外部性中获得的效用。因此，在分析和利用直接网络外部性时，企业需要综合考虑多种因素，结合具体情况进行策略制定和决策分析，以确保策略的有效性和可行性。

②间接网络外部性是指一种产品的价值随着其互补品数量的增加而增加的现象，其揭示了不同产品或服务之间的互补关系如何共同创造价值。在一个市场中，当一种产品的互补品数量增加时，该产品的价值也会相应提升。这种提升并非由同一类型用户数量的增加直接导致，而是由不同类型的产品或服务之间的互补关系产生的。

以计算机市场为例，计算机硬件和软件之间存在紧密的互补关系。随着软件种类的增多，计算机硬件的价值也会相应提升。因为更多的软件选择意味着计算机能够执行更多样化的任务，满足用户更多元化的需求。同样地，在电子商务平台上，随着入驻商家的增多，平台的吸引力也会增加。消费者可以在一个平台上找到更多的商品和服务选择，从而享受到更便捷、更丰富的购物体验。

间接网络外部性的存在对于市场结构和企业策略具有重要影响。它促进了不同产品和服务之间的协同作用，推动了市场的多样化和创新。企业可以利用间接网络外部性来制定策略，例如，通过与互补品提供商建立合作关系，共同开拓市场，增加自身产品的吸引力和市场份额。这种合作不仅有助于提升产品的整体价值，还能为企业带来更多的商业机会和竞争优势。

然而，间接网络外部性的实现需要具备一定的条件。首先，互补品之间需要具备良好的技术兼容性，以确保它们能够顺畅地协同工作。其次，市场需求也需要与互补品的数量相匹配，以确保产品的价值能够得到充分的发挥。最后，市场中的竞争状况和政策环境也会对间接网络外部性的发挥产生影响。因此，在分析和应用间接网络外部性时，企业需要综合考虑多种因素，结合具体情况进行策略制定和决策分析，以确保策略的有效性和可行性。

（2）按照网络外部性影响的对象数量及类型，网络外部性可以分为单边网络外部性、双边网络外部性以及多边网络外部性。

①单边网络外部性是指在一个市场中，产品或服务的价值随着使用该产品或服务的用户数量的增加而增加，而这种价值的增加仅影响使用同一产品或服务的用户群体。换句话说，单边网络外部性主要关注同一类型用户之间的相互影响，不涉及不同类型用户之间的交叉影响。

这种外部性通常出现在那些用户之间可以直接互动和产生效益的产品或服务中。例如，在社交媒体平台上，随着用户数量的增加，每个用户都可以与更多的人建立联系、分享信息和内容，从而提高了平台的使用价值和吸引力。同样，在即时通信应用中，用户数量的增加意味着更多的人可以使用该应用进行沟通和交流，进而提升了每个用户的通信效率和便利性。

单边网络外部性的存在对于企业和市场策略的制定具有重要意义。企业通常会努力扩大用户基数，通过提供优质的服务和功能来吸引更多用户加入，并利用单边网络外部性来提高产品的整体价值和市场份额。同时，政府和相关机构也需要考虑单边网络外部性的影响，制定合理的政策和规范，以促进市场的健康发展。

需要注意的是，单边网络外部性并不涉及不同类型用户之间的交叉影响，这是与双边网络外部性和多边网络外部性的主要区别。在双边或多边市场中，不同用户群体之间的相互影响和依赖关系更为复杂，需要考虑更多的因素来分析和利用网络外部性。

②双边网络外部性是指在一个市场中，存在两类不同性质的用户群体，他们之间存在着无法内化的交叉网络外部性。这种外部性体现在一边用户的效用或价值受到另一边用户数量或行为的影响。换句话说，双边网络外部性关注的是不同类型用户之间的相互影响和依赖关系。

在双边市场中，平台往往扮演着连接两类用户的角色，这两类用户通过平台进行互动和交易。由于用户之间的交叉网络外部性，一边用户的增加会吸引另一边用户的加入，反之亦然。这种相互作用促进了市场的扩大和活跃度的提升。

双边网络外部性的存在对平台的运营和策略制定具有重要意义。平台需要考虑到两边用户的需求和行为，以平衡和满足他们的利益，从而实现市场的稳定和持续发展。通过制定合理的定价策略、优化用户体验、提升服务质量等方式，平台可以吸引更多的用户加入，增强双边网络外部性的效果，进而提升整个市场的价值。

需要注意的是，双边网络外部性并不意味着垄断或影响社会福利。在产业管理中，需要从更广泛的角度考虑市场的竞争和合作，以及如何利用网络效应来提高产业的竞争力。同时，政府和相关机构也需要对双边市场进行合理监管，以保护消费者权益、维护市场公平竞争。

③多边网络外部性是指在一个市场中，存在多个不同类型的用户群体，每个用户群体的价值或效用都受到其他用户群体数量的影响。这种外部性体现在多个用户群体之间的相互作用和依赖关系上，每个用户群体的增加都会对其他用户群体产生积极的影响，进而提升整个市场的价值和活跃度。

与双边网络外部性相比，多边网络外部性涉及的用户群体更多、关系更复杂。在一个典型的多边市场中，可能存在内容创作者、广告商、消费者等多个不同类型的用户群体，他们之间的互动和交易关系形成了一个错综复杂的网络。例如，在一个在线视频平台上，内容创作者的数量增加会吸引更多的广告商投放广告，进而吸引更多的消费者使用平台，形成一个良性循环。

多边网络外部性的存在对市场的运营和策略制定具有重要意义。平台需要精心设计和维护多边市场的生态平衡，确保各类用户群体之间的利益得到平衡和满足。通过优化平台功能、提升用户体验、制定合理的定价策略等方式，平台可以吸引更多的用户群体加入，增强多边网络外部性的效果，进而提升整个市场的竞争力和盈利能力。

然而，多边网络外部性的实现也面临一些挑战。例如，不同用户群体之间的利益可能存在冲突，需要平台进行有效的协调和管理。同时，市场的竞争环境和政策变化也可能对多边网络外部性产生影响，需要平台密切关注市场动态并制定相应的策略。

（3）按照影响性质的不同，网络外部性可以分为正网络外部性与负网络外部性。

①正网络外部性是指随着使用某一产品或服务的用户数量增加，每个用户从该产品或服务中获得的效用或价值也会相应增加的现象。换句话说，正网络外部性体现了用户之间在使用相同产品或服务时的正向互动和相互促进关系。

这种外部性通常出现在那些用户之间可以相互合作、共享信息或资源的场景中。例如，在社交媒体平台上，随着用户数量的增多，每个人都可以与更多的人建立联系、分享信息和内容，从而提高了平台的使用价值和吸引力。同样，在通信网络中，随着用户数量的增加，每个人都可以与更多的人进行通话或数据传输，提升了通信的便利性和效率。

正网络外部性的存在对于企业和市场策略的制定具有重要意义。企业通常会努力扩大用户基数，通过提供优质的服务和功能来吸引更多用户加入，并利用正网络外部性来提高产品的整体价值和市场份额。同时，政府和相关机构也需要考虑到正网络外部性的影响，制定合理的政策和规范，以促进市场的健康发展。

需要注意的是，正网络外部性并不意味着用户数量的增加会无限制地提升产品或服务的价值。在实际市场中，可能存在着用户数量的饱和点或临界点，超过这个点后，用户数量的增加可能不再带来明显的正网络外部性效果。因此，在策略制定时，企业需要综合考虑多种因素，确保能够充分利用正网络外部性的优势，并应对潜在的市场变化和挑战。

②负网络外部性是指随着使用某一产品或服务的用户数量增加，每个用户从中获得的效用或价值却相应减少的现象。这种现象通常发生在用户之间因为共享同一资源或平台而产生相互干扰

或竞争的情况下。

负网络外部性可能由多种因素引起。例如，当网络中的流量或用户数量超过一定阈值时，可能导致网络拥堵、速度下降或服务质量下降，从而影响用户的体验。在通信网络中，如果太多用户同时使用网络，可能导致信号干扰、通话质量下降或数据传输速度变慢。另外，如果某个平台或服务的用户数量过多，可能导致信息过载，使得用户难以从中筛选出有价值的信息，从而降低了使用的效用。

负网络外部性的存在对企业和市场策略的制定提出了挑战。企业需要认真考虑如何平衡用户数量和服务质量之间的关系，以避免负网络外部性的发生。例如，可以通过优化网络架构、提升服务器性能、加强信息筛选和过滤等方式来减轻负网络外部性的影响。同时，政府和相关机构也需要对市场的竞争状况进行监管，确保市场中的产品和服务能够保持良好的质量和性能，从而保护消费者的权益。

在策略制定中，企业还需要考虑到不同用户群体的需求和偏好，以及市场中的竞争格局。通过深入了解用户的使用行为和体验，企业可以更加准确地预测和应对负网络外部性的潜在风险，并制定出更加有效的市场策略。

2.6　过度自信理论

过度自信是指一个人对自己的能力、知识或预测结果的准确性过分自信，超出了实际情况或现实水平的状态。这种心理现象表现为对自己的能力和知识的高估、对风险和不确定性的低估，以及对自己的决策和判断结果的过分自信。过度自信通常源于个人的自我偏见、信息收集偏见和确认偏见等心理现象，并可能受到外部环境和他人的反馈的推动。

过度自信在多种情况下都可能发生，比如在考试前对自己的准备过度乐观，或者在投资决策中对自己的判断过于自信。然而，这种自信往往并不符合实际情况，可能会导致错误的决策、低效的行为和财务损失等不良结果。因此，理解和认识过度自信的现象，对于避免其带来的负面影响具有重要意义。

虽然过度自信不是一种特定的人格特质，但它具有一定的普遍性，普遍存在于各种职业和领域的人群中，如投资者、工程师、医生、企业家、律师、高级经理等。因此，了解和应对过度自信对于提高决策质量和避免潜在风险至关重要。

2.6.1　过度自信理论的诞生与发展

过度自信理论是行为金融学中的四大研究成果之一，起源于对认知心理学的研究。它描述了一种普遍存在的心理现象，即人们往往会对其自身知识的准确性过度自信，并系统性地低估某类信息而高估其他信息。

过度自信理论的早期思想可以追溯到 20 世纪 50 年代，巴雷尔（Burrell，1951）在 1951 年首次将行为心理学应用于经济学，提出在衡量投资者行为时，应考虑人性方面的内在因素。从这一时期开始，心理学家开始注意到人们普遍存在的过度自信现象，即个体往往对自己的能力、知识和判断的准确性持有过高的估计。这种心理现象在多个领域都有所体现，但尚未与金融学产生直接的联系。但是，这种对人性因素的重视，为过度自信理论等后续行为金融学理论的诞生和发展奠定了基础。

在 20 世纪 70 年代末～80 年代初的时期，行为金融学开始崭露头角，并逐渐走向成熟。它开始以标准金融学的挑战者身份出现，对传统的金融理论提出了质疑。传统的金融学理论往往基于理性人的假设，认为人们在做决策时会完全理性地权衡利弊，追求最大化收益。然而，行为金融学却观察到人们在金融市场中的实际行为往往并不符合这种理性假设。进入 90 年代，行为金融学得到了进一步的发展，并逐渐成为金融学领域的一个重要分支。随着研究的深入，学者们开始关注各种心理现象对金融市场的影响，其中就包括过度自信。过度自信是指人们对自己的能力、知识和判断的准确性持有过高的估计，这种心理现象在金融市场中尤为常见。

到了 20 世纪末，过度自信理论正式作为行为金融学的理论之一被提出，并开始被用来解释金融市场中的各种异象。这些异象包括过度交易、市场泡沫、过度反应等，都是传统金融学理论难以解释的现象。过度自信理论为解释这些异象提供了新的视角，它认为投资者的过度自信行为会导致市场波动加剧，影响市场的稳定性和效率。其中，昆达（Kunda，1987）的研究发现，个体往往期望正面事件在自己身上发生的概率要高于他人，并对随机事件持有一种过于乐观的态度；这种自我归因偏差导致人们在获得成功时过度自信，往往忽视了成功中运气成分的贡献；该研究进一步强调了内在动机对人们推断过程的影响，人们通常根据自己的期望来构建和评估因果理论，这一现象被称为"动机推理"。格里芬和特沃斯基（Griffin & Tversky，1992）在深入探讨过度自信在预测和决策中所扮演的角色时发现，面对中等难度到极度困难的问题时，人们倾向于过度自信；相反，在处理简单问题时，他们却可能表现出不自信；此外，当执行那些具有高度可预测性且提供快速明确反馈的重复性任务时，人们更可能倾向于仔细推算，以减少决策中的不确定性。

进入 21 世纪后，过度自信理论的研究和应用得到了显著扩展。这一理论不仅在金融学领域继续深化，还广泛扩展到了管理学、组织行为学、市场营销等多个学科领域，为这些领域的研究提供了新的视角和解释框架。在管理学中，过度自信理论被广泛应用于解释管理者决策过程的心理机制。一些管理者可能过于乐观地评估自己的项目和策略，导致资源的不当分配和战略失误。过度自信的管理者可能忽视了潜在的风险和不确定性，过于依赖自己的判断和经验，从而作出不理智的决策。通过对过度自信理论的研究，可以帮助管理者更准确地评估自己的能力和局限性，避免过度自信带来的负面影响。在组织行为学和市场营销领域，过度自信理论也发挥了重要作用。在组织行为学中，它有助于理解团队成员之间的互动和决策过程，以及过度自信如何影响团队的合作和绩效。在市场营销中，过度自信可能影响消费者对产品价值的判断，以及他们对市场趋势的预测。因此，了解过度自信的心理机制有助于制定更有效的市场策略和推广活动。

2.6.2　过度自信的表现形式

过度自信在不同场合和情境下会表现出不同的形式，这主要取决于个体的特点、所处的环境因素以及所面临的具体任务和挑战。在管理学领域，企业的过度自信表现形式可以细分为以下几类：

（1）对自身能力的过度自信。

企业对自身能力的过度自信是指企业高估了自身的管理、运营、创新以及其他关键业务领域的实力。这种过度自信可能源于多种因素，包括但不限于过往的成功经验、内部文化的倾向、领导者的个人特质，以及对外界反馈的过度乐观解读。

具体来说，企业可能认为自己拥有超越竞争对手的独特优势，或者能够在市场变化中迅速适应并取得成功。这种自信有时可以激发员工的士气和动力，推动企业向前发展。然而，当这种自信超出了实际能力的范围时，就可能带来一系列问题。首先，过度自信可能导致企业在制定战略时忽视潜在的风险和不确定性。企业可能过于乐观地估计自身的能力和市场的潜力，从而制订出不切实际的目标和计划。其次，过度自信还可能导致企业在资源分配上作出不合理的决策。企业可能将过多的资源投入到某些看似有前景但实际上风险较高的项目中，而忽视了其他更为稳健和可行的机会。此外，过度自信还可能影响企业的学习能力和适应能力。当企业面临挑战和失败时，过度自信可能导致其忽视反馈和教训，难以从中学习和改进。

因此，企业需要保持一种理性的自信态度，既要看到自身的优势和潜力，也要客观评估自身的不足和风险。在决策过程中，企业应充分考虑各种可能性和不确定性，制订合理的目标和计划，并灵活调整战略以适应市场变化。同时，企业还应建立有效的反馈机制，及时识别和解决存在的问题，以确保持续稳健的发展。

（2）对市场需求的过度乐观。

企业对市场需求的过度乐观是指企业高估了市场对其产品或服务的需求量和接受度。这种乐观态度往往基于一系列假设和预期，可能包括对市场增长潜力的夸大估计、对竞争对手的不充分分析，以及对消费者偏好变化的忽视。

当企业对市场需求持过度乐观的态度时，它可能会制定过于扩张的市场策略，例如增加生产规模、扩大销售渠道或提高营销投入。然而，如果实际市场需求并未达到预期水平，这种过度乐观可能导致企业面临库存积压、销售不畅和资金链紧张等问题。此外，过度乐观还可能使企业忽视市场变化和消费者需求的演变。当市场趋势发生变化或新的竞争对手出现时，企业可能因为过度乐观而未能及时调整战略，从而错失应对变化的良机。

因此，企业需要保持对市场需求的谨慎和客观态度。在制定市场策略时，企业应充分考虑各种市场因素，包括市场需求、竞争态势、消费者偏好等，并进行科学的市场调研和数据分析。同时，企业还应建立灵活的战略调整机制，以便及时应对市场变化，确保企业的稳健发展。

（3）对投资回报的过度期望。

企业对投资回报的过度期望是指企业对于其投资项目的预期

收益持有过高的估计和乐观的态度。这种过度期望可能源于企业对市场环境、项目潜力或自身能力的过度自信，以及对潜在风险的低估或忽视。

当企业对投资回报持有过度期望时，它可能倾向于选择高风险、高回报的投资项目，而忽视这些项目可能带来的巨大风险和不确定性。这种决策可能导致企业在资金、资源和管理精力上过度投入，一旦项目未能达到预期收益，企业可能面临巨大的财务损失和运营压力。此外，过度期望投资回报还可能使企业忽视市场变化和行业趋势。企业可能过于专注于追求高回报，而忽视了市场竞争的加剧、消费者需求的变化或技术创新的进步。这种短视行为可能导致企业在长期竞争中失去优势，甚至面临生存危机。

因此，企业在进行投资决策时，应保持理性、客观的态度，充分考虑投资项目的风险与收益，并进行科学的风险评估和回报预测。同时，企业还应建立有效的风险管理和监控机制，及时应对投资过程中可能出现的风险和问题，确保企业的稳健发展。

（4）对风险控制的过度自信。

企业对风险控制的过度自信是指企业对其自身在管理和控制风险方面的能力持有过高的估计和乐观的态度。这种过度自信可能源于企业过去的成功经验、内部文化的倾向、领导者的个人特质，以及对风险评估和控制的简化理解。

当企业对风险控制持有过度自信的态度时，它可能忽视或低估潜在的风险因素，或者对风险发生的可能性和影响程度作出不准确的判断。这种过度自信可能导致企业在制定战略和决策时，未能充分考虑风险，从而采取过于冒险的行动。此外，过度自信的企业可能过于依赖内部的风险控制机制，而忽视外部环境和市场变化对风险的影响。它们可能认为自己的风险管理体系足够完善，能够应对各种挑战，但实际上可能无法有效识别和应对新兴风险或复杂风险。这种对风险控制的过度自信可能给企业带来严重的后果。当风险真正发生时，企业可能因为未能及时采取适当的应对措施而遭受损失，甚至面临生存危机。

因此，企业需要保持对风险控制的谨慎态度，不断完善风险管理机制，提高风险评估和控制的准确性和有效性。同时，企业还应加强风险意识的培养，提高员工对风险的认识和应对能力，以确保企业能够稳健发展。

2.7　差异化理论

差异化理论主要应用在经济学和管理学领域，是一个跨学科的理论体系。该理论强调通过提供独特的产品、服务或策略，满足消费者的多样化需求，指导企业、组织和个人在市场中形成独特的竞争优势，从而在市场竞争中脱颖而出，实现持续发展。

在经济学中，产品差异化理论是一个重要的研究方向，它关注在同一类商品市场中，不同的生产商如何通过产品设计与营销策略差异化来创造与竞争对手不同的产品特性，以便获得消费者更高的价值感知和利润。这种差异化可以是产品的功能、质量、外观等方面的独特性，或者是企业提供的服务、品牌形象等方面的独特性。

而在管理学领域，差异化竞争理论是战略管理的一个重要组成部分。它要求企业就客户广泛重视的一些方面在行业内独树一帜，或在成本差距难以进一步扩大的情况下，生产比竞争对手功能更强、质量更优、服务更好的产品以显示经营差异。这种差异化竞争战略有助于企业在激烈的市场竞争中形成独特的竞争优势，提升市场份额和盈利能力。

此外，差异化理论还体现在领导学和组织发展中。例如，情境领导理论强调根据下属的成熟度和具体情况，采取差异化的领导方式。在组织发展中，随着员工成熟度的变化和组织进入新的领域，组织结构和管理幅度也需要进行相应的调整，体现了差异化组织的理念。

2.7.1　差异化理论的诞生与发展

差异化理论的早期思想起源于 20 世纪 30 年代关于垄断竞争的讨论。这一时期，经济学家开始关注市场中企业如何通过产品差异化来获取竞争优势。这一时期的研究为差异化理论奠定了基础，为理解市场中的企业行为提供了新的视角，特别是在解释企业如何通过产品差异化来影响市场需求、定价策略和市场结构方面。其中，爱德华·钱伯林（Edward Chamberlin，1933）在 1933 年的著作《垄断竞争理论》中提出了垄断竞争的概念，这是对完全竞争市场理论的重要补充。张伯伦（Chamberlin，2009）认为，在垄断竞争市场中，众多企业通过产品差异化来争取市场份额。在 20 世纪 50 年代，亨德里克·豪萨卡（Hendrik Houthakker，

1952）对产品质量和价格之间的关系进行了研究，进一步发展了差异化理论。保罗·萨缪尔森和威廉·诺德豪斯（Paul Samuelson & Willian D. Nordhaus，2014）在经济理论方面作出了广泛贡献，他们的工作也涉及了产品差异化和市场结构的讨论。在同一时期，琼·罗宾逊（Joan Robinson，2012）在其著作《不完全竞争经济学》中也探讨了产品差异化的问题，强调了企业如何通过差异化来实现市场力量。

1929 年，霍特林（Hotelling，1929）提出了线性城市模型，该模型是产品差异化理论发展的重要里程碑。在这个模型中，霍特林探讨了两家商店在一条直线（代表城市的主要街道）上的最优位置选择问题。他的模型假设消费者均匀地分布在这条直线上，每家商店都试图吸引更多的消费者，并且消费者会倾向于选择距离自己最近的商店。

霍特林的原始模型得出的结论是，在没有其他竞争因素的情况下，两家商店最终会选择在直线的中点附近的位置，从而使得产品差异化最小化。这是因为任何偏离中心点的移动都将导致失去一部分消费者给对手。这种现象有时被称为霍特林定律（Hotelling's Law），即在竞争均衡下，竞争者的差异化会趋于零。然而，霍特林的模型很快就受到了学界的质疑并被扩展。学者们指出，现实世界中的产品差异化远比霍特林模型所描述的要复杂。以下是对霍特林模型的一些主要批评和扩展：

（1）消费者偏好多样性。

在现实世界中，消费者的偏好并非如霍特林模型所假设的单一。每位消费者都有自己独特的喜好和需求，这些偏好可能涵盖了产品的质量、功能、外观、服务等多个方面。消费者愿意为符合其特定偏好的产品特征支付额外费用，这导致市场上的产品差异化现象普遍存在。这种偏好的多样性使得企业在产品设计、营销和定位时需要更加精准地把握目标消费者的需求，以提供符合其偏好的产品和服务。

（2）品牌忠诚度。

品牌忠诚度是消费者在选择产品时的一个重要考虑因素。消费者可能对一个品牌产生了深厚的情感联系和信任感，因此即使竞争对手的产品在地理位置上更近或者价格更低，他们也可能选择购买自己偏爱的品牌。品牌忠诚度不仅体现了消费者对品牌的认同和信任，也为企业带来了稳定的客户基础和市场份额。因此，企业在品牌建设上需要投入更多的精力和资源，以提升消费者的品牌忠诚度和企业竞争力。

（3）产品特征多样性。

在霍特林模型中，产品的差异化主要基于地理位置的选择。然而，在现实世界中，产品的差异化不仅仅局限于地理位置，还可以通过多种特征进行差异化。这些特征可能包括产品的质量、服务、设计、功能、性能等方面。企业可以根据目标消费者的需求和偏好，通过创新和改进产品的这些特征来提供差异化的产品和服务。这种产品特征的多样性为企业提供了更多的创新空间和市场机会。

（4）非线性模型。

霍特林模型通常假设市场结构是线性的，即消费者和企业都分布在一个一维的直线上。然而，在现实世界中，市场结构可能更为复杂，呈现出圆形、网络状或其他形式。这种非线性的市场结构可能导致消费者和企业之间的交互方式和竞争模式发生变化。例如，在一个网络状的市场中，消费者可能更容易受到不同来源的信息和广告的影响，从而改变他们的购买决策。因此，在分析和预测市场趋势时，需要考虑到市场结构的非线性特征。

（5）价格竞争。

霍特林模型主要关注产品差异化对市场竞争的影响，而没有考虑到价格竞争的作用。然而，在现实世界中，价格是企业竞争的一个重要手段。企业除了通过产品差异化来区分自己与竞争对手外，还可以通过定价策略来竞争市场份额。价格竞争可能导致市场上出现价格战或价格歧视等现象，这些现象都可能影响企业的利润和市场份额。因此，在制定市场竞争策略时，企业需要综合考虑产品差异化和价格竞争两个方面的因素。

（6）市场进入和退出。

霍特林模型通常假设市场上的企业数量是固定的，没有考虑到新企业的市场进入和现有企业的退出。然而，在现实世界中，市场是动态变化的，新企业可能随时进入市场参与竞争，而现有企业也可能因为经营不善或其他原因而退出市场。市场进入和退出机制的存在使得市场更加具有活力和竞争性。新企业的进入可能带来新的产品和服务创新，推动市场向前发展；而现有企业的退出则可能导致市场结构的变化和市场份额的重新分配。因此，在制定市场竞争策略时，企业需要关注市场的动态变化，并灵活调整自己的策略以应对市场进入和退出的挑战。

（7）规模经济和范围经济。

霍特林模型没有考虑到企业的生产成本和规模对其差异化策

略的影响。然而，在现实世界中，企业的生产成本和规模确实会影响其差异化策略的制定和实施。规模经济意味着随着生产规模的扩大，单位产品的生产成本会降低。这使得大型企业更容易通过大规模生产来降低成本并提供更具竞争力的价格。同时，范围经济则意味着企业可以通过同时生产多种相关产品来降低成本和提高效率。这种范围经济效应使得企业可以通过提供多样化的产品和服务来满足不同消费者的需求并实现差异化竞争。因此，在制定差异化策略时，企业需要综合考虑自身的生产成本和规模优势以及目标市场的需求和特点来制定最合适的策略。

对霍特林模型的这些批评和扩展促进了产品差异化理论的进一步发展，使得经济学家能够更全面地理解企业如何在现实市场中通过差异化来获取竞争优势。随着博弈论在经济学中的广泛应用，产品差异化理论逐步发展成为热门的研究课题。学者们开始从不同角度探索产品差异化，包括消费者偏好、产品特征、市场结构等。此外，随着时间的推移，差异化理论逐渐发展成为经济学、营销学和战略管理等多个学科领域的一个重要分支，并且在不断的发展和完善。

2.7.2　差异化战略的表现形式

差异化战略是企业赢得市场竞争的关键，它的重要性不言而喻。而要实现有效的差异化，关键在于能够基于多种维度进行细致而精准的分类。这种多维度分类不仅有助于企业更全面地了解自身和市场，更能为企业在不同领域找到独特的竞争优势，从而在市场大潮中脱颖而出。

（1）根据差异化的焦点，差异化战略可以分为产品差异化（product differentiation）和服务差异化（service differentiation）两大类。

①产品差异化是指企业在其提供给市场的产品上，通过设计、功能、品质、性能、品牌等方面与竞争对手的产品形成显著的区别，从而创造出独特的市场定位，以满足消费者的不同需求和偏好。产品差异化战略的核心在于为消费者提供独特的产品价值，使企业的产品在市场上具有不可替代性。

产品差异化的实现方式可以包括以下几个方面：

设计差异化：通过独特的产品设计吸引消费者的注意。独特的设计不仅可以提升产品的外观吸引力，还可以增加产品的使用价值和便利性。

功能差异化：开发具有特定功能或用途的产品，以满足特定消费者的需求。这些功能可能是竞争对手所不具备的，从而为企业产品创造竞争优势。

品质差异化：提供高品质的产品，确保产品的耐用性、可靠性和安全性。高品质的产品往往能够赢得消费者的信任和忠诚度，为企业带来长期的市场回报。

性能差异化：通过技术创新和升级，提升产品的性能表现。例如，提高产品的速度、精度、效率等性能指标，以满足消费者对产品性能的更高追求。

品牌差异化：通过品牌建设，形成独特的品牌形象和认知度。品牌是产品差异化的重要载体，能够帮助企业在消费者心中树立独特的地位，提高产品的市场竞争力。

价格差异化：通过定价策略来实现产品差异化。企业可以根据市场需求和成本情况，制定具有竞争力的价格策略，以吸引不同消费层次的客户。

文化差异化：将企业文化、价值观等元素融入产品中，形成独特的文化特色。这种文化差异化可以使产品在市场上具有更强的辨识度和吸引力。

②服务差异化是指企业在提供产品或服务时，通过独特的服务方式、服务内容、服务体验等方面与竞争对手形成明显的区别，以满足消费者的个性化需求，并提升消费者满意度和忠诚度。服务差异化是企业差异化战略的重要组成部分，旨在通过提供独特的服务，使企业在激烈的市场竞争中脱颖而出。

服务差异化的实现方式可以包括以下几个方面：

定制化服务：根据消费者的具体需求和偏好，提供个性化的服务方案。这种服务方式能够满足消费者的独特需求，提升消费者的满意度。

增值服务：除了提供基本的产品或服务外，还提供额外的服务或价值，如免费安装、维修、保养、咨询等。这些增值服务能够增加消费者对产品或服务的整体价值感知，提升消费者的忠诚度。

快速响应：及时响应消费者的咨询、投诉或需求，提供高效的服务支持。快速响应能够减少消费者的等待时间，提高消费者的满意度。

服务体验优化：通过提升服务流程、服务环境、服务态度等方面的质量，为消费者创造愉悦的服务体验。良好的服务体验能够增加消费者对企业的好感度，提升消费者的忠诚度。

客户关系管理：建立良好的客户关系，通过定期沟通、回访等方式，了解消费者的需求和反馈，及时解决消费者的问题。客户关系管理能够增加企业与消费者之间的互动，增强消费者对企业的信任感，提升消费者的忠诚度。

服务创新：不断探索新的服务方式、服务内容和服务模式，以满足市场的变化和消费者的需求。服务创新能够为企业带来竞争优势，提高服务的质量和效率。

（2）根据差异化的维度和方向，差异化战略可以分为横向差异化（horizontal differentiation）和纵向差异化（vertical differentiation）两大类。需要注意的是，纵向差异化和横向差异化是两种不同的差异化战略。横向差异化更侧重于产品的外观、设计、品牌等方面的创新，以满足消费者的个性化需求；而纵向差异化则更强调产品的质量、性能等物理特性，以满足消费者对产品基础功能的共同需求。

①横向差异化战略是指企业根据消费者的不同偏好，通过提供在功能、外观、品牌、服务等方面具有不同特征的产品或服务，以满足不同消费者的个性化需求。这种战略不仅仅是一种产品或服务的创新方式，更是一种与消费者建立深度联系的策略。

在高度竞争的市场环境中，消费者对于产品的选择越来越多样化，对于个性化需求的满足也愈加渴望。横向差异化战略正是为了满足这种需求而诞生的。它使企业能够根据消费者的不同偏好和需求，开发出具有独特功能、设计、服务或品牌的产品，从而吸引并留住消费者。

实施横向差异化战略的企业需要具备敏锐的市场洞察力和创新能力。首先，企业需要深入了解消费者的需求和期望，通过市场调研、消费者访谈等方式收集信息，并进行深入的分析。其次，企业需要根据这些信息，结合自身的资源和能力，开发出具有独特性的产品或服务。这可能需要企业在技术、设计、品牌、服务等方面进行创新，以提供与竞争对手不同的消费者价值。最后，企业还需要通过有效的营销策略，将产品或服务的独特性传递给消费者，并建立良好的品牌形象和口碑，以提高消费者满意度和忠诚度。

通过实施横向差异化战略，企业可以在竞争激烈的市场中脱颖而出，形成独特的竞争优势。这种战略不仅有助于企业满足消费者的个性化需求，还能提高企业的市场份额和利润。因此，对于寻求长期发展的企业来说，横向差异化战略是一个值得深入研究和实施的重要战略。

②纵向差异化是指企业在同一产品类别中，通过提供不同质量水平、性能表现、技术规格或附加价值的产品，以满足不同消费者需求或偏好的一种市场策略。这种策略的核心在于通过产品的物理特性或附加服务来区分不同等级或类型的产品，从而吸引不同层次的消费者。

在纵向差异化中，企业会针对消费者的不同需求和支付能力，设计并生产具有不同特点的产品。这些特点可能包括更高的质量、更先进的技术、更强大的性能、更长的使用寿命、更完善的售后服务等。通过提供多样化的产品选择，企业能够覆盖更广泛的消费者群体，并在不同市场细分中建立竞争优势。

纵向差异化的优势在于，它可以帮助企业更好地满足消费者的个性化需求，提高消费者的满意度和忠诚度。同时，通过提供不同等级的产品，企业还可以实现价格歧视，获取更高的利润。此外，纵向差异化还有助于企业建立品牌形象，树立在消费者心目中的独特地位。

然而，实施纵向差异化策略也需要企业具备相应的资源和能力。首先，企业需要了解消费者的需求和偏好，以便设计出符合市场需求的产品。其次，企业需要拥有先进的技术和生产能力，以确保产品的高质量和高性能。最后，企业还需要建立完善的销售和售后服务体系，以提供优质的客户体验。

2.8　消费者偏好异质性理论

消费者偏好异质性是指不同消费者在产品需求和偏好上存在的差异。这种差异会导致市场上的产品多样化，因为企业需要不断地进行市场调研和产品创新，以满足不同消费者的需求。

消费者在购买商品或服务时，往往会考虑其是否符合自身的价值观、个性和身份认同。例如，追求时尚的消费者可能会选择购买流行的服装、数码产品等；健康意识强的消费者则更倾向于购买有机食品、健身器材等。因此，企业在定位产品和服务时，应准确把握目标消费者的自我认同，并通过品牌建设和差异化战略来吸引他们。

此外，消费者在购买决策过程中，会通过各种途径获取信息，如广告、口碑、媒体报道等。不同消费者对这些信息的关注程度和信任程度也存在差异。比如，有些消费者倾向于相信口碑和个人经验，而有些消费者更关注专业评测和媒体报道。因此，企业在进行市场传播时，应选择适合目标消费者的信息渠道，提供准确、可信的信息，以增强他们的购买意愿。

2.8.1 消费者偏好异质性理论的诞生与发展

消费者偏好异质性理论的诞生与经济学中对个体行为的深入研究密切相关。在传统的经济学模型中，消费者通常被假设为具有相同或相似的偏好，这种假设简化了经济模型的分析，但也忽视了现实市场中消费者偏好的多样性。

消费者偏好异质性理论的早期发展可以追溯到 20 世纪中叶，随着对市场结构和消费者行为研究的深入，学者们开始意识到消费者之间在偏好上的差异性。这一时期，经济学家开始尝试构建更为复杂的模型来解释消费者行为的多样性。

到了 20 世纪末～21 世纪初，随着信息技术的发展和数据获取能力的提升，消费者偏好异质性理论得到了进一步的发展。学者们开始利用实证数据来分析和验证消费者偏好的异质性，并在此基础上发展出了多种理论模型。

消费者偏好异质性理论在市场营销、产品定位、定价策略等领域得到了广泛应用。企业开始利用这一理论来更好地理解消费者需求，进行市场细分，开发差异化产品，并制定相应的营销策略。

在当代，消费者偏好异质性理论的研究继续深化，学者们不仅关注消费者偏好的形成机制，还研究其对企业战略、市场结构、公共政策等方面的影响。此外，随着大数据和机器学习技术的发展，对消费者偏好异质性的分析更加精细化和个性化。

尽管消费者偏好异质性理论已经取得了丰富的研究成果，但仍面临一些挑战，如如何更准确地测量和表征消费者偏好、如何在动态变化的市场环境中预测和适应消费者偏好的变化等。未来的研究可能会集中在利用新技术提高理论的预测能力、探索消费者偏好异质性与社会经济因素的相互作用等方面。

2.8.2　消费者偏好异质性理论的分类

消费者偏好异质性理论可以从多个角度进行分类，其中渠道偏好异质性理论、品牌偏好异质性理论、质量偏好异质性理论以及价格偏好异质性理论是四个密切相关的方面。

（1）渠道偏好异质性理论。

渠道偏好异质性理论主要关注消费者在购买商品或服务时对不同销售渠道的偏好差异。这种偏好异质性可能源于消费者的购物习惯、对渠道的信任度、便利性需求、价格敏感度等多种因素。有些消费者可能喜欢通过实体店进行购物，因为他们能够亲自查看和试用商品，享受购物过程；而有些消费者则更倾向于通过电商平台进行购物，因为他们可以更方便地比较价格、查看其他消费者的评价，并享受送货上门的便利。

对于喜欢在线上渠道购买制造商品牌产品的消费者来说，他们往往看重的是购物的便利性和效率。线上渠道提供了丰富的产品信息和用户评价，消费者可以随时随地浏览并比较不同产品，找到最适合自己的商品。此外，线上购物往往具有更加灵活和多样化的支付方式，以及更加便捷的物流配送服务，这些都能满足消费者对购物便利性的需求。同时，一些消费者也可能因为对线上渠道的信任度较高，比如对电商平台或制造商官网的信任，而选择在线上购买制造商品牌产品。

对于喜欢在线下实体店购买制造商品牌产品的消费者来说，他们可能更看重的是购物体验和产品的实际感受。在实体店中，消费者可以亲身触摸、试用产品，感受产品的质地、颜色、尺寸等细节，从而更加准确地了解产品的特性和品质。此外，实体店还提供了即时的售后服务，消费者在购买后遇到任何问题或需要维修时，可以直接前往实体店寻求帮助，这种即时的服务响应能够增强消费者的购物信心和提升消费者的满意度。同时，一些消费者也可能因为对线下渠道的信任度较高，比如对实体店或品牌的信任，而选择在线下购买制造商品牌产品。

企业需要根据消费者的渠道偏好异质性来制定合适的渠道策略。例如，对于偏好实体店的消费者，企业可以通过加强实体店面的装修、提高服务质量等方式来吸引他们；对于偏好电商平台的消费者，企业则需要优化网站界面、提供便捷的支付和物流服务等。

（2）品牌偏好异质性理论。

品牌偏好异质性理论主要关注消费者对不同品牌的偏好差

异。这种偏好异质性可能源于消费者对品牌形象的认知、对品牌价值观的认同、对品牌产品的使用体验等多种因素。例如，有些消费者喜欢购买制造商品牌的产品，而有些消费者则更倾向于购买零售商自有品牌的产品。如下所述，消费者对品牌偏好的差异主要源于他们的个人特征、需求、价值观以及对品牌的认知和信任度。

首先，个人特征如年龄、性别、收入、教育程度等都会影响消费者的品牌偏好。例如，年轻的消费者可能更倾向于追求时尚和新颖的产品，因此他们可能更喜欢购买具有创新性和设计感的制造商品牌产品。而年长的消费者可能更注重产品的实用性和性价比，因此他们可能更倾向于购买价格适中、质量可靠的零售商自有品牌。

其次，消费者的需求也是影响品牌偏好的重要因素。不同的消费者对产品的功能、性能、外观等方面有不同的需求。一些消费者可能更看重产品的品质和技术含量，因此他们更可能选择制造商品牌，因为这些品牌通常具有更高的技术水平和更严格的质量控制。而另一些消费者可能更关注产品的价格和性价比，因此，他们可能更倾向于选择零售商自有品牌，因为这些品牌通常价格更为亲民，同时品质也能满足他们的需求。

再次，消费者对品牌的认知和信任度也会影响他们的品牌偏好。制造商品牌通常具有较高的知名度和品牌形象，消费者对这些品牌的认知和信任度也较高。因此，一些消费者可能更倾向于购买制造商品牌的产品，因为他们相信这些品牌能够提供更好的品质和服务。而自有品牌则需要在消费者心中建立信任和认可，这需要零售商在产品质量、售后服务等方面做出更多的努力。

最后，品牌偏好异质性理论也强调了消费者在购买决策过程中的主观性和复杂性。每个消费者都有自己独特的购物需求和偏好，他们会在不同的品牌之间进行比较和选择，以找到最适合自己的产品。因此，无论是制造商品牌还是自有品牌，都需要不断地了解消费者的需求和偏好，并根据这些信息来制定和调整自己的品牌策略和产品策略。

企业需要了解消费者的品牌偏好异质性，并根据这些信息来制定品牌策略。例如，对于偏好制造商品牌产品的消费者，企业需要通过多种方式来提升品牌形象，包括强调品牌故事和独特性、提供卓越的产品质量、提升品牌形象和信誉、提供优质的客户服务、利用社交媒体和数字化营销、建立品牌联盟和合作伙伴关系以及保持品牌的一致性和连续性等。这些策略可以帮助企业赢得消费者的青睐和信任，提升品牌的市场份额和竞争力。对于偏好零售商品牌产品的消费者，企业可以通过提供性价比高的产品、强化品牌与消费者的情感联系、利用大数据进行个性化营销以满足消费者的个性化需求，以及保持服务品质的一致性和优越性，赢得消费者的青睐和忠诚度。

（3）质量偏好异质性理论。

质量偏好异质性理论是指消费者在购买产品或服务时，对于产品质量的偏好存在显著差异。这种差异来源于消费者个人的价值观、需求、购买经验、经济能力以及对产品质量的认知等多种因素。

一些消费者可能更看重产品的耐用性、可靠性和安全性，认为这些是高质量产品的核心要素。他们愿意为这些特性支付更高的价格，以确保所购买的产品能够持久耐用、安全可靠。具体而言，当消费者考虑购买一辆新车时，他们可能会倾向于选择那些经过严格测试和验证、拥有良好声誉的品牌。例如，某些品牌的汽车以其出色的耐久性和安全性而著称，即使它们的价格比同等级别的汽车稍高，但消费者仍然愿意支付额外的费用。这是因为他们相信这些汽车能够在长期使用中保持稳定的性能，同时在紧急情况下提供更高的安全保障。在购买电子产品如智能手机、笔记本电脑或电视时，一些消费者会特别关注产品的耐用性和可靠性。他们可能会选择那些经过严格质量控制、拥有良好售后服务和长期保修的品牌。虽然这些产品的初始购买价格可能较高，但消费者认为其高品质的材料和制造工艺能够保证产品的长期稳定性和耐用性，因此他们愿意为此支付更高的价格。在家居用品领域，如家具、床垫和电器等，一些消费者会特别关注产品的安全性和耐用性。例如，在选择婴儿床或儿童家具时，父母们可能会选择那些使用环保材料、结构稳固且经过严格安全检测的品牌。尽管这些产品的价格可能高于市场上的一些普通产品，但父母们愿意为了孩子的安全和健康支付更高的价格。对于喜欢户外活动的消费者来说，他们可能会选择那些经过特殊设计和测试、能够在恶劣环境下保持稳定的户外装备。例如，登山鞋、帐篷和背包等户外用品需要具有出色的耐用性和可靠性，以确保在户外活动中提供足够的保护和支持。这些消费者愿意为这些特性支付更高的价格，以确保自己在户外活动中的安全和舒适。

　　当然，也存在一些消费者在购买产品或服务时并不特别看重质量。具体而言，对于一些经济条件有限的消费者来说，价格是他们购买决策中最重要的因素。他们可能会选择价格最低的产品或服务，而不太关心质量或性能。例如，在购买日常用品或食品时，他们可能会选择价格最便宜的选项，即使这些产品的品质可能稍逊一筹。当消费者对某个产品或服务的需求是短期或一次性的时，他们可能不太关心质量。比如，一些消费者可能只需要使用某个工具或设备一次或几次，因此他们可能不愿意为高质量的产品支付更高的价格。在这些情况下，他们更可能选择价格更实惠的选项。有些消费者可能对某个品牌有着强烈的忠诚度，他们可能更关注品牌本身而非产品的质量。这些消费者可能愿意为特定品牌的产品或服务支付更高的价格，即使这些产品在质量上与其他品牌相比并无明显优势。他们更看重的是品牌所代表的意义、价值观或身份认同。时尚或潮流追求者可能更注重产品的外观和时尚元素，而不是质量。他们可能更愿意购买最新、最流行的产品或服务，而不太关心这些产品的实际性能或质量。在这些情况下，他们可能更愿意为时尚和潮流元素支付额外的费用。

因此，企业在生产和销售产品时，需要充分了解消费者的质量偏好异质性，并针对不同消费者群体的需求，提供多样化的产品和服务。通过提供不同质量等级、不同价格区间的产品，满足不同消费者的需求，提高产品的市场竞争力。同时，企业还需要关注消费者的购买体验，不断优化产品和服务质量，提升消费者的满意度和忠诚度。

（4）价格偏好异质性理论。

价格偏好异质性理论是指消费者在购买产品或服务时，对于价格的敏感度和接受程度存在显著的差异。这种差异源于消费者的个人经济状况、购买目的、产品认知、品牌忠诚度以及个人价值观等多种因素。

根据价格偏好异质性理论，不同的消费者在面对相同的产品或服务时，可能会因为价格因素而作出不同的购买决策。一方面，一些消费者可能对价格非常敏感，他们更倾向于选择价格较低的产品或服务，以满足自己的基本需求或预算限制。这些消费者通常会仔细比较不同产品或服务的价格，并寻找性价比最高的选项。另一方面，一些消费者可能对价格敏感度较低，他们更注重产品或服务的质量、品牌、功能或体验。这些消费者愿意为高品质、高价值的产品或服务支付更高的价格，因为他们认为这些产品或服务能够提供更好的使用体验、满足更高的需求或带来更大的价值。

价格偏好异质性理论强调了消费者在购买决策中对于价格的个性化偏好和差异。对于企业而言，了解消费者的价格偏好异质性，有助于制定更加精准的市场定位和定价策略，以满足不同消费者的需求，提高市场竞争力。例如，企业可以通过市场调研和分析，了解不同消费者群体的价格敏感度和接受程度，针对不同消费者群体推出不同价格区间的产品或服务，以吸引更多潜在消费者。同时，企业还可以通过提升产品或服务的质量、增加附加值、提高品牌知名度等方式，提高消费者对产品或服务的价值认知，降低对价格的敏感度，从而提高产品或服务的市场接受度和盈利能力。

2.9 本章小结

本章深入探讨了多个经济学和管理学中的关键理论，包括博弈论、供应链管理理论、入侵理论、渠道冲突理论、网络外部性理论、过度自信理论、差异化理论以及消费者偏好异质性理论。这些理论为我们理解消费者行为和企业战略提供了丰富的视角和分析工具。

第一，博弈论作为分析具有决策互动的参与者行为的理论，其发展经历了从古典到现代的转变，对经济学、政治学等多个领域产生了深远影响。博弈论的基本要素和分类让我们认识到合作与非合作、静态与动态、完全信息与不完全信息等不同博弈情境下的策略选择。

第二，供应链管理理论则关注整个供应链的效率和效益，包括双重边际效应和牛鞭效应等重要概念，这些理论揭示了供应链中成本和需求信息扭曲的现象，对优化供应链运作具有指导意义。

第三，入侵理论着眼于外来物种对生态系统的影响，其研究不仅涉及生态学，还关联到社会学、经济学等多个领域，对理解物种迁移和生态系统管理至关重要。

第四，渠道冲突理论分析了不同销售渠道之间的竞争和冲突，提出了价格策略、市场定位等冲突来源，以及这些冲突对企业运营的影响。

第五，网络外部性理论讨论了用户数量变化对产品或服务价值的影响，区分了直接和间接网络外部性，以及单边、双边和多边网络外部性，这些分类有助于企业更好地理解和利用网络效应。

第六，过度自信理论则涉及行为金融学，探讨了个体对自己的能力、判断过于自信可能导致的问题，对提高决策质量和风险管理具有启示作用。

第七，差异化理论强调通过产品、服务或策略的独特性来获得市场竞争优势，对企业如何实现市场差异化提供了理论支持。

第八，消费者偏好异质性理论讨论了消费者在产品需求和偏好上的差异，以及这些差异对市场多样化的影响，对企业进行市场细分和产品定位具有重要意义。

综上所述，本章提供的理论框架和概念为供应链中企业战略规划、市场分析和消费者行为理解提供了宝贵的知识资源。通过这些理论，供应链上下游成员企业的决策者可以更准确地把握市场动态，制定有效的管理策略，提高市场竞争力。

第 **3** 章

相关文献综述

与本章研究相关的文献可分为以下六部分：供应链中制造商渠道入侵研究、供应链中零售商品牌入侵研究、供应链中双重入侵下的竞合博弈研究、制造商品牌的分销渠道策略研究、网络外部性研究以及过度自信研究。

3.1 供应链中制造商渠道入侵研究

3.1.1 供应链中制造商渠道入侵的动因研究

制造商渠道入侵的动因研究始终是一个值得深入研究的课题，这些动因可以归结为两大类：一是源自制造商内部因素的驱动，二是受到外部市场和环境因素的影响。

从内部视角来看，制造商之所以选择渠道入侵，其核心动力在于对利润增长的追求。艾莉娅等（Arya et al.，2007）的研究表明，只要直销渠道中产品的单位销售成本保持在足够低的水平，制造商就有动力进行渠道入侵，因为这将为其带来额外的直销收入。蒋等（Chiang et al.，2003）的研究表明制造商渠道入侵能够减轻双重边际效应的不利影响，特别是在传统渠道的市场接受度较低时，制造商往往能够通过开辟直销渠道获得显著的利润增长。赵骅等（2022）的研究则进一步指出，即便零售商在信息获取上拥有优势，制造商通过建立直销渠道依然能够带来更高的利润。特别是在信息不对称的环境下，这种利润增长尤为显著。浦徐进等（2021）的研究表明，在制造商权衡通过线上分销还是线上代销模式入侵终端市场时，实体店的公平关切程度是一个关键影响因素。具体来说，当实体店表现出较强的公平关切心理时，制造商选择线上入侵总是能够获得利益。其中，若消费者对线上渠道的接受度高，且实体店的公平关切程度较低，制造商倾向于采用分销模式进行线上入侵。相反，如果消费者对线上渠道的接受度不高，制造商则可能选择代销模式进行线上入侵，此时实体店的公平关切程度影响不大。而在消费者对线上渠道的接受度处于中等水平，且实体店的公平关切程度较高时，制造商更可能偏好采用分销模式进行线上入侵。敦隆西里等（Dumrongsiri et al.，2008）则指出，当市场需求的不确定性降低时，制造商建立直销渠道会更有可能获得可观的收益。王和何（Wang & He，2022）提出，采用双渠道策略的制造商能够在零售和直销渠道中同时销售相同类型的产品，从而有效地扩大其利润空间。他们进一步指出，通过策略性地提高两个渠道的产品售价，制造商能够实现更显著的利润增长。李秋香等（2023）的研究也证实，通过建立直销渠道，制造商能够迅速地开拓并占领市场，实现产品直接对消费者的销售，进而获得更丰厚的利润。

从外部视角来看，制造商渠道入侵的动因则更为复杂多样。首先，一些学者认为制造商入侵是为了能够更直接地了解消费者的需求和反馈。胡贾等（Khouja et al.，2010）研究发现，为打破对单一渠道的过度依赖，并更好地满足消费者日益增长的购物需求，越来越多的制造商正在积极探索将传统销售渠道与电子直销渠道相结合的双渠道销售模式。塔希尔夫和格洛克（Tahirov & Glock，2022）在文献中指出，促使制造商开设线上直销渠道的原因在于某些客户青睐于选择线上直销渠道进行购物，而且这种偏好不受产品类别的限制。经有国等（2023）进一步指出，制造商通过建立直销渠道，不仅能够直接与消费者建立联系，还能显著提升其市场竞争力。这种渠道入侵策略不仅使制造商能够更直接地洞察消费者的需求和偏好，还能通过提供更加个性化和定制化的服务来巩固其市场地位。

其次，零售商的潜在威胁也是制造商入侵终端市场的原因之一。陈等（Chen et al.，2018）发现，即使面对高昂的渠道入侵成本，为了有效防止零售商开设折扣店可能导致的市场侵蚀，制造商仍会选择建立直销渠道。张等（Zhang et al.，2022）的研究则从信息不对称和渠道竞争程度等多个维度出发，发现当零售商与制造商之间存在明显的信息不对称时，可能会导致制造商采取渠道入侵策略；同时，研究还发现渠道竞争的激烈程度越高，制造商入侵发生的可能性则越小。李等（Li et al.，2018a）的研究发现，由于零售商常常有动机推出自有品牌以增强市场竞争力，这可能会迫使制造商为了应对零售商带来的潜在威胁而不得不建立线上直销渠道。范小军和刘艳（2016）指出，为了降低传统零售商的市场控制力，制造商正积极探索新的应对策略，其中包括建立线上直销渠道，以此与传统零售商形成有效的竞争格局。严和裴（Yan & Pei，2009）强调，制造商通过建立直销渠道，有效地将渠道入侵策略作为一种激励机制，旨在提升零售商的服务质量，并增加供应链的整体利润。

最后，技术的革新和市场趋势的变化也会推动制造商入侵终端市场。黄甫等（2022）认为，互联网技术和第三方物流的迅猛发展为制造商提供了巨大的机遇，促使他们纷纷采取双渠道销售策略，以更好地适应市场的新变化。张冲和刘影（2022）发现，随着电子商务的蓬勃发展以及消费者对线上直销渠道接受度的日益提升，制造商通过建立自己的线上直销渠道，与零售商在终端市场上展开竞争。这一策略不仅有助于制造商更准确地把握市场动态，还能通过直接与消费者互动来提升品牌影响力和市场竞争力。刘震等（2022）在研究中指出，随着信息时代的快速发展，消费者获取产品信息的渠道和购买方式得到了极大的拓展，这导致产品市场竞争愈发激烈。面对这样的市场环境，制造商面临着前所未有的挑战，驱使制造商建立直销渠道以维护其市场地位。张等（Zhang et al.，2021c）认为，在过去几十年里，信息技术和电子商务的快速发展极大地改变了市场的竞争格局。制造企业都纷纷开始建立直销渠道销售自己的产品，以充分利用市场变化带来的机遇，实现业务的快速增长和市场份额的显著扩大。

3.1.2 供应链中制造商渠道入侵的影响研究

在供应链管理领域中，制造商渠道入侵现象引起了学者们的广泛关注。对零售商而言，制造商的渠道入侵可能引发一系列连锁反应。它不仅改变了零售商与制造商之间的权力平衡，还可能迫使零售商重新评估其定价策略、促销活动和客户服务，以维持市场竞争力。对供应链整体而言，制造商的渠道入侵的影响更为深远。它可能导致供应链中的利润重新分配，影响供应链成员间的信任和合作关系，进而影响到整个供应链的协同效应和市场响应速度。

（1）制造商渠道入侵对零售商的影响。

一些研究指出，制造商渠道入侵对零售商造成了不利影响。例如，刘和张（Liu & Zhang，2006）指出，制造商开辟直销渠道销售高质量产品，导致零售商利润受损而自身利润增加。慕艳芬等（2018）的研究证明，在零售商的市场需求信息和制造商开通直销渠道的固定成本信息完全透明的情况下，制造商的渠道入侵往往会侵蚀零售商的利润空间，导致零售商利润下降。郑本荣等（2020）也发现在由制造商和零售商组成的供应链中，制造商的渠道入侵始终对自身及消费者有利，而对零售商不利。张等（Zhang et al.，2021b）指出，制造商通过渠道入侵可以直接接触到终端消费者，从而获取精确的产品需求信息。但这会导致零售渠道中产品的需求减少，从而损害零售商的利润。万等（Wan et al.，2023）提出，当制造商在零售商确定零售价格之前先行设定直销价格时，制造商建立的直销渠道可能对零售商构成一种潜在的市场威胁，从而影响零售商的定价策略和市场地位。

也有学者认为，制造商渠道入侵可能重塑供应链中的竞争格局，为零售商创造额外的收益。例如，张等（Zhang et al.，2021a）探究了制造商在电商平台自营旗舰店之外开辟制造商旗舰店的情况，发现这种入侵策略在某些情况下能够增加电商平台的利润。张雪峰和李果（2024）的研究则指出，制造商通过建立直销渠道入侵终端市场，并不必然导致平台零售商的利益受损。相反，在某些情况下这种入侵甚至可能为平台零售商带来额外的利益。陆和刘（Lu & Liu，2015）的研究深入比较了制造商渠道入侵前后的供应链成员利润的差异，揭示了制造商在渠道入侵后利润下降而零售商利润上升的现象。孙等（Sun et al.，2019）的研究突出了直销成本在制造商与零售商利润分配中的核心作用。研究结果表明，当制造商开辟直销渠道入侵终端市场时，如果制造商面临较高的直销成本，零售商有机会获得更大的利润分成，从而在供应链中占据更有利的地位。李海等（2016）的研究聚焦于零售渠道中自有品牌与制造商直销渠道中经典产品之间的竞合关系，研究结果表明当自有品牌质量达到较高水平时，即便遭遇制造商入侵，零售商的利润仍有可能实现增长。郑本荣等（2019）深入探讨了制造商的渠道入侵决策如何影响零售商、供应链系统以及消费者剩余。研究发现，在传统零售渠道具有显著的销售成本优势的情况下，制造商的渠道入侵行为实际上可能会为零售商带来额外的利益。而郑等（Zheng et al.，2019）的研究揭示了在消费者需求透明的市场环境下，制造商总是倾向于进行渠道入侵。然而，只有在渠道竞争相对缓和的情况下，零售商才有可能从制造商的渠道入侵中获益。严和裴（Yan & Pei，2009）提出，制造商开辟直销渠道通常能够为零售商带来更优惠的批发价格，这不仅增强了零售商的议价能力，还有助于零售商实现更高的销售额，从而在市场中获得更大的竞争优势。

（2）制造商渠道入侵对供应链的影响。

一些学者研究了制造商渠道入侵对供应链整体的影响。但斌等（2016）与杨浩雄等（2017）的研究表明，在特定的市场环境和条件下，制造商的渠道入侵能够推动供应链向良性发展，从而提升整个系统的利润水平。郑本荣等（2020）进一步指出，产品回收模式的不同会导致制造商渠道入侵对供应链影响的差异性。具体来说，在由制造商负责产品回收的模式中，如果直销渠道中产品的单位销售成本较低，渠道入侵将对供应链系统产生积极影响；而在零售商回收产品的模式下，制造商的渠道入侵则始终对供应链整体不利。

一些研究指出，制造商渠道入侵可能在某些情况下导致供应链中的制造商和零售商遭遇双输的局面。例如，李等（Li et al.，2015a）的研究认为制造商的渠道入侵策略可能引发一场"双输"的局面，即制造商和零售商均可能遭受利润损失。李海等（2016）指出，当电商平台推出自有品牌后，制造商采取直销渠道入侵策略，可能会引发制造商与零售商之间的"囚徒困境"，导致双方陷入一种相互竞争但又无法实现整体最优的局面。关等（Guan et al.，2020）的研究发现，产品质量信息的透明度对于制造商直销渠道的盈利能力具有重要影响。他们指出，如果信息完全透明，制造商渠道入侵可能会导致制造商和零售商的收益均下降。童等（Tong et al.，2023）的研究发现，在上游制造商对市场需求信息有更深入的了解时，其渠道入侵策略可能加剧与零售商的利益冲突，从而增加了两败俱伤的风险。

一些研究则表明，制造商渠道入侵可能促成制造商与零售商之间的共赢局面。艾莉娅等（Arya et al.，2007）发现，当制造商的直销渠道处于竞争劣势时，其入侵行为可能会导致批发价格降低，这样不仅有助于减少零售商的采购成本，还能实现制造商与零售商之间的互利共赢。张翠华和李慧思（2020）也指出，在某些情况下，制造商的渠道入侵能提升零售商的利润，实现双方的帕累托改善。刘震等（2022）的研究表明，在满足特定的服务价格和促销成本条件的前提下，零售商能够从制造商的渠道入侵策略中获得更多的利润增长机会，进而实现供应链各节点企业之间的互利共赢。范小军和刘艳（2016）提出，当产品非常适合在线上直销渠道进行销售时，制造商入侵能够显著激励零售商提升线下服务质量。产品在线上直销渠道销售的适合度越高，零售商对服务质量的提升幅度就越明显。这种策略不仅有利于制造商扩大产品的市场影响力，还能推动零售商提高消费者满意度，最终实现制造商与零售商之间的共赢局面。杨等（Yang et al.，2018b）的研究表明，当制造商直销成本降低且产品替代性提高时，制造商的入侵策略可以使制造商和零售商双方都受益。刘等（Liu et al.，2019）指出，在零售渠道中产品的单位销售成本较高的情况下，制造商对终端的入侵能够带来整个供应链的帕累托改进。

3.1.3 供应链中制造商渠道入侵的应对策略研究

为应对制造商渠道入侵带来的挑战，学者们已经提出了一系列应对策略，这些策略旨在帮助零售商在这种新的市场竞争环境中保持竞争力，并探索可能的共赢机会。这些应对策略涵盖了多个方面：首先，通过共享需求信息来提高供应链的透明度；其次，灵活调整营销策略，涉及提升零售渠道的宣传力度（如增强广告宣传、提高服务质量）和优化零售渠道的销售活动（比如调整定价策略、增加订购量），以适应市场变化并有效应对直销渠道的竞争。

一些学者提出，零售商可以通过主动共享关键市场信息，尤其是需求低迷的信息，有效减少制造商渠道入侵的发生。黄等（Huang et al.，2018a）的研究揭示，在零售商独占终端市场的需求信息，并且制造商开辟直销渠道需承担较高成本的情况下，零售商主动共享需求信息，尤其是反映出市场需求低迷的信息，能够显著降低制造商入侵终端市场的意愿。经有国等（2020）在其研究中提出，零售商可以通过披露包含不确定性的需求信息来有效遏制制造商建立直销渠道的企图。这种策略能够让制造商意识到，在渠道竞争日趋激烈的市场环境中，他们要想实现预期的理想收益是充满挑战的，从而可能重新评估建立直销渠道的必要性。陈等（Chen et al.，2023）的研究也指出，当制造商掌握了消费者需求信息，尤其是反映出需求低迷的信息时，零售商反而能够获得额外的好处。张李浩和杨杰（2023）的研究指出，在市场可变需求预期较低的情况下，零售商应该主动共享需求信息，来促使制造商减少直销渠道的供货量，以此增加零售渠道的市场份额和收益。然而，当市场可变需求的预期较高时，零售商则应避免共享需求信息，并且提高制造商获取该信息的成本，以维护自身的市场优势。胡等（Hu et al., 2021）的研究发现，在零售商独家掌握消费者对产品质量偏好信息的情况下，其决定是否与制造商分享这些信息，取决于直销渠道的销售效率。仅当直销渠道展现出足够高的效率时，零售商才会选择分享这些关键信息。通过共享消费者偏好信息，零售商不仅能获得更低的批发价格，还能提升零售渠道的市场份额，最终促成制造商与零售商之间的互利共赢局面。

近年来也有学者提出，零售商可以灵活地调整广告和定价等策略，以应对制造商的渠道入侵。一方面，零售商可以通过加大在广告宣传和提升服务质量等方面的投入，来增强其市场竞争力。在广告宣传方面，张等（Zhang et al., 2020）在其研究中指出，零售商增加广告预算是扩大产品市场规模的有效手段。尽管制造商通过直销渠道引入了新的竞争元素，但零售商仍可通过广告策略吸引消费者，激发其购买意愿，从而在市场规模的扩张中实现收益的增长。此外，研究还建议制造商和零售商可以共同承担广告成本，这种合作性的广告方法不仅能够激励双方在市场推广上投入更多资源，还有助于共同推动市场需求的增长，实现共赢。常等（Chang et al., 2023）提出，零售商通过增加在零售渠道中的营销活动投资，可以显著提升该渠道的市场影响力和竞争力。他们认为，这不仅能够提高零售渠道在消费者心目中的认知度和品牌知名度，还能构成一种对抗制造商直销渠道入侵的有效且持续的防御措施。因此，通过精心策划的营销活动，零售商能够巩固其市场地位，吸引并留住消费者，从而在与直销渠道的竞争中保持优势。在服务质量方面，张等（Zhang et al.，2019a）的研究指出，在零售服务投资具备高回报率的情形下，如果零售商无法通过观察制造商的直销成本来准确评估直销渠道的竞争力，零售商就需要不断提升零售渠道的服务质量。这种对服务质量的不懈追求和持续投资，是零售商构建竞争壁垒、提高消费者忠诚度以及抑制制造商入侵行为的有效手段。

另一方面，零售商通过精细化管理零售渠道的销售活动，例如调整定价策略和增加订购量，可以灵活适应市场变化，有效应对制造商渠道入侵带来的挑战。在定价策略方面，刘和张（Liu & Zhang，2006）的研究成果揭示了零售商采取个性化定价策略的深层动机，即通过这种策略来维护其市场地位，防止制造商绕过零售环节直接向终端消费者销售产品。他们同时指出，尽管个性化定价策略能够在一定程度上遏制制造商入侵，但零售商也必须面对由此带来的潜在风险，包括制造商可能提高批发价格，进而影响零售商的利润空间。在订购量方面，张冲和刘影（2022）在其研究中提出，零售商通过显著提升产品销售，能够有效地防范制造商的渠道入侵。具体来说，零售商通过努力增加零售渠道中制造商品牌的销售数量，可以使得制造商入侵的成本变得过高，因为一旦制造商进入市场，可能会导致整个零售渠道的批发利润大幅下降。这种策略可以作为一种防御机制，通过提高制造商入侵的潜在成本，从而抑制其进入终端市场的行为。

3.1.4   制造商入侵下的渠道冲突研究

当前，随着制造商建立直销渠道的趋势日益明显，由此引发的渠道冲突问题已不容忽视。当制造商绕过传统零售环节直接面向消费者销售时，不可避免地会与传统零售商产生竞争摩擦，这种渠道冲突对供应链的稳定性构成了挑战。

（1）渠道冲突的类型。

在制造商入侵终端市场的情形下，制造商既是零售商的产品供应商又是其市场上的直接竞争对手，所以供应链中同时存在纵向和横向冲突（Zhang et al.，2019b；Chen et al.，2017；Xiao et al.，2023）。在供应链的纵向冲突问题上，当每个成员独立作出决策，仅以自身利益最大化为目标。在这样的分散体系中，制造商通过设定批发价格来追求自身利益最大化（Spengler，1950）。这种做法可能会导致零售商订购的产品数量低于供应链成员通过集体协商并共同制定供应链策略时的订购量（Matsui，2020）。在分散决策体系中，缺乏协调，可能会导致供应链整体效率的下降和潜在利润的损失，这与集中决策情形下的最优结果形成鲜明对比（Sun et al.，2022）。供应链中的每个成员在追求自身利润最大化的过程中，往往独立作出决策，这种行为虽符合个体利益，却可能引发所谓的双重边际化问题。这一问题源于成员们未能将整体供应链的效率和效益纳入考量，结果导致整个供应链的价值创造和成本效益未能达到最优状态（Yang et al.，2017）。在横向冲突方面，众多学者认为其核心原因在于消费者在零售渠道与直销渠道之间的流动性。当两个渠道提供相同的产品时，它们可以在不同方面竞争：如果两个渠道的零售价格存在差异，价格敏感的消费者往往会从定价较高的渠道转向定价较低的渠道（Li et al.，2019；Hua et al.，2010）；如果两个渠道采取不同的库存政策，时间敏感型消费者在面临缺货情况时，可能会倾向于从缺货的渠道转向那些能够提供即时产品供应的渠道（Dan et al.，2012）；如果零售渠道和直销渠道在服务类型（如售前咨询、体验服务、售后交付以及退货服务）或服务水平上存在差异，消费者可能会在两个渠道之间切换以获得更优质的服务（Xu et al.，2012；Modak & Kelle，2019；Zhou et al.，2018；Yan et al.，2021；Huang et al.，2018a）。对于那些对服务质量有较高要求的消费者，他们可能会选择在一个渠道享受高质量的服务如售前咨询和体验，而在另一个渠道完成产品购买，这种行为可能导致所谓的"搭便车"问题（Viswanathan，2005）。这种"搭便车"现象会加剧零售渠道与直销渠道之间的冲突，给供应链成员的协调合作和利润分配带来了挑战（Castaño et al.，2008）。

（2）渠道冲突的原因。

在制造商直接进入终端市场的背景下，学者们分析了导致零售和直销渠道冲突的几个原因。赵礼强和徐家旺（2014）的研究指出，当制造商通过直销渠道直接向消费者销售产品时，往往会导致零售商的市场份额和利润受到压缩，这种竞争关系是引发渠道冲突的主要原因。在这种模式下，制造商扮演了双重角色：既是零售商的供应商，又是其直接的竞争对手。这种双重角色的存在，使得制造商在控制产品供应和价格方面拥有更大的优势，而零售商则可能面临来自制造商的直接竞争压力，这不仅影响了零售商的市场地位，也可能对整个供应链的稳定性和合作关系产生负面影响。因此，制造商的直销策略需要谨慎考虑，以平衡各方的利益，避免不必要的渠道冲突。李金溪等（2023）深入分析了终端市场空间有限性对渠道冲突的影响，强调了市场空间的有限性在渠道冲突中的核心作用。他们的研究指出，制造商通过开辟直销渠道，实际上是在与零售商在同一终端市场竞争份额。这种直接竞争对零售商构成了显著压力，因为它不仅减少了零售商的销售潜力，还迫使他们必须重新评估自己的定价和营销策略，以应对来自制造商的竞争。因此，渠道冲突的产生是制造商与零售商在有限市场空间内争夺份额的直接结果。金亮和郭萌（2018）的研究中指出，制造商与零售商之间的权力结构不平衡是引发零售和直销渠道冲突的一个重要因素。当这种不平衡的权力结构驱使一方试图增强对供应链的控制力度时，另一方在制定市场策略时的自主权和灵活性便受到了限制。这种权力的不对等不仅容易激化渠道冲突，还对供应链的和谐运作构成挑战。

（3）渠道冲突的影响。

近年来，不少学者对渠道冲突的影响进行了深入评估。张李浩和杨杰（2023）在研究信息不对称的双渠道供应链时发现，直销渠道与零售渠道之间的冲突可能成为信息共享的障碍，影响供应链的整体效率和成员间的协调。但是，当市场需求不确定性较低时，零售商共享信息可减少直销渠道供货量，缓解渠道冲突。此外，渠道冲突强度的提升可能会促使双渠道供应链成员共享信息。张和冯（Zhang & Feng，2021）指出，在零售渠道中，当高质量与低质量产品之间的竞争达到白热化阶段时，尽管制造商开辟直销渠道可能会引发渠道冲突，但若能策略性地将这两类产品分别在直销和分销渠道销售，而非全部集中在零售渠道，这样的做法将有助于缓解产品间的激烈竞争，减少对供应链上下游成员利润的不利影响。卡塔尼等（Cattani et al.，2006）的研究则表明，在直销渠道尚未占据市场主导地位时，渠道冲突的影响并不显著，制造商与零售商之间的竞争关系相对和缓。但是，随着直销渠道的快速增长，特别是其便利性开始与传统零售渠道相媲美时，渠道冲突的影响开始显现。激烈的渠道冲突导致零售商面临巨大压力，有可能破坏制造商与零售商之间原本稳定的合作伙伴关系，从而对供应链的整体表现产生负面影响。

（4）缓解渠道冲突的方法。

在缓解渠道冲突方面，学者们也提出了多样化的策略。这些策略旨在通过促进供应链成员间的协调，缓和由渠道间竞争所引发的紧张关系，提高整个供应链的效率。例如，郭亚军和赵礼强（2008）提出了一种创新的协调机制，该机制通过调整批发价格等关键参数，成功实现了双渠道供应链的高效协调。陈等（Chen et al.，2012）的研究深入挖掘了定价策略在缓和渠道冲突中的应用，为供应链中的制造商和零售商提供了明确的定价指导，帮助他们在保持各自利益的同时，减少渠道间的直接竞争，促进了供应链的和谐发展。赵礼强和徐家旺（2014）在其研究中巧妙地设计了制造商产品的批发价格策略，这一策略不仅有效地协调了双渠道供应链中的各方利益，还成功地推动了供应链中所有成员的利润实现帕累托改进，即在没有一方利益受损的前提下，至少一方的效益得到了提升。李进等（2024）在绿色产品供应链的研究中提出，制造商可以通过设定转移价格来调整与零售商之间的利益分配，以此缓解渠道间的竞争。这一策略不仅为制造商在绿色产品市场中应对渠道冲突提供了新的视角，也为供应链成员间的合作与共赢开辟了新路径。穆霍帕德海耶等（Mukho-padhyay et al.，2008）提出了一种旨在消除渠道冲突的策略，该策略鼓励零售商通过增加产品的附加值来实现产品的差异化。这种方法不仅有助于零售商提供独特的消费者价值，而且有效减少了与制造商的直接竞争，从而降低了渠道冲突的风险，促进了供应链的和谐。邱俊和杨玉香（2024）的研究深入探讨了零售商在缓解渠道冲突时可采取的具体措施。他们的研究揭示，为了减少渠道冲突带来的负面影响，零售商可以实施策略性的价格调整，即降低线下渠道的零售价格并提高线上渠道的零售价格。这种差异化的定价策略有助于平衡不同渠道的利益，减少它们之间的直接竞争，从而促进渠道间的和谐共存。

3.2　供应链中零售商品牌入侵研究

3.2.1　供应链中零售商品牌入侵的动因研究

零售商推出自有品牌的驱动因素是多方面的，复杂且相互交织。这不仅源于零售商内部战略发展的驱动力，也受到外部市场环境变化的显著影响。

（1）零售商品牌入侵的内部驱动因素。

一些学者认为，零售商推出自有品牌主要是为了满足其内在发展的需求。具体而言，零售商推出自有品牌不仅能提升消费者对零售商品牌的忠诚度（Steenkamp & Dekimpe，1997；Corstjens & Lal，2000；Binninger，2008），还能带动零售渠道中其他品牌的销量（Raju et al.，1995；Narasimhan & Wilcox，1998；Putsis & Cotterill，1999），最终增加零售商的总利润（Hoch & Banerji，1993；Hansen et al.，2006）。此外，卡普里斯（Caprice，2000）的研究明确指出，零售商推出自有品牌的核心动机在于不断提升其产品营销能力。通过自有品牌的开发和推广，零售商能够更有效地与消费者沟通，提供更加个性化和差异化的产品，从而在激烈的市场竞争中保持领先地位。霍赫和巴内吉（Hoch & Banerji，1993）以及鲁比和亚格（Rubie & Yague，2009）的研究均发现，在那些利润丰厚的商品品类中，零售商推出自有品牌的频率更高，且这些自有品牌往往能够占据较大的市场份额。米尔斯（Mills，2005）发现，零售商推出自有品牌不仅能够提升其利润空间，而且还能在一定条件下有效缓解供应链中出现的双重边际效应。

（2）零售商品牌入侵的外部驱动因素。

一些学者提出，零售商推出自有品牌也是对外部市场环境变化的一种响应。具体而言，零售商推出自有品牌可以增强其在供应链中的议价能力（Bontems et al.，1999），满足消费者对差异化或者多元化产品的需求（Richardson et al.，1994；Davies，

1990；Sudhir & Talukdar，2004；Scott Morton & Zettelmeyer，
2004；Liu & Wang，2008）。保韦尔斯和斯里尼瓦萨（Pauwels &
Srinivasa，2004）的实证研究也表明，零售商推出自有品牌能够
激发市场活力，促进市场竞争，激励制造商进行品牌创新，从而
提高双方的盈利能力。

　　一些学者认为，提升自身在供应链中的议价能力是零售商推
出自有品牌的主要动机之一。具体而言，邦特姆斯等（Bontems
et al.，1999）的研究指出，零售商可以通过推出自有品牌来强
化其在供应链中的议价地位，尤其是在制造商占据主导地位的情
况下。此外，通过为自有品牌设定较低的销售价格，零售商不仅
能够吸引价格敏感的消费者，还能有效地扩大其市场份额，从而
在竞争激烈的市场中获得优势。邦坦普斯等（Bontemps et al.，
2008）在其研究中明确指出，零售商推出自有品牌不仅能够显著
减少对上游制造商的依赖，而且在供应链中增强了自身的议价能
力。这种策略使零售商在与制造商的合作中拥有更大的自主权，
能够更有效地控制成本和利润，从而在竞争激烈的市场中占据更
有利的地位。科斯特因斯和拉尔（Corstjens & Lal，2000）以及
斯科特莫顿和泽特迈尔（Scott Morton & Zettelmeyer，2004）的研
究，分别通过实证分析和调查统计方法证实，拥有自有品牌的零
售商在与制造商进行采购合同谈判时，具备更强大的议价能力。
他们的研究表明，推出自有品牌为零售商提供了额外的谈判筹
码，使零售商能够在价格等条款上争取到更有利的条件，从而在
供应链中占据更有利的地位。

　　部分学者指出，满足消费者多样化需求也是零售商推出自有

品牌的主要动机之一。具体而言，根德尔－古特曼和利维（Gen-del－Guterman & Levy，2013）以及西尼瓦桑等（Seenivasan et al.，2015）在研究中均明确指出，消费者对自有品牌的接受度不断提高，是自有品牌进入市场的重要推手；其中影响消费者对自有品牌接受度的主要因素包括消费者对价格、质量的敏感性（Sethuraman，2014；Beneke & Carter，2015）、零售商形象（单娟和范小军，2016；贺爱忠和李钰，2010；Sayman et al.，2002；Anselmsson & Johansson，2007）。塞瑟拉曼（Sethuraman，2014）以及贝内克和卡特（Beneke & Carter，2015）的研究指出，消费者对价格和质量的敏感性会直接影响他们的购买意愿。因此，当消费者特别关注商品的价格和质量时，他们会更倾向于购买那些价格合理、质量有保障的自有品牌。单娟和范小军（2016）的研究发现，零售商在消费者心中树立的良好形象对于提升消费者购买自有品牌的意愿具有显著的正面影响。肖建敏和黄宗盛（2019）的研究表明，当消费者对自有品牌拥有较高的购买意愿时，零售商就会因为响应市场需求而积极推出自有品牌。此外，方等（Fang et al.，2013）在其研究中指出，制造商品牌因其高品质定位而伴随着较高的生产成本和零售价格。为了吸引对价格较为敏感的消费者，零售商通常会选择推出自有品牌。这些自有品牌在质量上虽略逊于制造商品牌，但因此能够以更低的生产成本和零售价格进入市场，通过高性价比的优势满足特定消费者群体的购物需求，从而在竞争激烈的市场中占据一席之地。王华清和李静静（2011）的研究指出，消费者的购买决策同时受产品实际质量和消费者感知质量的影响，而产品的实际质量与消费者感知的质量往往存在偏差。因此，零售商在制定自有品牌的定价策略时，必须细致地考量这种实际与感知之间的差异。只有在定价时兼顾了产品的真实品质和消费者的心理预期，零售商才能够有效地提升自有品牌在市场上的推广成功率。

（3）驱动因素的差异性分析。

一些学者指出，自有品牌的推出受到内部和外部因素的共同影响，而这些驱动因素在各自的领域内均表现出一定的差异性。例如，肖和石（Xiao & Shi，2016）指出，零售商在决定是否推出自有品牌时，需要权衡品牌质量差异和供应链中的权力结构这两个关键因素。品牌质量差异对消费者的认知和接受度起着决定性作用，而供应链中的权力结构则关系到零售商在产品开发、定价和市场推广等关键环节的自主权和策略灵活性。马亮等（2017）在研究中指出，自有品牌与制造商品牌之间存在质量差异，并且这两种品牌在提升产品质量时所面临的边际成本也有所不同。他们的研究结果表明，在两种品牌质量差异不大的情况下，零售商缺乏推出自有品牌的动机。即使在两种品牌质量差异较大的情况下，零售商也可能因为考虑到自有品牌在质量提升上的高成本投入而选择不推出自有品牌。因此，零售商在决定是否推出自有品牌时，需要综合考虑质量差异和成本效益。崔等（Cui et al.，2016）在其研究中深入探讨了零售商在推出自有品牌时所表现出的成本风险规避行为。他们得出的结论是，在考虑到零售商的成本风险规避倾向时，那些承受了较低成本风险的零售商更有可能积极推出自有品牌。尚晓凤和周建亨（2024）研究发现，在制造商的品牌优势极为明显的情况下，零售商不会推出自有品牌，因为竞争压力较大。相反，当零售商推出自有品牌的成本较低，并且制造商的品牌优势也不明显时，零售商则会推出自有品牌。

3.2.2 供应链中零售商品牌入侵的影响研究

零售商推出自有品牌可以增强其在市场上的议价能力，因为它提供了除了制造商品牌之外的另一种选择，从而在与制造商的价格谈判中获得更多筹码。这种额外的议价能力使零售商能够争取到更好的批发价格或更有利的合作条件，进而扩大其利润空间。同时，通过提供独特的产品，零售商能够吸引消费者，增加消费者对其商店的忠诚度。对制造商而言，自有品牌的发展可能会对他们构成压力，迫使他们重新考虑自己的市场定位和批发价格策略，以保持在零售商货架上的竞争力。此外，整个供应链的利润分配可能会因为自有品牌的推出而发生变化，这可能会影响供应链成员之间的合作关系和整个供应链的效率。

（1）零售商品牌入侵对零售商的影响。

零售商通过推出自有品牌，不仅能够提供具有竞争力的价格和满足消费者需求的产品，而且还能增强消费者对零售商的忠诚度。拉朱等（Raju et al.，1995）的研究表明，自有品牌的高性价比有助于建立品牌的独特价值，并深化消费者的品牌认同感。科斯特因斯和拉尔（Corstjens & Lal，2000）认为，自有品牌的推出能够提高消费者对零售渠道的忠诚度，通过与零售商的独特品牌形象和价值观相结合，加强消费者与零售渠道之间的情感联系。帕尔梅拉和托马斯（Palmeira & Thomas，2011）的研究也指出，高品质的自有品牌能够提升零售商的品牌形象，吸引对性价比有要求的消费者，增加消费者对零售商的忠诚度。阿萨扎德甘和赫贾齐（Assarzadegan & Hejazi，2021）的实证研究进一步证实了这一点，他们发现自有品牌通过提供高性价比的产品，满足消费者的多样化需求，增强了消费者对零售商的信任和依赖。这些研究表明，推出自有品牌是零售商提升消费者忠诚度的有效策略。

零售商通过推出自有品牌，可以在与制造商的谈判中获得更大的议价能力。斯科特莫顿和泽特迈耶（Scott Morton & Zettelmeyer，2004）在其研究中指出，零售商通过积极推广自有品牌，能够减少对制造商品牌的依赖，从而在定价和议价方面获得更大的主导权。邦坦普斯等（Bontemps et al.，2008）认为，自有品牌的推出为零售商带来了额外的市场影响力，增加了零售商在供应链中的主动权和谈判筹码，减少了对上游制造商的依赖，从而增加了零售商的议价能力。钟和李（Chung & Lee，2017）的研究发现，零售商在向不同制造商订购品牌产品时，自有品牌的推出为其带来了更大的议价能力。这是因为零售商不再完全依赖于制造商的品牌产品，并且拥有更多的选择和主动权。在谈判时，零售商可以用自有品牌来作为筹码，迫使制造商提供更好的价格和条件，以维持合作。曹等（Cao et al.，2021）的研究进一步证明，当成本信息不对称时，推出自有品牌会显著影响零售商的议价能力。零售商掌握自有品牌的成本信息，而制造商却无法完全了解这些信息，零售商能够利用这种信息优势，在与制造商的谈判中占据更有利的地位。这些研究表明，推出自有品牌是零售商提升与制造商谈判能力的有效策略。

零售商通过推出自有品牌，可以在激烈的市场竞争中增加利润。拉朱等（Raju et al.，1995）的研究表明，在制造商品牌替代性较弱，而自有品牌替代性较强时，零售商能通过自有品牌实现利润增长。钟和李（Chung & Lee，2018）的实证调查也发现，自有品牌的推出显著提升了零售商的销售额和总利润。金等（Jin et al.，2017）指出，在数量折扣契约下，零售商能够通过大批量委托代工企业生产而享受价格折扣，这为自有品牌的推出提供了成本优势，从而提高利润。刘竞和傅科（2019）的研究也证实，在信息对称情况下，如果自有品牌与制造商品牌之间存在显著差异（即替代效应较弱），推出自有品牌可以显著提升零售商的市场竞争力和盈利能力。王等（Wang et al.，2021）的研究则强调了自有品牌在满足差异化市场需求的同时，提升了零售商的盈利能力。这些研究表明，零售商通过推出自有品牌，能够有效地提高其盈利水平。然而，汪旭晖（2014）的研究提醒我们，如果零售商缺乏对自有品牌的管理经验，自有品牌的推出非但不能达到提高竞争力的目的，反而拖累自身绩效。

（2）零售商品牌入侵对制造商的影响。

研究表明，零售商推出自有品牌可能会促使制造商为零售商提供批发价格上的折扣。米尔斯（Mills，1995）的研究指出，随着自有品牌的推出，市场结构的变化可能会增强零售商在与制造商谈判时的议价能力，从而使得零售商能够获得批发价格上的优惠。拉朱等（Raju et al.，1995）的研究发现，为了保护其品牌地位或市场份额，制造商在自有品牌的竞争压力下，可能会倾向于提供更低的批发价格。纳拉辛汉和威尔科克斯（Narasimhan &

Wilcox，1998）的研究也表明，如果消费者对品牌没有强烈的偏好，并且愿意从制造商品牌转向自有品牌，零售商就能够成功地从制造商那里获得更优惠的批发价格。廖等（Liao et al.，2020）的进一步研究也支持了这一点，他们发现市场结构的变动也能为零售商带来更多谈判筹码。汉斯（Hans，2010）的研究结果进一步证实，当零售商提供具有竞争力的高质量自有品牌时，制造商为了维持市场份额或提升竞争力，可能会考虑降低批发价格或提供更多折扣优惠。这些研究结果表明，即使在消费者对价格极为敏感的市场中，制造商的产品通过批发价格的调整，也能保持其吸引力和竞争力。

一些学者的研究指出，零售商品牌入侵对制造商造成的不利影响，还包括削弱市场地位、增加市场竞争压力、压缩利润空间以及降低品牌忠诚度。曹宗宏等（2014）的研究指出，在制造商与零售商共享制造商品牌销售利润的供应链系统中，如果消费者对品牌产品的估值呈现出正态分布的特点，自有品牌的推出会给制造商带来资源分配和市场竞争的压力，从而削弱制造商的市场地位和盈利能力。杨颖（2018）的研究发现，无论是在单渠道还是双渠道结构中，零售商推出自有品牌均会对制造商产生不利影响。在单渠道环境下，这主要表现为减少制造商产品的货架可见度和市场份额。而在双渠道结构中，零售商通过实施低价策略加剧了价格竞争，迫使制造商降低价格以保持市场竞争力，从而进一步压缩其利润空间。严等（Yan et al.，2018）的研究表明，自有品牌的推出使制造商在与零售商的谈判中处于不利地位，零售商可能会利用自有品牌作为谈判筹码，要求制造商提供更优惠的条款和条件。米尔伯格等（Milberg et al.，2019）认为，自有品牌的进入市场可能导致制造商面临更大的市场竞争压力，进一步减少其市场份额和利润空间。刘竞和傅科（2019）的研究指出，在信息对称的情况下，自有品牌的推出会削弱制造商的传统优势，增加市场竞争压力，导致市场份额和利润空间的进一步压缩。黄和冯（Huang & Feng，2020）、李等（Li et al.，2018b）的研究均发现，零售商推出自有品牌可能对实施退款保证政策的制造商产生不利影响，自有品牌的推出可能导致消费者对制造商品牌忠诚度下降，增加退款率，降低制造商的利润。

也有一些学者提出，零售商品牌的推出有潜力重塑供应链市场结构，并可以促进制造商的产品创新。吴和王（Wu & Wang，2005）在其研究中提出，自有品牌的市场介入可能减少制造商之间的广告竞争。他们发现，随着自有品牌在市场上的确立，制造商不再需要通过大规模的广告支出来争夺消费者，因为自有品牌已经吸引了一部分顾客群体。这种市场动态促使制造商能够将原本用于广告的资金和精力转移到产品创新和质量提升上，进而增强了产品的整体竞争力。范小军和陈宏民（2011）的研究认为，在两个制造商品牌展开价格竞争的背景下，零售商推出的自有品牌如果定位接近其中一个制造商品牌，那么拥有价格主导权的制造商可以利用战略性定价策略来巩固自身的市场竞争力，进而在激烈的市场竞争中获得较高的利润。哈拉和松林（Hara & Matsubayashi，2017）在其研究中指出，零售商推出高价值的自有品牌可能对制造商产生积极影响。他们发现，当自有品牌在市场上展现出较高的价值时，它能够提升整个市场的质量标准，从而激励制造商提升其产品的质量和创新水平。此外，这些高价值自有品牌的出现不仅能够吸引更多消费者，扩大市场需求，还为制造商创造了新的销售机会，增强了市场活力。李等（Li et al.，2022）在其研究中发现，在制造商提供高质量产品的情况下，零售商推出高端自有品牌可能对制造商更为有利。具体而言，高端自有品牌的推出不仅能够提升整个市场的质量标准，还能增加消费者对高质量产品的需求，从而有助于制造商巩固并加强其品牌的市场地位。

（3）零售商入侵对供应链的影响。

一些学者研究了零售商入侵对供应链整体的影响，并发现在特定条件下，自有品牌的推出能够促进整个供应链系统的利润增长。郭和杨（Kuo & Yang，2013）的研究指出，当制造商品牌和自有品牌之间产品的交叉价格弹性系数达到某个关键阈值时，表明两个品牌之间的差异化较大或竞争强度较低，此时零售商通过推出高品质的自有品牌，能够有效地促进整个供应链系统的利润增长。如等（Ru et al.，2015）和沈等（Shen et al.，2022）的研究进一步证实，在适宜的市场环境中，零售商推出自有品牌不仅能增强零售商的市场竞争力和盈利能力，还能激励制造商提高产品质量和生产效率，从而推动整个供应链的绩效提升。李凯等（2017）的研究指出，通过推出自有品牌，零售商不仅能够吸引新的消费者群体，丰富市场选择，而且有助于扩大整个供应链的销售规模，满足不同消费者需求的同时，为供应链带来新的增长动力，进而提升整个系统的利润水平。

一些研究还发现，自有品牌的推出不仅能够促进整个供应链系统的利润增长，还可能带来零售商与制造商之间的互利共赢。阿姆鲁什和严（Amrouche & Yan，2012）的研究指出，零售商入侵市场时，如果与制造商品牌保持明显且适当的质量差异，不仅可以减少对制造商及其供应链造成的负面影响，还可能促成制造商和零售商在利润上的双赢局面。施等（Shi et al.，2013）的研究指出，在零售商主导斯塔克尔伯格（Stackelberg）博弈的供应链结构中，零售商推出自有品牌可以带来双赢的结果。该研究强调，通过推出自有品牌，零售商不仅能够增强对市场的控制力，还能更精准地满足消费者的需求，从而显著提高自身的利润。此外，零售商在推出自有品牌时通过加强与制造商的信息共享和协同创新，有助于减少品牌间的竞争，提升制造商的盈利能力，推动整个供应链实现共赢。程等（Cheng et al.，2021）的研究表明，零售商通过推出自有品牌可以显著提高利润，同时，如果这些自有品牌与制造商品牌在市场上形成互补而非竞争关系，制造商的利润也不会受到影响，而会实现双方共赢。

一些研究则指出，自有品牌的推出在某些情况下可能会引发零售商和制造商之间的竞争，而不是互补，这可能导致供应链中的双方都遭受损失。邓尼和纳拉西姆汉（Dunne & Narasimhan，1999）的研究指出，自有品牌的推出增加了市场竞争，导致消费者更加关注价格而非品牌价值。这种对价格的敏感性迫使零售商和制造商为了维持市场竞争力而降低价格，最终导致双方的利润减少。马等（Ma et al.，2018）的研究揭示了在没有明确领导权的供应链中，零售商推出自有品牌可能带来的风险。他们发现，当零售商和制造商在决策时各自追求自身利益最大化，而没有考虑合作对整体利润的潜在提升时，可能会导致双方都陷入一种困境。这种困境类似于博弈论中的"囚徒困境"，其中每个参与者的理性选择最终可能导致双方都无法实现最优的盈利状态。

3.2.3　供应链中零售商品牌入侵的应对策略研究

在供应链管理领域，研究制造商如何应对零售商品牌入侵的策略至关重要，为本书的研究提供了丰富的方法论和理论参考。面对零售商品牌入侵的挑战，制造商可以部署一系列策略来巩固其市场地位，这些策略主要包括：提高产品质量、通过创新实现产品差异化、与零售商建立互利合作关系、优化成本结构以降低成本和销售价格，以及发展多元化的销售渠道策略。这些策略的综合运用，形成了一套全面的应对体系，帮助制造商在零售商品牌入侵的情境下保持竞争优势。

面对零售商品牌入侵所带来的挑战，一些学者认为制造商应该积极提升自身品牌的质量。纳塞尔等（Nasser et al.，2013）的研究显示，制造商可以通过调整产品质量来有效应对自有品牌的竞争，以此保持制造商品牌的终端市场份额和利润水平。如等（Ru et al.，2015）的观点认为，制造商不应将零售商品牌简单地视为一种威胁。他们认为，只要制造商品牌持续进行创新，并与零售商品牌保持明显的质量差异，零售商品牌的市场入侵不仅不会对制造商构成负面影响，反而可能为制造商带来额外的市场机遇，从而促成市场的共赢局面。米尔斯（Mills，1995）对零售商品牌入侵后制造商的应对策略进行了深入分析。他提出的策略涉及增加制造商品牌与自有品牌之间的质量差异、推出创新产品以及执行优惠券促销计划等。经过详尽的分析，他们发现，在这些策略中，扩大制造商品牌与自有品牌之间的质量差距是最有效的手段。这种策略不仅能够加强制造商品牌的市场地位，还能有效吸引并维系消费者对品牌的忠诚度。

面对零售商品牌入侵所带来的挑战，一些学者主张制造商应积极增强自身品牌和自有品牌之间的差异性。库默和斯特恩坎普（Kumar & Steenkamp，2007）的研究表明，品牌创新对于制造商而言至关重要，它不仅是与自有品牌竞争的关键，而且在一定程度上有效抑制了自有品牌的扩张。通过不断推陈出新，制造商品牌能够巩固其在市场中的地位，并成功应对零售商品牌的挑战。韦尔霍夫等（Verhoef et al.，2002）提出，与自有品牌的竞争，不同于与其他制造商品牌之间的竞争。在与自有品牌的竞争中，制造商往往不会简单地采取降价策略，而是更倾向于通过广告和产品创新来强化品牌的独特性，以此凸显与自有品牌的差异，从而在消费者心中建立更强烈的品牌识别度和忠诚度。徐（Xu，2020a）的研究揭示了一个重要的发现，制造商企业可以通过创新其现有产品，并融入更多社会责任元素，来增强产品的吸引力。这种以企业社会责任为核心的创新举措，实际上能够有效抑制零售商推出自有品牌的动机。因为通过强调社会责任，制造商品牌能够吸引那些注重利他主义的消费者群体，从而在与自有品牌的竞争中占据更有利的地位。这种策略不仅提升了制造商品牌的市场竞争力，也进一步巩固了其在消费者心中的形象。

面对零售商品牌入侵所带来的挑战，一些学者建议制造商可以加强与零售商的伙伴关系。阿内特等（Arnett et al.，2010）提出了一个新的视角，即制造商可以通过与零售商建立品牌联盟的策略，来巩固制造商品牌的地位。具体而言，制造商可以选择与零售商签署独家销售合同，确保零售商只能销售一家制造商品牌产品。这种联盟形式不仅有助于提升制造商品牌的曝光度和市场影响力，还可能为制造商开辟新的市场领域，从而实现品牌的进一步拓展和增长。阿姆鲁什和严（Amrouche & Yan，2012）指出，为应对零售商推出自有品牌的负面影响，制造商可以采取合作或竞争策略。他们的研究表明通过与零售商分享制造商品牌的收入，可以促进制造商和零售商之间的合作。将制造商品牌的收入分享作为一种协调机制，不仅对制造商产生有利影响，还有助于提升整个渠道的盈利能力。程等（Cheng et al.，2020）认为可以通过与零售商签订合同的方式建立合作关系。他们建议，制造商可以转变思路，采取"如果不能击败对手，就与其合作"的策略。具体而言，制造商成为自有品牌的代工厂，参与到自有品牌的生产中。这种合作方式不仅有助于制造商保持市场竞争力，还能促进双方资源共享，实现共赢。韦尔霍夫等（Verhoef et al.，2002）的研究指出，在零售商品牌入侵下，零售商将拥有更大的话语权，因此制造商和零售商之间的关系在权力平衡方面发生变化。为了改善与零售商的关系同时提高自身利润，荷兰的制造商普遍采用了为零售商生产自有品牌的策略。这一策略不仅有助于巩固制造商与零售商之间的合作关系，还能通过提供定制化的产品满足零售商的特定需求，进而提升双方的整体利润水平。

面对零售商品牌入侵所带来的挑战，一些学者表明制造商应该积极降低其品牌的销售价格。伍德赛德和欧兹坎（Woodside & Ozcan，2009）的研究结果表明，为了增加制造商品牌的特殊性和吸引消费者选择制造商品牌，制造商品牌的价格如果降低到与自有品牌相当的水平，就可以消除消费者购买零售商品牌的省钱动机，导致更多的消费者选择更为成熟的制造商品牌。格罗兹尼克和黑斯（Groznik & Heese，2010）提出，零售商通过推广自有品牌，减少了对制造商品牌的依赖性，并增强了自身的议价能力。在这种市场动态下，为了提振制造商品牌的销售量，制造商可能需要考虑降低批发价格，以此来适应零售商日益增长的议价优势。安塞尔姆松和约翰逊（Anselmsson & Johansson，2007）观察到，在自有品牌竞争日益加剧的市场环境中，资源受限的小规模制造商往往难以承担新产品开发所需的高昂成本。对于这些小型制造商来说，降价几乎成为保持市场份额的不二法门，若不采取降价策略，他们可能面临被市场边缘化甚至淘汰的风险。此外，吕芹和霍佳震（2011）的研究发现，在制造商主导的斯塔克尔伯格博弈框架下，制造商成为定价的领导者，将拥有更大的议价能力，有助于抵御自有品牌的挑战，保护并增强自身品牌的市场竞争力。

面对零售商品牌入侵所带来的挑战，一些学者指出，制造商应该拓展其销售渠道，以此作为增强市场渗透力和提升品牌可见性的战略举措。李海等（2016）考虑制造商开辟直销渠道与零售商推出自有品牌之间的博弈互动，表明了制造商开辟直销渠道是应对零售商入侵的有效策略。同样地，李等（Li et al.，2018a）认为，零售商推出自有品牌总是有利于零售商，但伤害了制造商。因此制造商可以通过开辟线上直销渠道，来减少对零售商的依赖并且达到直接与下游零售商竞争的目的。杨燕南等（Yannan et al.，2017）的研究发现，在灵活的批发价格策略下，零售商在单一渠道中推出自有品牌的倾向低于在双渠道环境中的意愿。这暗示制造商通过维护单一销售渠道，可能有效地降低零售商品牌入侵的风险。然而，在统一批发价格策略下，零售商在双渠道环境中推出自有品牌的动力较弱。因此，制造商可以考虑在传统零售渠道之外，开辟自己的直销渠道，直接向消费者销售产品。

最后，面对零售商品牌入侵所带来的挑战，一些学者建议制造商可以通过调整广告策略来应对。例如，卡雷和马丁－赫兰（Karray & Martín－Herran，2022）在研究自有品牌与制造商品牌的广告策略时指出，制造商可以通过强化全国性或者地方性广告来提升制造商品牌的销量和巩固制造商品牌的市场地位，有效应对零售商的入侵所带来的挑战。

3.3 供应链中双重入侵下的竞合博弈研究

在供应链生态系统中，制造商的渠道入侵与零售商的品牌入侵构成了一种复杂的竞合博弈关系。制造商通过直销渠道直接接触消费者，而零售商则通过推出自有品牌来增强市场竞争力。制造商的渠道入侵可能会促使零售商为了保持竞争力而推出自有品牌，反之亦然，零售商的品牌入侵也可能激发制造商加强直销渠道的建设。这种相互作用对供应链的稳定性和盈利模式产生了深远的影响，制造商和零售商必须审慎地调整自己的策略，以适应这种双重入侵的环境，并寻求维持或提升自身的市场地位。他们需要在竞争与合作之间找到平衡点，以实现长期的可持续发展。此外，双重入侵的影响不仅限于制造商和零售商，还可能波及供应链中的其他参与者，包括供应商和最终消费者。供应商可能需要调整其供货策略和定价机制，以适应制造商直销渠道的需求变化。最终消费者则可能面临更多的选择和价格竞争，这可能会影响他们的购买决策。

（1）供应链中双重入侵的条件分析。

在供应链实践中，双重入侵现象较为常见，既可能是制造商渠道入侵引起零售商品牌入侵，也可能是零售商品牌入侵引起制造商渠道入侵。其中，制造商的渠道入侵促使零售商采取品牌入侵策略，通过创建自有品牌来维护分销渠道的竞争力和客户忠诚度，进而巩固市场地位并提高利润。李海等（2016）的研究表明，在直销渠道运营成本较低且自有品牌质量不高的情况下，制造商开辟直销渠道会导致零售商利润减少，这时零售商会被动推出自有品牌以应对制造商直销渠道的冲击。张等（Zhang et al.，2019c）的研究发现，当制造商通过直销渠道进入终端市场，从而威胁到零售商的销售渠道和市场份额时，零售商可以通过推出定位高端的自有品牌来吸引高端消费者群体，提升品牌形象，并在竞争中巩固自己的市场地位。

零售商创建自有品牌引发制造商开辟直销渠道，则是因为零售商通过自有品牌增强市场竞争力，迫使制造商寻求新的销售渠道以保持市场份额和利润。阿姆鲁什和严（Amrouche & Yan，

2012）研究发现，制造商开设线上商店可以作为扩大市场的一种策略，也可以作为对零售商推出自有品牌的反击策略。如果零售商的自有品牌在市场中的潜力不高，或者其品牌在高端市场并不十分成熟，那么制造商可以从开辟直销渠道中受益。米尔伯格等（Milberg et al.，2019）的研究发现，当零售商推出新的自有品牌时，会对零售商与制造商之间的信任关系带来一定的负面影响。这种信任危机导致合作关系的紧张和不稳定，破坏了原有的合作模式。在这种情况下，零售商推出自有品牌的行为被视为对制造商品牌所在市场的入侵，威胁到制造商品牌的市场份额和长期利益。为了应对这一入侵，制造商选择通过建立直销渠道，绕过零售商，直接面向消费者进行销售，以应对品牌竞争的压力。刘盾等（2020）的研究表明，当零售商推出自有品牌时，如果其产品生产成本接近于制造商品牌生产成本，且制造商品牌的生产成本和直销运营成本均较低，这将促使制造商选择通过直销渠道进入终端市场，与零售商进行品牌和渠道竞争。具体来说，当制造商发现零售商的自有品牌在成本和质量上具备足够竞争力，且通过传统分销渠道难以维护制造商品牌的市场主导地位时，制造商会选择通过渠道入侵终端市场，以保护自身品牌的竞争力。张等（Zhang et al.，2021c）的研究表明，零售商通过推出低成本的低端自有品牌可以有效抵御制造商的渠道入侵，然而，如果他们选择推出高端自有品牌，这种策略则不足以阻止制造商直销渠道的扩张。具体而言，零售商推出高端自有品牌可能会增加其在终端市场的威胁性，迫使制造商采取直销渠道以保持竞争力，而这最终可能会损害零售商的利益。

（2）供应链中双重入侵下的竞合博弈研究。

在双重入侵的背景下，供应链中直销与分销的渠道冲突，以及制造商与零售商之间的品牌竞争，共同加剧了供应链成员间决策的复杂性。王蒙和杨蕙馨（2012）认为，无论是零售商品牌入侵还是制造商渠道入侵，都会加剧渠道冲突和品牌竞争，但这种竞争环境实际上有助于推动产品和服务的创新。具体而言，自有品牌通过成本优势和销售环节的优质促销活动加剧了品牌竞争，迫使制造商利用产品创新的优势持续推出新产品，避免品牌之间同质化竞争。同时，制造商直接渠道经营虽成本较高，但避免了高额通道费、利润分成及交易成本，使销售利润完全归制造商所有，这同样增强了制造商进行产品创新的动力。金等（Jin et al.，2017）的研究发现，在弹性批发价格方案中，较高的批发价格促使零售商推出自有品牌，从而加剧了终端市场的价格竞争。面对这种情况，制造商为了维持市场份额和品牌影响力，选择建立直销渠道来直接控制销售过程。而在统一批发价格方案中，面对部分零售商推广自有品牌导致自身产品销量下降的情况，制造商无法通过调整批发价格来吸引这些零售商增加销售，因为批发价格必须对所有零售商一视同仁。因此，制造商也选择建立直销渠道，直接向消费者销售产品，以保持市场竞争力。李等（Li et al.，2018a）发现，如果直销渠道中制造商品牌的感知价值低于零售渠道中自有品牌的感知价值，则零售商品牌入侵和制造商渠道入侵都会出现。具体来说，当零售商推出的自有品牌在质量和价格上都优于制造商品牌时，消费者更倾向于选择零售商的自有品牌。为了应对这种品牌竞争的压力，制造商会建立直销渠道，直接面向消费者销售产品，以恢复其品牌的市场优势地位。王等（Wang et al.，2020）发现，当制造商渠道入侵终端市场时，零售商应将其自有品牌定位在较低的质量水平，以避免与在直销渠道销售的制造商品牌竞争。巴拉苏布拉曼尼和马鲁塔萨拉姆（Balasubramanian & Maruthasalam，2021）认为当制造商直销的成本维持在特定区间时，零售商能够成功地将自有品牌与制造商品牌区分开来，这种品牌差异化策略使得零售商能够从制造商的渠道入侵中获益。因此，供应链中双重入侵可能促成一个零售商与制造商共赢的局面。

3.4 制造商品牌的分销渠道策略研究

3.4.1 单产品制造商的分销渠道策略

在当前经济快速发展的背景下，产品的销售渠道正在经历显著的变革。一些制造商积极拓展产品的分销渠道，比如开辟直销渠道，以期扩大市场份额并实现利润的最大化。然而，也有部分制造商出于对市场不确定性的考虑，或是资源和能力的局限，选择坚持单一的零售渠道，以减少风险和运营成本。

电子商务的兴起为制造商开辟了产品直销的新路径，学者们认为单产品制造商开辟直销渠道的主要动机包括提高盈利能力、增强市场竞争力、控制产品质量与服务、快速获取市场反馈等。

李等（Lee et al.，1997）指出直销渠道能够为制造商提供与消费者直接沟通的机会，帮助制造商与消费者建立更密切的关系，从而可以更快地获取市场反馈和消费者需求信息。蒋等（Chiang et al.，2003）的研究指出，直销渠道的开辟能够显著提高制造商的盈利能力。通过减少传统分销过程中的双重边际化问题，直销渠道有助于制造商直接触及消费者，从而提高盈利能力。此外，直销渠道的建立还使制造商能够更有效地控制产品品质和服务质量，进而提升消费者满意度。蔡和阿格拉沃尔（Tsay & Agrawal，2004）的研究发现，通过调整分销渠道中产品的批发价格，制造商和零售商都可能从制造商开辟直销渠道中受益。李晓静（2017）等的研究表明，制造商积极拓展直销渠道，不仅能有效降低消费者的购买成本，还能显著增强自身的盈利能力。朱晓东等（2023）的研究认为，直播电商的影响力能够显著地提升市场需求。他们指出，对于单产品制造商而言，相比于传统销售模式，增设直播销售渠道是提高盈利能力的有效策略。

一些学者细致分析了影响单产品制造商分销渠道策略选择的关键因素，并揭示了这些因素的变动如何驱动策略的相应调整。首先，一些学者认为消费者偏好和产品特性会影响单产品制造商分销渠道策略选择。梁喜等（2020）研究发现随着消费者对网上购物渠道偏好的变化，制造商的分销渠道策略选择也随之变化。当消费者对网上渠道偏好较低时，制造商会选择线上分销和线下分销的双分销渠道策略。当消费者对网上渠道偏好较高时，制造商会选择线上分销和线下分销的双渠道策略。当消费者的网上渠道偏好处于中间范围内时，制造商会选择单一的线下分销策略。

孙嘉轶等（2024）发现产品的特性也会影响制造商的分销渠道选择。当售卖临期产品时，制造商更倾向于开辟直销渠道，这是因为在制造商的直销渠道下销售临期产品，能够为供应链带来更优的整体经济效益。

其次，成本因素是影响单产品制造商分销渠道策略选择的重要因素。李等（Li et al.，2015b）的研究表明，制造商在选择线上或线下分销渠道时，应考虑产品品种、价格以及库存和配送成本等因素。他们认为，当产品能够以较低成本快速配送时，线上渠道是更优选择；反之，如果配送成本高昂且消费者对等待时间敏感，那么线下渠道则更为合适。王等（wang et al.，2016）的研究表明，制造商在选择分销渠道时，线上与线下渠道的运营成本差异是关键考量因素。他们的研究指出，只有在两个渠道的成本差异不大时，采用多渠道销售策略才能为制造商带来最大的利益。梁喜等（2021）的研究表明，制造商在选择分销渠道时，渠道成本是一个关键因素。直销模式因其能够减少中间环节，降低销售成本，直接连接消费者，从而提高成本效益，成为制造商自建平台成本较低时的首选。而分销模式通过与分销商合作，将库存和销售风险部分转移给分销商，实现成本分摊，尤其适合制造商自建成本较高或消费者对配送速度要求不高的情况。

最后，信息不对称、定价策略和供应链结构也是影响单产品制造商分销渠道策略选择的关键因素。慕艳芬等（2018）在其研究中探讨了在市场需求和直销渠道固定成本信息不对称的情况下，零售商市场需求信息披露策略如何影响制造商的分销渠道策略选择。研究发现，尽管零售商掌握更多市场需求信息，但这种信息披露的策略并不会显著改变制造商开辟直销渠道的可能性。这表明在信息不对称的环境中，制造商的渠道策略可能更多地依赖于自身的成本效益分析，而非外部信息的披露。朱利安等（Jullien et al.，2023）在其研究中指出，在实施个性化定价策略的背景下，制造商更倾向于采用多个分销渠道而非单一分销渠道，尤其是当不同渠道间存在显著的横向差异化时，这种策略选择的偏好更加明显。这种策略允许制造商更精准地定位不同消费者群体，通过个性化定价来最大化利润，同时利用差异化的渠道特点来满足不同消费者的需求。蔡（Cai，2010）在其研究中探讨了供应链结构对制造商渠道选择的影响。他们通过建立模型分析发现，当制造商的直销渠道相比于分销渠道带来的利润显著较低时，制造商更倾向于选择包含两个零售商的双渠道供应链模式，而不是直销和分销渠道组成的双渠道模式。张永芬（2019）在其研究中探讨了制造商在提供延保服务时的渠道策略选择。研究指出，制造商的渠道选择受到产品质量、服务成本和供应链结构等多种因素的影响。

随着分销渠道策略的调整，制造商可能会面临渠道冲突等问题，因此学者们提出了协调契约等多种方案来缓解这些矛盾。梁开荣和李登峰（2022）在其研究中提出，制造商能够利用线上渠道进行产品推广，吸引消费者到线下零售商实体店体验或购买，实现线上线下融合的商业模式。这种策略有助于解决线上线下渠道冲突问题，推动供应链各方之间的协同合作，提升整个供应链系统的效率和盈利能力。韦伯（Webb，2002）在其研究中从定性的角度探讨了电子商务环境下规避供应链多渠道冲突的策略。

他提出制造商可以通过在不同渠道销售经典产品与新产品，或者提供配置或性能有所差异的产品，甚至是性能相近但型号不同的产品，来有效规避渠道间的价格冲突。赵礼强等（2013）在其研究中分析了制造商采用双渠道战略时的渠道冲突原因，并探讨了如何通过契约设计来缓解这种冲突。他们提出，制造商可以通过精心设计网上直销渠道的价格和传统零售渠道中批发价格的组合契约来实现供应链的协调。斯瓦米和沙阿（Swami & Shah，2013）研究了供应链中制造商和零售商的投资及供应链协调问题，发现通过批发价格契约可以实现渠道协调。蔡和阿格拉沃尔（Tsay & Agrawal，2004）的研究指出，在考虑促销努力的多渠道环境下，制造商可以通过设计包含回购价和批发价的组合契约来实现供应链的协调。熊中楷等（2007）探讨了电子商务环境下双渠道供应链的协调问题，研究发现单纯采用收益共享契约无法实现混合双渠道供应链的协调，而组合运用收益共享契约与返利合同能够有效解决渠道冲突问题。曲道钢和郭亚军（2008）在其研究中提出了一种改进的收益共享契约，即制造商承担零售商销售努力成本的一部分，以解决制造商在采取混合双渠道战略时的渠道冲突问题。这种改进的收益共享契约，能够激励零售商提高销售努力水平，从而增加零售渠道中产品的销售量并实现供应链的协调。

3.4.2 多产品制造商的分销渠道策略

在市场环境不断变化的背景下，制造商为满足消费者日益增长的多样化需求，采取了产品差异化策略，包括推出不同尺寸、颜色、功能以及质量水平的产品（Keskin & Birge，2019；Wan & Sanders，2017）。尽管这种策略能够更好地满足特定消费者群体的偏好，但它也可能在不同产品之间引发竞争，因为这些产品会争夺相同的消费者群体。因此，如何制定有效的分销渠道策略，将这些差异化产品成功推向市场，已经成为制造商和学者们共同关注的焦点。

一些学者指出，由于产品之间存在质量差异，制造商应选择合适的分销渠道策略以避免内部竞争。刘（Liu，2010）探讨了在产品存在质量差异时，制造商如何选择分销渠道策略的问题。研究结果表明，在拥有高质量产品的情况下，制造商更有动力选择零售渠道而非直销渠道。柴等（Chai et al.，2020）的研究表明，在制造商销售具有质量差异的产品时，他们通常会选择通过两个零售渠道销售；当销售不具有质量差异的产品时，则会选择单一零售渠道销售。张等（Zhang et al.，2021b）提出，当制造商同时销售高质量和低质量产品时，通常会选择不同渠道的分销，以此减轻产品之间的竞争压力。同时，哈等（Ha et al.，2016）也认为，多产品制造商在销售不同质量的产品时，更倾向于通过不同渠道分销产品来巩固市场地位。这是因为，如果制造商仅限于通过一个共同的零售渠道来分销其不同质量的产品，零售商则更有可能推出自有品牌，从而增加市场竞争。胡雨菲等（2022）的研究指出，在产品存在质量差异时，制造商倾向于通过线下零售商销售低质量产品，而通过线上渠道销售高质量产品。

另外一些学者提出，产品差异化不仅体现在质量上，还包括搜索产品与体验产品、新产品与再制品、标准化产品与定制化产品之间的差异。郭燕等（2018）的实证研究得出结论，当制造商同时销售搜索产品（例如计算机、手机）和体验产品（如服装、化妆品）时，会倾向于采用线上线下双渠道策略，以吸引消费者在不同渠道的消费。梁佳平等（2023）在其研究中深入分析了新产品与再制品对制造商渠道选择的影响。他们发现，在面临较高直销渠道开辟成本的情况下，制造商倾向于采取精细化分销策略，即通过零售渠道集中推广和销售新产品，而利用第三方平台渠道来分销再制品。巴特菲等（Batarfi et al.，2016）的研究表明，制造商倾向于通过直销渠道提供定制化产品，以满足市场对个性化需求的追求。这种做法能够更好地满足消费者的特定需求，从而增强产品的竞争力和市场吸引力。对于标准化产品，制造商则更依赖于现有的零售渠道进行广泛分销，这样做可以利用零售网络的广泛覆盖面和购物的便捷性，以实现产品的快速销售和市场占有率的提升。

3.5　网络外部性研究

3.5.1　产品的网络外部性研究

产品的网络外部性指的是产品价值随用户数量增加而提升的现象，对企业战略至关重要。它影响市场竞争力，促进技术创新，优化产品策略，提升消费者效用，是现代商业成功的关键因素。网络外部性的显著性和它对整个行业生态的深远影响，促使学术界将其作为研究的热点，引发了广泛的关注和深入的学术探讨，目的是更好地理解和利用这一现象。

（1）产品的网络外部性对产品定价策略的影响。

网络外部性对产品定价策略的影响是显著的，它通过改变消费者效用和市场需求来实现这一点。卡茨和夏皮罗（Katz & Shapiro，1985）提出了考虑网络外部性的寡头垄断模型，强调了产品用户数量对消费者效用的显著正向影响。哈圭（Hagiu，2006）指出，操作系统的用户数量和软件开发商的数量相互影响，用户越多，吸引的软件开发商就越多，反之亦然。这种相互影响会直接决定操作系统公司如何定价，以及它们如何在市场上竞争。简单来说，就是用户选择和软件开发商的竞争，会影响操作系统的价格和公司的竞争方式。纳冯等（Navon et al.，1995）研究了网络外部性对垄断商价格竞争策略的影响，发现消极的网络外部性会减弱竞争并提升产品价格，而积极的网络外部性则会加剧竞争并降低产品价格。桥本和松林（Hashimoto & Matsubayashi，2014）发现，在存在负网络外部性的情况下，即产品被越多人使用，对其他潜在用户的价值就越低，商家仍然可以通过提供大幅度的折扣来吸引顾客。这意味着，即使在产品使用增加导致个体用户价值下降的背景下，通过降低价格，商家仍然有可能刺激市场需求，增加销售量。弋和杨（Yi & Yang，2017）研究了网络外部性对制造商批发价格策略的影响，并解释了制造商如何根据产品用户规模的增长来调整其批发价格。颜锦江等（2018）通过构建动态供应链模型，研究了具有网络外部性特征产品的最优定价策略。周雄伟等（2019）的研究指出，自身网络外部性单独存在时不影响差异化产品的定价但会影响需求和利润，而当其与交互性网络外部性共存时，则会同时影响产品的价格、需求和利润。其中，自身网络外部性指的是，一个产品对用户的价值会随着使用该产品的用户数量增加而提高。交互性网络外部性则涉及不同产品间的互补性，即一个产品的价值增加能提升另一个相关产品的价值。

（2）产品网络外部性对产品质量策略的影响。

网络外部性对产品质量策略的影响是显著的，它能够促使制造商在面对不同的网络外部性环境时调整产品质量，以适应市场需求和竞争态势的变化。巴克和博姆（Baake & Boom，2001）研究发现，当纵向差异化的产品具有网络外部性时，产品之间的质量差异不仅能够为消费者提供更多选择，还有效缓和了制造商之间的价格竞争。由于高质量产品的网络效应更显著，消费者在选择时会更加重视质量而非价格，使得制造商能够在维持较高价格的同时，依靠网络外部性吸引更多用户，从而避免了激烈的价格战。程和刘（Cheng & Liu，2012）的研究表明，当网络外部性较强时，企业通过提供低质量产品的永久免费策略，可以迅速扩大用户基础并提高产品的整体价值，最终通过网络效应实现更高的利润。赵映雪等（2017）在产品质量内生的情况下，探讨了网络外部性对产品质量的影响。他们认为，较小的网络外部性会促使提供商降低产品质量，而较大的网络外部性会激励提供商提高产品质量。易余胤和杨海深（2019）研究了不同网络外部性环境中的制造商产品质量决策与零售商的经营目标选择之间的关系机理。具体而言，当网络外部性较小时，零售商的经营目标演化稳定为利润最大化策略，此时制造商将制定低产品质量水平；当网络外部性处在中等水平时，零售商的经营目标演化稳定为中间策略的混合策略，此时制造商将制定中等产品质量水平；当网络外部性较大时，零售商的经营目标演化稳定为收入最大化策略，此时制造商将制定高产品质量水平。朱宾欣和马志强（2021）探讨了在网络外部性环境中，信息产品提供商推出免费版本对其产品质量决策的影响。他们的研究发现，在市场存在盗版时，推出免费版会降低产品质量，网络外部性则有助于提升产品质量。

（3）产品的网络外部性对产品捆绑销售策略的影响。

产品捆绑销售策略非常常见且类型较多，网络外部性强度和类型能够影响捆绑销售策略的选择。普拉萨德等（Prasad et al.，2010）的研究发现，当两种产品都具有显著的网络外部性时，采用纯绑定销售策略能带来更高的盈利；而当只有一种产品具有强烈的网络外部性时，混合绑定销售策略则更为有利可图。其中，纯绑定销售策略是指将两种或多种产品作为一个捆绑包进行销售，消费者只能选择购买整个捆绑包，而不能单独购买其中的任何一个产品；相比之下，混合绑定策略则提供更多的灵活性，允许消费者以单独的价格购买各个产品，同时也提供一个包含所有单独产品的捆绑包。崔（Choi，2010）发现，当平台对不同群体的网络外部性差异越大时，捆绑销售策略不仅能提升消费者剩余，还能增加社会福利。这是因为捆绑策略可以有效弥合不同用户群体间的外部性差异，优化资源配置，从而提升社会福利。刘等（Liu et al.，2015）的研究结果表明，在网络外部性的影响下，高质量版本的信息产品更适合通过直销渠道销售，而低质量版本则更适合通过零售渠道销售。霍尔茨韦伯（Holzweber，2018）指出，交叉网络外部性的存在使得捆绑销售策略更加易于实施。具体来说，通过捆绑销售，不同产品之间的网络外部性能够得到更好地整合和利用，从而提升整体产品的吸引力，并强化用户锁定效应，最终使得捆绑策略更具效果和可行性。张谦和李冰晶（2021）解释了网络外部性的强度如何影响数字平台选择捆绑销售策略。具体来说，当交叉网络外部性较弱时，平台倾向于使用混合捆绑的销售策略来吸引用户；而当交叉网络外部性较强时，平台则可能采用纯捆绑的销售以防止新竞争者进入市场。

（4）产品网络外部性对供应链盈利能力的影响。

产品网络外部性通过增加市场需求和优化资源配置，可以提升供应链的整体盈利能力。石纯来和聂佳佳（2019）的研究表明，在产品网络外部性特征较弱的情况下，制造商获得零售商提供的市场需求预测信息有助于增加制造商和整个供应链的利润，但由于双重边际效应的存在，零售商的利润不一定能够提升。林志炳（2020）的研究发现，当制造商专注于生产单一绿色产品时，如果产品的网络外部性越高，产品的绿色水平和市场需求也越高，制造商和零售商的盈利能力越强。朱晓东等（2021）研究了交叉网络外部性对平台供应链中平台和制造商利润的影响。他们发现，增强的交叉网络外部性能吸引更多消费者和制造商，提高平台的市场吸引力和扩大用户规模，从而增强平台的盈利能力。对制造商而言，这能增加其接触到的消费者数量，增加销量和市场份额，进而提升利润。

3.5.2 服务的网络外部性研究

在当今服务经济蓬勃发展的时代，服务的网络外部性现象正受到越来越多的关注，并成为学术界研究的热点。特别是在借贷服务、广告服务、物流服务、营销服务和城市服务的定价与创新过程中，网络外部性的影响日益显著，激发了广泛的学术兴趣和深入研究。

（1）借贷服务的网络外部性。

在借贷平台中，服务的网络外部性对产品定价策略有显著影响。因此，借贷平台需要考虑如何通过合理的定价策略来平衡用户体验和企业利润，同时充分利用网络外部性来促进平台的增长和吸引更多的用户。崔婷等（2019）通过模型研究和实证检验发现，在网络借贷平台中，借款人与出借人之间存在交叉网络外部性。这意味着平台的一方用户数量的增加会提升另一方用户加入平台的效用，进而吸引更多的用户加入，形成正向的网络效应。他们认为，借款人市场是网络借贷平台发展的关键点，因为借款人的增加可以显著提升出借人的效用，从而吸引更多的出借人参与，推动平台的增长。邱甲贤等（2016）研究了线上个人借贷平台的交叉外部性对借贷平台利润和用户效用的影响。他们指出，借贷双方的交易行为会受到平台定价的负价格弹性影响，即平台费用的增加会导致交易量的减少。这表明，为了维持或增加交易量，平台需要谨慎制定定价策略。徐等（Xu et al.，2020b）研究了在存在服务网络外部性的情况下，借贷平台的批发合同和代理合同两种不同渠道合同下的定价决策和渠道绩效。他们的研究提供了对不同合同类型下网络外部性如何影响定价策略和渠道绩效的深入理解。

（2）广告服务的网络外部性。

网络外部性是影响广告服务定价策略的重要因素，它能够显著影响平台的收益和定价决策。刘刚和安丰悦（2023）通过博弈论模型深入分析了视频内容和网络外部性如何影响一体化视频分享网站的广告定价策略和视频分销策略。他们发现，视频的质量是影响广告定价的关键因素，而对于赞助类视频的分销选择，则受到内容特征和网络外部性综合作用的显著影响。段永瑞和戈瑶（2020）构建了一个线上广告平台模型，该模型由浏览网页的访客和在平台上投放广告的广告商组成。他们研究了正向网络外部性如何影响平台的努力水平。研究发现，平台的最优定价策略和平台收益与网络外部性的强度呈正相关关系。史丽丽和林军（2020）建立了一个双边广告服务平台，该平台向用户提供免费服务，并通过广告商的赞助来实现盈利。他们采用三阶段博弈模型进行深入探究，结果表明直接网络外部性对促进平台进行性能投资具有积极作用。

（3）物流服务的网络外部性。

在物流与供应链管理领域，网络外部性对服务定价策略的影响已经引起了学者们的广泛关注。和杉和马祖军（2020）考虑了消费者与快递员之间的交叉网络外部性，并研究了不同交易匹配率下快递平台的服务定价问题。丁雪峰和陈前程（2021）分析了双边物流服务平台的定价策略，并发现物流服务的网络外部性对定价和用户参与度产生重要影响。周永务等（2023）研究了网络外部性如何通过调节供需数量来影响即时货运服务共享平台的定价策略。姜良松和吴斌（2019）基于双边市场理论，探讨了用户自身网络外部性和交叉网络外部性对众包物流平台定价策略的影响，并发现网络外部性可能会降低平台的利润。

（4）营销服务的网络外部性。

在产品和服务的营销过程中，网络外部性也发挥着重要作用。马昭等（2020）通过对京东众筹平台的深入分析，证实了在网络外部性的影响下，免费发放试用品的营销策略能够有效提升人均投资额，从而促进众筹项目的成功。涂俊梅和许正权（2020）证实了过度营销对消费者购买行为有直接的负面影响，并进一步揭示了消费者网络外部性和消费情绪作为中介因素，在过度营销与消费者行为之间所发挥的间接作用。林强等（2023）在考虑网络外部性和消费者偏好的基础上，发现制造商在双渠道模式下采取线上或线上线下同时投放面值较大的产品优惠券策略，不仅能增加自身的利润，也能使零售商从中获益。

（5）城市服务创新的网络外部性。

网络外部性在推动城市服务创新方面发挥着至关重要的积极作用。唐等（Tang et al.，2021）的研究深入探讨了网络外部性在城市服务创新中的重要作用，分析了它如何通过增强用户互动和扩展服务网络来促进创新活动的发展。高丽娜和华冬芳（2020）的研究进一步发现，网络外部性对城市群服务创新网络的形成具有显著的促进作用。他们指出，金融支持和产业基础等创新环境因素对服务创新具有正面推动作用，而科技服务条件的限制则可能产生负面效果。基于这些发现，该研究建议优化创新环境、缩短城际距离以强化创新网络效应，促进城市群协调发展。

3.6　过度自信研究

3.6.1　过度自信的概念演化

过度自信概念源于心理学，指人们常高估成功的概率，低估失败风险的心理偏差（Wolosin et al.，1973；Langer，1975）。在传统金融理论中，人们认为决策是以理性预期、风险回避、效用最大化以及相机抉择等为前提，然而许多心理学者研究发现，事实并非如此，例如，决策者总是过分相信自己的判断，又或者盲目地对决策结果的盈亏状况作主观判断进行决策等。

在行为金融的微观分析中，巴雷尔（Burrell，1951）开创性地引入了行为心理学原理来阐释经济领域的复杂现象。他强调，在评估投资者的决策过程时，不应局限于模型分析的维度，而应深入探究投资者个体的内在因素，即人性的微妙影响。这种综合性的研究方法，即行为金融学，更为贴近并真实地反映了投资者的实际行为和心理状态。其中，过度自信理论便是这一领域取得的重要成果之一，为理解市场行为提供了独到的视角。德邦特和塞勒（Debondt & Thaler，1995）强调过度自信是心理学中个人判断领域的一个显著特征。他们认为，理解交易市场的复杂性关键在于过度自信的心理作用。

在经济活动中，人们普遍对自己的知识、能力和信息来源抱有过度自信的态度。库尔特等（Culter et al., 1990）的研究揭示了，在经验性环境下，人们常因过度自信而作出错误判断，但当错误被反复验证时，人们会从中学习，这可能表现为过度反应或反应不足。伯纳德和托马斯（Bernard & Thomas, 1990）的研究进一步指出，过度自信与更深层次的心理现象紧密相关。如今，"过度自信"这一心理状态及其驱动的行为模式，已成为剖析金融市场各种异常现象的关键视角，被广泛应用于各类金融市场的深入分析与解读之中。

3.6.2 过度自信的动因研究

（1）导致过度自信的内部因素分析。

内部因素在过度自信的形成中起着关键作用，这些因素包括管理者的自我归因偏差、对自身能力的高估，以及大脑处理信息的方式。杜卡斯和佩特梅萨斯（Doukas & Petmezas, 2007）发现管理者的过度自信源于自我归因偏差，即管理者过于强调个人能力，忽视外部因素。费什霍夫等（Fischhoff et al., 1997）的实验表明，当人们对某个问题的答案确信无疑时，他们往往犯错。即使面对不同领域的问题，如历史、音乐、地理等，人们也倾向于高估自己答案的正确率。马哈詹（Mahajan, 1992）的研究进一步发现，这种过度自信在专业领域内的预测中尤为明显。沙罗特等

（Sharot et al.，2011）的研究则揭示了不切实际的自信可能与大脑对不良信息的编码减少有关。普罗埃格尔和梅布（Proeger & Meub，2013）在其实验研究中发现，即便是那些在现实情境中信心水平正常的个体，在观察他人作决策时也会表现出更高程度的过度自信。

（2）导致过度自信的外部因素分析。

权力的大小、薪酬水平的高低以及企业近期绩效的好坏，这些外部因素都是管理者过度自信的重要诱因。同时，管理者的过度自信往往导致他们将成功归功于个人能力，这进一步增强了他们的自信心态。具体来说，权力是产生过度自信的一个关键条件。当管理者拥有巨大权力或权力不受限制时，他们更容易产生过度自信，如兼任多个职务（饶育蕾和贾文静，2011）或经历高权力感知（Fast et al.，2012）。海沃德和哈姆布里克（Hayward & Hambrick，1997）指出：较高的薪酬水平往往容易使管理者产生自满情绪，进而表现出过度的自信心态。

此外，企业近期的良好绩效也往往促使管理者过度自信，因为他们倾向于将成功归因于自己的能力。贝特曼和韦茨（Bettman & Weitz，1983）通过深入剖析三年间的公司年报数据，发现过度自信的管理者常表现出一种自我归因的倾向。他们倾向于将公司的成功业绩归功于自己的卓越领导力和能力。海沃德和哈姆布里克（Hayward & Hambrick，1997）也认同此观点。同时，公司经营过程的复杂性使得管理者在处理问题时普遍表现出过度自信（Griffin & Tversky，1992）。这种过度自信不仅源于管理者的选择偏差，还因其被视为高能力水平的象征（Goel & Thkaor，

2000）。股东在潜意识中可能认为，雇用一个过度自信的管理者相较于一个同等能力的理性管理者更为经济，因为前者往往更愿意承担风险，可能为公司带来更大收益。

3.6.3　过度自信的表现形式研究

在现有关于企业过度自信的研究中，大多数都聚焦于管理者的过度自信现象。多项研究揭示，企业管理者的过度自信程度普遍高于一般人群（Cooper et al.，1988；Landier et al.，2009）。过度自信可以被理解为一种对自身判断能力的高估现象。穆尔和希利（Moore & Healy，2008）将过度自信细分为三种类型：过高估计、过高定位和过度精确。这意味着管理者可能高估自己的能力、表现、控制力或成功的可能性，认为自己优于他人，并坚信自己的信念比实际情况更为精确。温斯坦（Weinstein，1980）也持有类似观点，认为人们往往高估自己的知识和能力。斯塔特曼等（Statman et al.，1985）的调查也显示，在其他行业中，管理者们在成本和销售预测上同样表现出过度的乐观。

（1）投资中的过度自信。

在投资决策中，管理者过度自信往往会出现过度投资行为。例如，库珀等（Cooper et al.，1988）的研究指出，管理者在评估投资项目时，往往倾向于过高估计项目成功的可能性。热尔维斯等（Gervais et al.，2002）和王霞等（2008）也发现，过度自信的管理者更易过度投资，并对此类投资表现出对融资现金流的高度敏感性。另外，马尔门迪尔和泰特（Malmendier & Tate，

2008）的研究也表明管理者过度自信会影响企业的投资行为，导致在资金充裕时过度投资，资金不足时投资不足。而且过度自信的企业还表现出更高的投资—现金流敏感性，并可能进行价值减损的并购。阿迈德和杜尔曼（Ahmed & Duellman，2013）的研究指出，过度自信的管理者倾向于对投资预期回报持过高估计，这一态度在财务管理上表现为对损失的确认延迟以及减少采用保守的会计方法。这种态度削弱了会计信息的稳健性，从而可能对企业的运营和决策产生不利的影响。兰迪埃等（Landier et al.，2009）认为过度自信的管理者会高估成功投资收益，低估投资风险。另外，在热尔维斯等（Gervais et al.，2003）的深入研究中，他们发现公司首席执行官（CEO）的过度自信与乐观情绪反而能提升公司的整体价值。他们通过构建一个两期的资本预算决策模型，论证出：那些既过度自信又乐观，同时又厌恶风险的高层管理者，在作出投资决策时，更可能与股东的目标保持一致，甚至能够推动公司实现价值的最大化。

（2）并购中的过度自信。

在企业并购中，管理者过度自信会增强并购行为，还会对并购绩效造成影响。罗尔（Roll，1986）提出了管理者自大假说，解释了并购活动为何常导致企业价值受损。布朗和萨尔马（Brown & Sarma，2007），以及马尔门迪尔和泰特（Malmendier & Tate，2008）的研究均表明，过度自信的管理者更倾向于进行并购活动。史永东和朱广印（2010）通过实证结果得出，管理者的过度自信心理显著地影响了他们的并购决策，并且这种心理状态成为推动企业并购行为背后的一个重要原因。傅强和方文俊

（2008）的研究发现过度自信的高管更倾向于进行并购，且这种自信程度越高，并购活动可能越频繁或规模越大。还有学者研究发现这种连续并购的绩效表现可能会随着次数的增加而下降（Billett & Qian，2008）。宋淑琴和代淑江（2015）研究发现管理者过度自信能够显著降低并购后公司的财务绩效和市场绩效。同样，翟爱梅和张晓娇（2012）研究了管理者过度自信与企业并购决策、企业绩效之间的关系。研究发现，过度自信的管理者可能由于过度乐观的估计和决策导致企业绩效受到负面影响，并且随着并购活动的连续进行，每次并购对企业价值的贡献可能会逐渐减少。

（3）创新投入中的过度自信。

在企业创新中，过度自信的管理者会提高企业创新投入。赫什莱费尔等（Hirshleifer et al.，2012）的研究发现过度自信的管理者更倾向于投资创新型项目。加拉索和西姆科（Galasso & Simcoe，2011）的研究探讨了过度自信与创新之间的联系，并发现过度自信的 CEO 更倾向于推动公司创新，这种倾向在竞争性行业中表现为专利数量的正比增加。因此，过度自信的管理者更可能推动企业进行创新活动，尤其是在竞争性行业中，他们往往低估创新失败的概率，并倾向于接受更大的挑战（Liang & Dunn，2010；Simon & Houghton，2003；Simon & Shrader，2012；Koellinger，2007；Hirshleifer et al.，2012）。林慧婷和王茂林（2014）从行为金融学角度，研究了管理者过度自信对企业创新投入的影响，研究发现过度自信的管理者具有较高风险接受水平，更有利于企业抓住创新机会，提高企业价值。

（4）债务融资中的过度自信。

在债务融资决策中，过度自信的管理者更倾向于选择债务融资。蔡等（Tsai et al.，2018）对60个家族企业的决策团队进行了实证研究，发现过度自信的管理者在进行决策时可能会受到不利影响。马尔门迪尔等（Malmendier et al.，2011）的研究指出，过度自信的管理者倾向于选择债务融资而非股权融资，因为他们认为企业价值被低估，外部融资特别是股权融资被定价过高。同时，他们在债务期限上也更倾向于短期债务（Landier & Thesmar，2009；余明桂等，2006）。哈伯斯（Hackbarth，2003）发现过度自信的管理者会选择更大规模的债务融资策略，这有助于减少债权人和股东之间的冲突。

3.6.4 过度自信的影响研究

管理者的过度自信对所在企业的决策和市场表现具有显著影响。这种心理倾向可能导致管理者高估市场需求、消费者满意度及企业的抗风险能力，从而在市场推广、产品定价、供应链协调和库存管理等方面作出过于乐观的决策。因此，减少过度自信的负面影响，对于提高企业管理效率和市场竞争力至关重要。

（1）对市场定价策略的影响。

近年来，管理者的过度自信被证明对企业的定价策略有重要影响。徐等（Xu et al.，2019）探讨了基于理性和过度自信的零售商之间的定价博弈，以及这种心态对供应链系统绩效的影响。他们发现，过度自信的零售商倾向于设定更高的价格，但这并不一定导致供应链成员的利润减少。徐和肖（Xu & Xiao，2022）在分析市场先入者与后入者的定价决策时指出，先入者可能从后入者的过度自信中获益。王文杰和刘亚洲（2023）比较了渠道竞争强度和零售商过度自信水平对定价决策和利润收益的影响。他们的研究发现，零售商的过度自信行为会提高产品的零售价，而渠道竞争强度的增加则有助于降低产品零售价格。此外，他们还发现，过度自信的零售商会增加竞争对手的利润，因此，当零售商自身的过度自信水平低于竞争对手时，可能有利于其利润的增长。

（2）对信息共享策略的影响。

一些学者发现，管理者的过度自信在企业的信息共享策略选择中扮演着复杂而多面的角色。陆等（Lu et al.，2015；2022）的研究发现，对市场规模过度自信的零售商更倾向于与制造商共享信息，这有助于提高供应链的透明度。徐玉发等（2014）通过委托代理模型探讨了零售商过度自信对供应链契约设计的影响，发现过度自信行为具有正面的信息价值，能够减少信息不对称的影响。杰恩等（Jain et al.，2018）考虑了制造商与供应商之间生产能力信息不对称的情况，并研究了过度自信对制造商供应基础设计策略的影响。他们发现，当制造商的平均需求高于某个阈值时，提高过度自信水平会促使制造商增加最优储备量和供应商数量；但如果需求低于该阈值，则情况相反。

（3）对环保投入的影响。

管理者的过度自信在绿色供应链管理中扮演着复杂角色，影响着企业的决策和盈利能力。金等（Jin et al.，2021）的研究指出，如果制造商或零售商对消费者的环保支付意愿过度自信，可能会阻碍制造商对绿色产品的持续投资。这些研究为我们理解供应链中管理者过度自信行为的影响提供了丰富的视角，并揭示了其在不同情境下可能带来的正面和负面影响。贡文伟等（2024）构建了不同权力结构下的绿色供应链微分博弈模型，分析了制造商过度自信及权力结构差异对供应链成员决策和利润的影响。他们发现，市场环境的好坏和制造商的过度自信程度共同影响产品绿色度、销售价格以及供应链成员和总体的利润。陆等（Lu et al.，2015）在绿色供应链的库存管理中引入了供应商过度自信的特点，并发现这种自信能提升零售商及整个供应链的收益。

（4）对库存控制策略的影响。

管理者的过度自信在供应链库存管理中起着至关重要的作用。安卡拉尼等（Ancarani et al.，2016）通过啤酒游戏等一系列实验发现，过度自信会导致库存管理人在供应链库存管理上作出错误的决策。肖迪等（2014）研究了在由单个供应商和零售商组成的供应链中，零售商进行质量控制的条件下，过度自信如何影响其库存管理决策和供应商的质量投资。他们的研究结果表明，在零售商管理库存的模式下，过度自信的决策者对库存量的决策受到其心理预期市场需求的正向影响，而在供应商管理库存和集中决策模式下则相反。任等（Ren et al.，2017）的研究认为，过度自信不利于决策者作出最优的库存决策，并可能损害其他供应链成员的利益。王新林等（2018）的研究则显示，如果制造商的上下游合作伙伴存在过度自信，这反而可能有助于缓解产量过剩或生产不足的问题。宋等（Song et al.，2021）的研究发现，制造商的过度自信可能导致供应链中产品库存水平提高。赵道致和吕昕（2011）的研究关注于供应商管理库存（VMI）模型中供应商的过度自信对供应链的影响。他们发现，在市场需求旺盛时，供应商越过度自信，零售商的期望利润越高；反之，当市场需求疲软时，供应商过度自信则可能导致零售商期望利润下降。然而，卡特等（Carter et al.，2007）的研究表明，过度自信会造成供应链在运作中产生牛鞭效应。

过度自信在报童模型中的应用和影响是运营管理研究中的一个热点问题。克罗森等（Croson et al.，2008）通过构建一个创新的过度自信报童模型，并结合实验数据进行分析，揭示了报童订货量次优现象背后的主要原因是报童的过度自信。他们发现，随着报童过度自信程度的提升，其实际订货量与最优订货量之间的差距逐渐扩大，进而导致了利润的减少。任和克罗森（Ren & Croson，2013）进一步通过实验测量个体的过度自信水平和其他认知偏见，并将这些水平与观察到的订货量偏差进行对比。研究结果显示，过度自信与次优订货决策之间存在显著的统计关联。任和克罗森（Ren & Croson，2017）在之前研究的基础上，对模型计算和实验结果进行了深入分析。他们发现，订货量偏差与过度自信程度呈线性正相关，并且随着需求分布方差的增加而加剧。此外，订货量偏差与市场收益率之间存在 U 型关系，即在极端利润条件下，这种偏差最为显著。谢勇（2013）等在考虑过度自信的情况下，探讨了报童模型中订货量、利润与最优值之间的偏差。他们发现，报童的订货量偏差与其过度自信水平正相关，而利润减少的幅度则随着过度自信水平的增加而先增后减。李等

（Li et al.，2017）研究了过度自信行为对报童订货决策的影响。他们发现，在竞争环境中，过度自信的报童倾向于订购更多货物。这种过度自信在高利润率的产品中可能成为一种积极因素，使得报童的订货量决策在某些情况下接近或达到最优。此外，当竞争对手也表现出过度自信时，更加偏激的报童并不一定会在预期利润上落后于相对理性的对手。柯什纳和邵（Kirshner & Shao，2019）利用前景理论中的概率加权函数，构建了一个综合考虑过度自信和乐观情绪的报童模型。他们发现，乐观情绪促使报童采取高边际利润、低销售数量的策略，而过度乐观往往导致利润率下降和库存积压。同时，过度自信和遗憾情绪对库存水平和定价策略具有类似的影响。

（5）对企业盈利能力的影响。

管理者的过度自信在供应链管理中对企业盈利能力有着深远的影响。韩庆兰和闵雨薇（2018）的研究指出，管理者的过度自信可以激励企业增加研发投入，从而提高供应链的整体绩效。李（Li，2019a）发现，供应链上下游成员的过度自信可能减少双重边际效应，进而提升供应链的盈利能力。徐等（Xu et al.，2019）构建了一个由供应商和两个竞争零售商组成的双寡头供应链模型，其中一个零售商对市场需求过度自信，而另一个则是完全理性的。通过纳什（Nash）博弈和斯塔克尔伯格（Stackelberg）博弈分析，他们发现过度自信与均衡定价成正比，且过度自信的零售商预期利润下降，而理性零售商的利润增加。在纳什博弈中，供应链总利润还得到了提升。赵婉鹏和叶春明（2019）的研究揭示了零售商的过度自信能够提升他们对理想收益的期望，但同时也会削弱其实际收益的实现。向和徐（Xiang & Xu，2020）构建了一个包含第三方回收平台的闭环供应链模型，并发现该平台的过度自信虽然对供应商利润造成损害，但整体上却增加了闭环供应链的利润。万骁乐等（2022）认为过度自信行为会对交叉持股供应链成员的决策产生影响。他们研究发现，在市场环境较好的情况下，交叉持股的任何一方过度自信程度的提高会使自身利润下降，而使另一方利润提高；当市场环境较差时，制造商过度自信会使双方的收益都受损，而零售商过度自信会使自身利润提升，使制造商收益下降。石岂然等（2014）发现，零售商的过度自信有助于激励供应商提高生产效率，更快响应市场需求。这种自信还促使零售商增加订货量，减少供应商面临的需求不确定性，从而加强了供应链各环节间的合作和信息交流。这些变化共同提高了供应链的盈利能力，因为它们降低了运营成本并优化了库存管理。简而言之，适度的自信可以提升企业的盈利能力。

第 **4** 章

考虑新产品具有网络外部性的
制造商入侵策略研究

4.1 问题的提出

    制造商入侵，业界常称为"渠道入侵""渠道扩张"或"直接面向消费者"（DTC）策略，指的是制造商在原有零售渠道之外，通过搭建直销渠道（尤其是利用线上平台）直接与消费者进行产品交易，从而扩大产品的市场覆盖范围，强化品牌的市场影响力，并增强制造商在市场定价中的话语权（Cui，2019；Zhang et al.，2021b）。制造商入侵不仅有助于提升制造商的销售效率和利润水平，还能为消费者带来更加个性化和便捷的购物体验。过去几十年来，信息技术和电子商务的快速发展，特别是移动电商的崛起，以及第三方物流服务商提供更快的交付服务，促使制造商纷纷创建直销渠道以提高盈利能力（Zhang et al.，2021c）。以中国两大电商平台巨头天猫和京东为例，经过细致的数据统计，众多制造商的旗舰店已成功跻身这些平台的销售数量前十或前五十的行列，特别是在阿里巴巴旗下的天猫平台，其表现尤为突出。新冠疫情暴发期间，大量消费者被迫在家中隔离，耐克（Nike）、阿迪达斯等运动品牌迅速调整策略，大力发展线上直销业务（DTC），以应对线下实体店铺消费疲软的情况（Retail Dive，2021）。

当制造商开辟直销渠道入侵终端市场时，它们通常会在新的直销渠道提供与现有零售渠道相同的经典产品。例如，苹果和三星等知名品牌通过其官方网站直接销售一系列备受好评的数字产品，如智能手机和笔记本电脑，这些产品同样也在实体零售商店中供消费者选购。从制造商的角度来看，直销渠道提供与零售渠道相同的经典产品，有助于消费者更快地接受并信任这一新兴购物途径。然而，这种策略逐渐遭到零售商的强烈抵制，因为它在提升制造商市场地位的同时，可能会削弱零售商的盈利能力，从而不可避免地引发了渠道间的冲突（Yoon，2016）。时尚品牌如耐克、阿迪达斯、古驰和路易·威登等认识到，相同产品的价格竞争不仅不可持续，而且会削弱线上和线下渠道的盈利能力；因此，这些品牌正积极转向差异化战略，以区分并强化各自的直销渠道和零售渠道（Wang & He，2022）。这些现实世界的观察促使我们深入探讨一个新的问题：制造商是否应当在新开辟的直销渠道中销售新产品，而非销售与零售渠道相同的经典产品，以此作为缓解渠道冲突的一种策略。

现有文献主要集中在制造商利用经典产品入侵终端市场的情形，而对于制造商通过推出新产品来入侵终端市场的行为，学术探讨和研究尚不充分。在描述新产品特征时，一种广泛采纳的方法是假设新产品具备网络外部性（Katz & Shapiro，1985）。正向网络外部性特指，随着使用某种产品的用户数量增加，该产品的整体价值随之提升，增强了消费者的支付意愿（Wei et al.，2023）。若经典产品的市场入侵引发现有零售渠道与新直销渠道之间的严重渠道冲突，那么采用新产品入侵战略是否能有效缓解这种冲突呢？新产品入侵终端市场的研究仍然不足，这为我们提供了广阔的探索空间，有助于深入理解产品特性与市场策略如何相互交织，共同塑造和优化渠道关系，驱动市场动态的发展。为了填补这些研究空白，我们构建了一个包含制造商和零售商的二级供应链模型。在这个模型中，制造商通过零售商分销一款经典产品，并面临一个关键决策：是否开辟直销渠道，专门销售具有网络外部性的新产品。通过分析这个博弈模型，我们旨在回答以下问题：①在哪些特定条件下，制造商会倾向于选择以新产品入侵市场？②与经典产品入侵市场相比，以新产品入侵市场能否有助于缓解渠道冲突？③通过对比分析不同的入侵策略，制造商和零售商可以获得哪些有助于优化供应链管理和提升市场绩效的启示？

　　本章研究的主要贡献可总结如下：首先，我们揭示了制造商通过新产品入侵终端市场可能导致的零售商挤出效应，即零售商在新型直销渠道的冲击下，面临被逐步挤出终端市场的风险。值得注意的是，这一发现在过往的文献中鲜有提及。相较于使用经典产品入侵终端市场，采用新产品入侵的策略门槛更低。不仅如此，通过精心设计和推出更具差异化的新产品，制造商能够显著降低入侵门槛，从而使得新开辟的直销渠道在终端市场中占据更有利的地位。其次，我们的研究发现，在特定条件下，制造商和零售商在选择新产品还是经典产品进行市场入侵时能够达成共识，这有助于最大程度地减少渠道冲突。最后，我们的一个研究结果与直觉相悖。该研究结果表明，制造商并不一定能从具有更大网络外部性的新产品中获益，而零售商也不一定总是倾向于制造商以较弱网络外部性的新产品入侵终端市场。

4.2 模型构建

4.2.1 符号定义和模型假设

本章建立一个由制造商和零售商组成的二级供应链，双方都是风险中立，即目标均为最大化自身利润。其中，制造商向零售商批发经典产品，并内生地决定是否开辟一个新的直销渠道来销售新产品。在此基础上，我们比较新产品入侵和经典产品入侵的两种情形。在现实中，直销渠道中独家销售产品是一种常见的策略，这种策略不仅提高了企业的盈利能力，还有效减轻了与零售商之间的渠道冲突。以耐克为例，通过在 NikeiD. com 上提供独家产品，耐克避免了与零售商之间的直接竞争或者在价格上打压零售商的情况。这种策略有助于维护良好的渠道关系，同时为消费者提供了更加独特、个性化的购物体验，从而增强了品牌的吸引力和忠诚度（The Good，2022）。类似地，龟岛背包（Tortuga Backpacks）在其 DTC 网站上以全价列出新版本的商品，而以较低的价格在亚马逊上清理旧款库存（The Good，2022）。

下面为本章主要的模型假设。

网络外部性。当新产品被推出时，其往往表现出网络外部性，即更大的预期市场规模能够提高消费者的支付意愿（Huang et al.，2018b）。例如，NikeiD. com 独家提供的那些新产品总能引起轰动，激发消费者购买他们所展示的独特商品，从而进一步刺激需求的增长（The Good，2022）。与现有文献一致，我们采用参数 μ 来描述新产品的网络外部性强度。通常，随着产品逐渐成熟并进入市场饱和期，其网络外部性往往会减弱。例如，在当前追求碳达峰碳中和的背景下，电动汽车销售显示出正向网络外部性。相比之下，由于环保政策的日益严格，如规定 2035 年起禁止销售燃油车，传统汽油汽车的网络外部性可能减弱甚至呈现负向。因此，在考虑到新产品的网络外部性对消费者支付意愿的影响时，我们合理地将零售渠道中经典产品的网络外部性强度标准化为零。这是因为经典产品往往已经在市场上存在了一段时间，其潜在市场规模和网络效应相对稳定，且不再随预期市场规模的扩大而显著增强。因此，将经典产品的网络外部性强度视为零，可以更加专注于分析新产品的网络外部性对消费者支付意愿和市场需求的影响。基于以上分析，我们假定 $0 \leqslant \mu \leqslant 1$，使得网络外部性对价格的影响次于实际销售数量的影响（Yi & Yang，2017）。

销售成本。在构建供应链模型时，考虑到现有零售渠道在产品销售方面的运营效率和市场成熟度，我们假设这些渠道在销售经典产品时具有显著的成本优势。因此，为简化分析，我们将现有零售渠道的单位销售成本简化为零（Liu et al.，2021）。考虑到制造商开辟新的直销渠道时可能面临的额外成本，我们假设在不同的入侵场景下，这一新渠道均表现出单位销售成本的劣势，即制造商直销渠道的单位销售成本为 $c(c \geqslant 0)$。其中，制造商新渠道的这些单位销售成本可能包括市场推广、客户服务、物流配送等方面的费用。在最新的制造商入侵研究中，关于将零售渠道单位销售成本简化为零，以凸显直销渠道单位销售成本劣势的假设，已被广泛采纳作为分析框架的一部分（Yang et al.，2018a；Ha et al.，2016）。在实际的案例中我们可以观察到，如美国消费者新闻与商业频道（CNBC，2022）报道所述，沃比帕克（Warby Parker）、蒂奇菲克斯（Stitch Fix）、费格斯（FIGS）和欧布斯（Allbirds）等以直销为主的企业正受到脸书（Facebook）广告价格上涨和物流费用飙升的双重打击（Chirco & Scrimitore，2013）。此外，在构建分析模型时，我们参考了现有文献中类似的思路，比如一些文献将新旧产品的单位生产成本标准化为零（Zhang et al.，2019a）。

为了表达清晰，采用上标 b、n 和 s 分别表示不发生入侵的基准情形、使用新产品入侵的情形和使用经典产品入侵的情形。下标 M 和 R 分别表示制造商和零售商。表 4－1 定义了决策变量和模型参数。

表 4 – 1　　　　　　　　　　　**决策变量和模型参数的定义**

决策变量和模型参数		定义
决策变量	$w^i(i=b,\ n,\ s)$	现有零售渠道中经典产品的批发价格
	$q_R^i(i=b,\ n,\ s)$	经典产品在现有零售渠道中的销售数量
	q_M^s	经典产品在直销渠道中的销售数量
	q_M^n	新产品在直销渠道中的销售数量
模型参数	q_M^e	新产品在直销渠道中的预期销售数量
	a	消费者购买经典产品的最高支付意愿
	β	经典产品和新产品之间的可替代性程度
	μ	新产品供应中网络外部性的强度
	c	直销渠道的单位销售成本

4.2.2　模型设置

本节将阐述制造商使用新产品入侵终端市场的模型设置，其中新产品具有网络外部性特征。为保持叙述的清晰与简洁，并便于后续的比较研究，附录 A.1 将概述没有制造商入侵终端市场的基准情形，而附录 A.2 将概述制造商使用经典产品入侵终端市场的情形。遵循奇里科和斯克里米托雷（Chirco & Scrimitore，2013）、弋和杨（Yi & Yang，2017）的做法，当制造商不仅通过现有零售渠道销售经典产品，还建立自己的直销渠道销售新产品时，两个产品的逆需求函数表达为：

$$p_R^n = a - q_R^n - \beta q_M^n,\quad p_M^n = a + \mu q_M^e - q_M^n - \beta q_R^n \qquad (4-1)$$

其中，$a(a>c)$ 为正数，表示经典产品的市场保留价格（Yi & Yang，2017），μq_M^e 描述网络外部性对直销渠道中新产品零售价格的影响，q_M^e 是直销渠道中新产品的预期销售数量。基于卡茨和夏皮罗（Katz & Shapiro，1985）、古尔纳尼等（Gurnani et al.，2007）、奇里科和斯克里米托雷（Chirco & Scrimitore，2013）以及弋和杨（Yi & Yang，2017）等学者的研究，网络外部性假设表明，消费者购买新产品的支付意愿会受到他们对新产品预期销售数量的影响。具体而言，当消费者认为新产品具有较高的预期销售数量时，他们购买该产品的支付意愿越高，因为这意味着他们可以从该产品中获得更大的网络效益，例如可以与其他使用相同产品的消费者进行更广泛地互动或交流。网络外部性作为一种经济现象，在不同的市场中都有所体现。例如，它在社交媒体平台和通信技术产品领域尤为明显。鉴于此，我们假设 $\mu \in [0, 1]$，以表征网络外部性对直销渠道中新产品实际销售影响的次要性。在本章中，μ 可以粗略地解释为消费者对直销渠道中新产品的接受程度。q_R^n 是零售渠道中经典产品的销售数量，q_M^n 是直销渠道中新产品的销售数量，$\beta \in (0, 1]$ 表示零售渠道中经典产品和直销渠道中新产品的替代性程度，也可以用来描述产品的竞争强度。

如果制造商决定建立新的直销渠道，其将承担单位产品的销售成本 c（Yan et al.，2019）。因此，两个供应链成员的利润函数为：

$$\pi_M^n = w^n q_R^n + (p_M^n - c) q_M^n, \pi_R^n = (P_R^n - w^n) q_R^n \qquad (4-2)$$

在采用相同产品入侵终端市场的情况下，制造商作为斯塔克尔伯格博弈中的领导者首先决定零售渠道中经典产品的批发价格 w^n，然后零售商决定零售渠道中经典产品的销售数量 q_R^n。最后，

基于 w^n 和 q_R^n，制造商决定直销渠道中新产品的销售数量 q_M^n。这种决策顺序在制造商入侵文献中也被广泛使用（Arya et al.，2007；Wang & Li，2021）。

备注：在第4.2.2节提出的模型中，有一个特殊情况值得特别关注和探讨。具体而言，当 $\beta = 1$ 且 $\mu = 0$ 时，直销渠道中的新产品与现有零售渠道中的经典产品完全可替代。在这种情况下，新产品的需求函数简化为经典产品的需求函数。此时，我们模型的这一特例与附录 A.2 中介绍制造商用经典产品入侵终端市场文献中得出的结果一致。从这个角度看，本章提出的模型为制造商入侵提供了更为普遍和特征化的描述。

4.3　均衡分析

根据决策顺序，我们采用反向归纳和一阶求导来获得子博弈完美均衡结果。根据卡茨和夏皮罗（Katz & Shapiro，1985）以及弋和杨（Yi & Yang，2017）对满足期望均衡的条件分析，预期的新产品销售数量与目标市场均衡值相同，即 $q_M^{n*} = q_M^{e*}$。为简洁起见，制造商采用新产品和经典产品入侵情形下的均衡结果均放在附录 A.3 中。

4.3.1　制造商入侵的条件

当制造商考虑是否采用新产品入侵终端市场时，必须综合权衡并考量多种互相交织的关键因素。在制造商入侵的优点方面，入侵可以帮助缓解供应链双重边际问题。具体而言，在供应链管理中，双重边际问题通常指的是供应链中的各个环节（如制造商和零售商）在追求自身利益最大化时，各自加价导致产品最终售价高于整体供应链最优水平。当制造商仅通过零售渠道分销经典产品时，双重边际问题尤为突出，因为它造成了产品的最终售价提高，可能降低销售数量，从而对供应链绩效产生负面影响。然而，当制造商入侵终端市场，即直接面向消费者销售产品时，它可以减少或消除与零售商之间的加价环节。这种直销模式有助于制造商更好地控制产品价格，从而缓解双重边际问题对供应链绩效的负面影响。在制造商入侵终端市场的缺点方面，开辟直销渠道需要制造商投资新基础设施，如线上销售平台、物流网络等，这些投资增加了直销渠道的销售成本，导致与现有零售渠道相比，直销渠道存在销售成本上的劣势。基于以上这些分析，我们首先在命题 4 – 1 中确定制造商用新产品入侵的条件。为简洁起见，本章所有的证明过程见附录 B.1。

命题 4 – 1：当且仅当 $c < c_1 = \dfrac{(4 - 3\beta)(2 + \beta)}{8 - 3\beta^2} a$ 时，$q_M^{n^*} > 0$。

制造商在决策是否采用新产品入侵终端市场时，首要考量的是直销渠道中新产品是否能产生销售额。为此，命题 4 – 1 明确提出了这一条件：当且仅当制造商的直销渠道展现出足够的效率，即直销渠道的单位销售成本显著降低时，直销渠道中新产品的销售数量为正数。

如第 4.2.2 节所述，新产品入侵模型中存在一个特殊情形。

具体而言，当 $\beta = 1$ 且 $\mu = 0$ 时，直销渠道中新产品和零售渠道中经典产品的需求函数简化为两个渠道都是经典产品的情形［见附录 A.2 中的公式（2）］。在该情形下，命题 4-1 中直销渠道中新产品的销售数量必须为正数的条件和艾莉娅等（Arya et al.，2007）报告中的直销渠道中经典产品的销售数量必须为正数的条件相同。这说明，经典产品入侵可以作为本章新产品入侵的特殊情形。通过将 $\beta = 1$ 带入 $c < c_1$ 中，我们得出以下推论 4-1。

推论 4-1：当且仅当 $c < c_2 = c_1|_{\beta=1} = 3a/5$ 时，$q_M^{s^*} > 0$。

推论 4-1 对应于艾莉娅等（Arya et al.，2007）命题 4-1 中的条件。推论 4-1 表明，只要直销渠道足够高效，即直销渠道的单位销售成本足够低，直销渠道中经典产品的销售数量就为正数。

值得注意的是，对于不可完全替代的新产品和经典产品而言，c_1 随 β 增大而减小且 $c_2 < c_1$。该结论意味着，直销渠道中新产品与零售渠道中经典产品的差异化越高，制造商以新产品入侵终端市场的门槛越低。此外，这一结果也表明，用经典产品入侵市场的条件比用新产品入侵的条件更严格。因此，当 $c_2 \leqslant c < c_1$ 时，制造商以新产品入侵终端市场的条件已经成熟，然而以经典产品入侵终端市场的条件还未成熟。当 $c \geqslant c_1$ 时，根据命题 4-1 和推论 4-1，制造商不应该入侵终端市场。在这种情况下，均衡结果将为 $w^{b^*} = a/2$，$q_R^{b^*} = a/4$，$\pi_R^{b^*} = a^2/16$ 以及 $\pi_M^{b^*} = a^2/8$，和艾莉娅等（Arya et al.，2007）给出的均衡结果一致。

为了更清晰地理解命题 4-1 以及推论 4-1，图 4-1 提供了一个直观的视觉辅助，有助于我们深入理解相关结论。

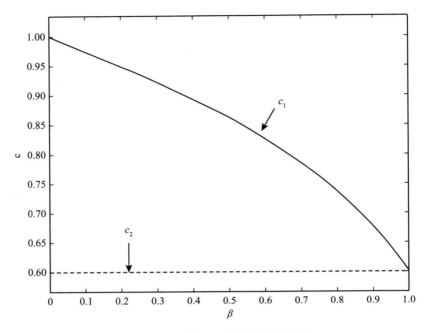

图 4 - 1　制造商入侵终端市场的条件

4.3.2　制造商入侵的影响

　　在现有文献中，制造商用经典产品入侵终端市场的影响已得到深入剖析和验证。因此，在本节中，我们将重点比较制造商没有入侵终端市场的场景和制造商用新产品入侵终端市场的场景，以评估制造商用新产品入侵终端市场对两个供应链成员的均衡决策和盈利能力的影响。

　　由于制造商入侵削弱了零售商在终端市场的垄断地位，我们首先分析制造商用新产品入侵终端市场对零售渠道中经典产品销售数量的影响，结果将在命题 4 - 2 中呈现。为简洁起见，制造商用新产品入侵终端市场对制造商批发价格和零售商边际利润的影响见附录 A5。

命题 4-2：给定网络外部性强度 μ 和直销成本 c 的不同组合，表 4-2 总结了制造商使用新产品入侵终端市场时零售渠道中经典产品的销售数量变化情况。

表 4-2　　　　制造商使用新产品入侵终端市场时零售渠道中
经典产品的销售数量变化情况

参数（μ 和 c）		q_R^{n*} vs q_R^{b*}
$\mu \leqslant \min\{\mu_1,\ 1\}$	$c \leqslant c_4$	ES2：$q_R^{b*} \geqslant q_R^{n*} > 0$
	$c_4 < c < c_1$	ES1：$q_R^{n*} > q_R^{b*} > 0$
$\mu_1 < \mu \leqslant 1$	$c \leqslant c_3$	ES3：$q_R^{b*} \geqslant q_R^{n*} = 0$
	$c_3 < c \leqslant c_4$	ES2：$q_R^{b*} \geqslant q_R^{n*} > 0$
	$c_4 < c < c_1$	ES1：$q_R^{n*} > q_R^{b*} > 0$

同样，我们可以设置 $\beta = 1$ 和 $\mu = 0$，得到推论 4-2，即制造商用经典产品入侵终端市场时零售渠道中经典产品的销售数量变化情况。

推论 4-2：与制造商没有入侵终端市场的基准情形相比，当制造商用经典产品入侵终端市场时：

（1）零售商不能被完全挤出市场（即 $q_R^{s*} > 0$）。

（2）如果 $c \leqslant c_5$，零售渠道中经典产品的销售数量减少（即 $q_R^{s*} \leqslant q_R^{b*}$）；如果 $c_5 < c < c_2$，则零售渠道中经典产品的销售数量增加（即 $q_R^{s*} > q_R^{b*}$），其中 $c_5 = 3a/8$。

如命题 4-2 中表 4-2 所示，当制造商用新产品入侵终端市场时，零售渠道中经典产品的销售数量变化可以归类为三种不同情况：ES1 表示零售渠道可以比基准情形销售更多经典产品的情况；ES2 表明零售渠道中经典产品的销售数量低于基准情形但仍然活跃在终端市场上的情况；ES3 表示零售商被完全挤出市场的情况。以上三种情形在商业界已经被广泛观察到。例如，耐克、阿迪达斯、安德玛（Under Armour）等运动品牌正在缩减零售渠道中产品的批发数量，转而通过自己的直营实体店和线上直销渠道推动终端市场中产品的销售数量增长。更具体地说，到 2025 年，阿迪达斯计划其直接面向消费者（DTC）的业务将占到终端销售的 50%，而耐克则希望这一比例达到 60%（Retail Dive，2021）。胡子品牌（Beard Brand）采取了一项极端策略，完全退出亚马逊平台，将所有资源集中于自家网站 beardbrand.com，以最大化自有平台的潜力和效益（The Good，2022）。

对命题 4-2 进行更加深入的分析可以发现，在直销渠道中新产品的网络外部性足够强的情况下（$\mu_1 < \mu \leq 1$），随着制造商直销成本的逐渐降低，三种可能的情况 ES1、ES2 和 ES3 会依次出现。直观地，更高效的直销渠道（更小的 c）提升直销渠道中新产品的销售数量，但抑制零售渠道中经典产品的销售数量。因此，给定强大的网络外部性（$\mu_1 < \mu \leq 1$），当制造商的直销成本从较高（$c_4 < c < c_1$）降至中等（$c_3 < c \leq c_4$）再到较低（$c \leq c_3$）时，零售渠道中经典产品的销售数量呈现下降趋势，并从高于不入侵情况下销售数量降至低于不入侵情况销售数量，直至为零。值得注意的是，这一结果与现有文献关于制造商用经典产品入侵

终端市场的结论不同，在那种情况下，零售商永远无法被完全挤出市场，如推论4-2（1）所示。这也表明，现有零售渠道应该不断提高其在终端市场中的销售竞争优势，以凸显制造商的直销成本劣势，从而提高零售渠道中经典产品的销售数量并应对制造商入侵终端市场的负面影响。在实践中，沃尔玛、亚马逊和淘宝等零售商的成功在一定程度上可归因于它们显著的销售成本优势。

此外，命题4-2显示，ES1、ES2和ES3中哪一个为均衡，网络外部性强度 μ 会产生重大影响。如表4-2所示，随着网络外部性强度从较高（$\mu_1 < \mu \leq 1$）下降到低于阈值 μ_1 并进入较低区间（$\mu \leq \min\{\mu_1, 1\}$），ES3这种情况消失，即零售商不再能被完全挤出市场。

根据命题4-2，我们将进一步考察制造商用新产品入侵终端市场对制造商和零售商盈利能力的影响。

命题4-3：与制造商没有入侵终端市场的基准情形相比，制造商用新产品入侵终端市场总是对制造商有利（$\pi_M^{n*} > \pi_M^{b*}$）。

在制造商没有入侵终端市场的情形下，制造商专注于生产，并仅通过向零售商批发经典产品来获取利润。当制造商用新产品入侵终端市场的条件成熟时，命题4-2表明，制造商可以将零售商完全挤出终端市场（ES3），也可以在终端市场与零售商积极竞争（ES1或ES2）。命题4-3进一步确认，用新产品入侵终端市场总是对制造商有利。以上结论不难理解，因为制造商的目标是在终端市场建立垄断地位，或者通过平衡零售和直销渠道的收入，以获得竞争优势并提高盈利能力。

命题 4 – 4：与制造商没有入侵终端市场的基准情形相比，当制造商用新产品入侵终端市场时：

（1）如果零售商被完全挤出市场（$q_R^{n^*}=0$）或者零售渠道中经典产品的销售数量减少（$q_R^{b^*} \geq q_R^{n^*} > 0$），则会导致零售商的利润受损（$\pi_R^{n^*} \leq \pi_R^{b^*}$）。

（2）如果零售渠道中经典产品的销售数量增加（$q_R^{n^*} > q_R^{b^*} > 0$），对于 $c_4 < c \leq c_6$ 的情形，零售商利润仍然受损，但对于 $c_6 < c < c_1$ 的情形，零售商会受益，其中 $c_6 =$

$$\frac{8(\mu - 2 + 2\beta)\sqrt{2 - \beta^2} + [16 - 10\beta^2 - (8 - 3\beta^2)\mu]\sqrt{2}}{16\beta\sqrt{2 - \beta^2}}a。$$

当制造商以新产品入侵终端市场时，命题 4 – 2 证明，在模型参数 μ 和 c 的不同组合下，零售渠道中经典产品的销售数量可能高于或低于基准情形下的销售数量，甚至可能没有销售数量。命题 4 – 4 进一步表明，如果零售商被完全挤出市场或零售渠道中经典产品的销售数量减少，零售商都会因为制造商入侵而遭受利润损失。这一结果是可以理解的，因为在制造商用新产品入侵终端市场的情形下，零售商的边际利润始终更低（关于零售商的边际利润的更多细节见附件 A.4）。

当模型参数 μ 和 c 的组合导致表 4 – 2 中的 ES1 成为均衡时，如果制造商以新产品入侵终端市场，零售渠道将以较低的边际利润销售更多经典产品。在这种情况下，零售商增加的销售数量是否能抵消边际利润的下降，将决定零售商的利润是更高还是更低。具体而言，当直销渠道不太具有竞争力时（$c_6 < c < c_1$），零售商增加的销售数量足以抵消边际利润的下降，使得零售商在

遭遇制造商用新产品入侵终端市场时能获得更高的利润。结合命题 4 – 3 可知，在该情形下，制造商用新产品入侵终端市场可以实现双赢结果。相反，如果直销渠道更具竞争力（$c_4 < c \leqslant c_6$），零售商边际利润减少的影响大于零售渠道中销售数量增加的影响，导致零售商遭遇制造商用新产品入侵终端市场时获得更低的利润。此时，制造商用新产品入侵终端市场只能实现制造商单赢的结果。

4.4　敏感性分析

当制造商用新产品入侵终端市场时，可以通过更强的网络外部性来刻画更具竞争力的新产品（更大的 μ）。同样，一个更具竞争力的直销渠道反映在更低的直销渠道销售成本 c 上。命题 4 – 5 检验了这两个关键模型参数的变化对制造商和零售商利润的影响。为简洁起见，其对均衡情形下直销渠道中新产品销售数量和零售渠道中经典产品销售数量的影响见附录 A. 5。

命题 4 – 5：在制造商用新产品入侵终端市场的情形下，我们得到：

（1）当零售商仍然活跃于市场时，$\dfrac{\partial \pi_R^{n^*}}{\partial \mu} < 0$ 且 $\dfrac{\partial \pi_R^{n^*}}{\partial c} > 0$；

（2）当零售商不再活跃于市场（$q_r^{n^*} = 0$）或零售渠道中经典产品的销售数量低于基准情形（$q_R^{b^*} \geqslant q_R^{n^*} > 0$）时，$\dfrac{\partial \pi_M^{n^*}}{\partial \mu} \geqslant 0$ 且

$$\frac{\partial \pi_M^{n^*}}{\partial c} \leqslant 0;$$

（3）当零售渠道中经典产品的销售数量高于基准情形（$q_R^{n^*} > q_R^{b^*} > 0$）且 $c_4 < c \leqslant c_7$ 时，$\dfrac{\partial \pi_M^{n^*}}{\partial \mu} \geqslant 0$ 且 $\dfrac{\partial \pi_M^{n^*}}{\partial c} \leqslant 0$；当 $c_7 < c < c_1$ 时，

$\dfrac{\partial \pi_M^{n^*}}{\partial \mu} < 0$ 且 $\dfrac{\partial \pi_M^{n^*}}{\partial c} > 0$，其中 $c_7 = \dfrac{8 - (4 + \beta + \mu)\beta}{8 - \beta^2}a$。

命题 4 – 5 表明，提供具有更强网络外部性（更大的 μ）的新产品不一定对制造商有利，但若零售商仍能在终端市场生存，这总是会损害他们的利益。更具体地说，当制造商用新产品入侵终端市场时，如果零售商被完全赶出市场或零售渠道中经典产品销售数量下降［命题 4 – 5（2）］，则更强的网络外部性能够提高制造商的利润。但是，当制造商用新产品入侵终端市场时，如果零售渠道中经典产品的销售数量高于基准情形［命题 4 – 5（3）］，则新产品网络外部性对制造商利润的影响就变得复杂。在这种情况下，制造商利润对 μ 的敏感性被分类为两种不同情景：当直销渠道竞争力不强刚刚能支撑制造商开辟直销渠道时（$c_7 < c < c_1$），网络外部性越强，制造商的利润越低；而当直销渠道具有足够的竞争力时（$c_4 < c \leqslant c_7$），网络外部性越强，制造商的利润越高。

回顾前面的分析，在制造商用新产品入侵终端市场的情景下，制造商既从零售渠道获得批发利润，又从直销渠道获得直销利润。较强的网络外部性会提高制造商的直销利润，但会损害其批发利润。在命题 4 – 5（3）中，$\partial \pi_M^{n^*}/\partial \mu < 0$ 出现在制造商刚刚跨过新产品入侵终端市场的门槛，直销渠道的竞争力还不够强时，即 $c_7 < c < c_1$。在这种情况下，如果网络外部性变得更强，减

少的批发利润就会超过增加的直销利润，从而导致制造商的总利润降低。相反，$\partial \pi_M^n / \partial \mu > 0$ 出现在直销渠道竞争力足够强的情况下（$c_4 < c \leq c_7$），即较强的网络外部性带来的直销利润收益大于批发利润损失，从而使制造商获得更高的总利润。

同样，命题4-5表明，更具竞争力的直销渠道，即更小的 c，并不一定对制造商有利，但只要零售商在终端市场仍然存在总是损害零售商的利益。鉴于更强的网络外部性，即更大的 μ，和更具竞争力的直销渠道，即更小的 c，在刺激新产品需求方面发挥着类似的作用，关于 c 的敏感性分析结果与前两段关于 μ 的解释类似。此外，结合命题4-5（2）和命题4-5（3），我们得出结论：当新产品入侵终端市场的条件刚满足时，更具竞争力的直销渠道首先损害制造商（参数 c 位于 $c_7 < c < c_1$ 这个区间），但随着直销渠道竞争力增大到一定区间，继续增大就会使制造商受益（参数 c 位于 $c_4 < c \leq c_7$ 及更低区间）。

根据命题4-5，我们可以从两个方面获取进一步的管理意义和实际启示：制造商是否应该继续提高网络外部性强度（增加 μ）和直销渠道的竞争力（降低 c）？

（1）制造商应该持续投资以提高直销渠道中新产品的网络外部性强度吗？

当制造商推出新产品入侵终端市场时，命题4-5指出，单纯加强直销渠道中新产品的网络效应，不一定使得制造商受益。为了更好地阐述该结论，本章采用数值仿真，给定 $a = 1$ 和 $\beta = 0.9$，并以图形方式显示网络外部性强度 μ 和直销成本 c 如何共同影响制造商的利润。图4-2（a）在展示网络外部性强度 μ 和

直销成本 c 的影响时也显示，命题 4-1 中制造商推出新产品入侵终端市场的入侵条件变为 $c < c_1 = 0.68$。当直销渠道的销售成本 c 不断降低并低于 $c = c_1 = 0.68$ 这个阈值时，制造商的利润从黑色的平面向上跳跃进入中间的灰色曲面。

在制造商推出新产品入侵终端市场的情形下，直销渠道中新产品网络外部性的影响可以分为三种不同情景，即 $c \leqslant 0.5$、$0.5 < c \leqslant 0.62$ 和 $0.62 < c < 0.68$，具体如图 4-2（b）、图 4-2（c）和图 4-2（d）中的三个局部放大图所示。其中，图 4-2（b）显示，当直销渠道的竞争力很强（$c \leqslant 0.5$）时，直销渠道中新产品的网络外部性越强，则制造商的利润也越高。其中，如图 4-2（b）所示，深灰色区域代表零售渠道中经典产品和直销渠道中新产品在终端市场共存的情况，而浅灰色区域代表零售商因为直销渠道中新产品的网络外部性太强而被完全挤出终端市场的情况 $[\mu > (9c+1)/5]$。图 4-2（c）显示，当直销渠道的竞争力适中（$0.5 \leqslant c < 0.62$）时，如果直销渠道中新产品的网络外部性 μ 较弱 $[\mu \leqslant (719c-359)/90]$，制造商的利润随 μ 增大而减少；如果直销渠道中新产品的网络外部性 μ 较强 $[(719c-359)/90 < \mu \leqslant 1]$，制造商的利润随 μ 增加而增加。因此，在图 4-2（c）中，对于直销渠道中网络外部性较弱的新产品，投资提高 μ 对制造商是无利可图的。但是，对于直销渠道中网络外部性较强的新产品，进一步提高 μ 对制造商是有利的。最后，图 4-2（d）显示，当直销渠道的竞争力较弱（$0.62 < c < 0.68$）时，制造商不能通过提高直销渠道中新产品的网络外部性获得更高的利润。

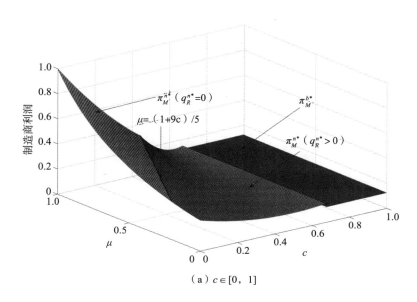

（a）$c \in [0, 1]$

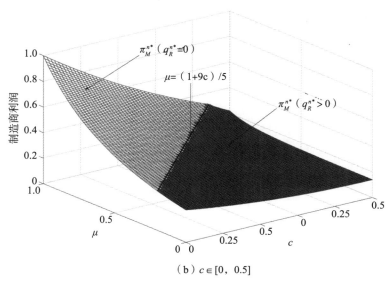

（b）$c \in [0, 0.5]$

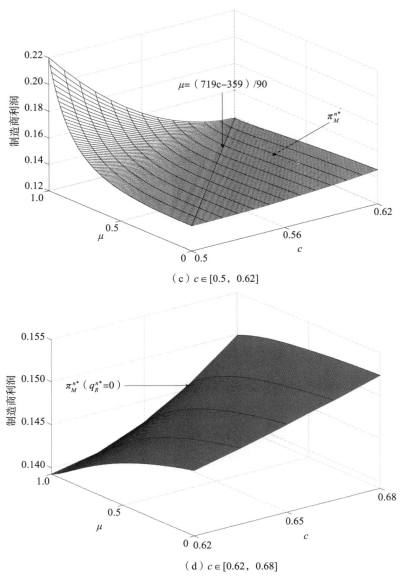

（c）$c \in [0.5，0.62]$

（d）$c \in [0.62，0.68]$

图 4 - 2   直销渠道中新产品的网络外部性强度对制造商利润的影响

图 4 - 2 中的分析结果为我们提供了宝贵的管理见解，深化了我们对渠道竞争力和新产品网络外部性的理解。具体而言，如

果直销渠道的竞争力很强（$c \leq 0.5$），制造商应该持续投资以推广直销渠道中新产品（例如，分发免费样品以吸引早期试用者），从而增强新产品的网络外部性。如果直销渠道的竞争力适中（$0.5 < c \leq 0.62$），制造商应当只在直销渠道中的新产品能够在终端市场吸引足够庞大的早期购买者群体的情况下 [（$719c - 359$）/ $90 < \mu \leq 1$]，才继续投资提高直销渠道中新产品的网络外部性。另外，如果直销渠道的竞争力较弱（$0.62 < c < 0.68$），制造商最好不要试图提高直销渠道中新产品的网络外部性。

　　对于零售商而言，图 4 - 3 显示，只要其在制造商入侵下还能存活于终端市场（即灰色区域），其就应该积极推广零售渠道中经典产品，以间接降低直销渠道中新产品的网络外部性，这是因为随着零售渠道中经典产品的网络外部性 μ 降低，零售商的利润会增加。

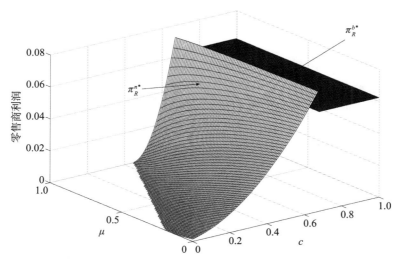

图 4 - 3 直销渠道中新产品的网络外部性强度对零售商利润的影响

（2）制造商应该持续投资以提高直销渠道中产品的销售效率吗？

接下来，我们把注意力转向制造商是否应该持续投资以提高其直销效率，即是否降低直销渠道中产品的销售成本 c。参考上一节中数值仿真，设定 $a = 1$ 和 $\beta = 0.9$，以 c 为横轴，利润为纵轴，绘制得到图 4 – 4。在以上模型参数设置下，命题 4 – 1 给出的制造商推出新产品入侵终端市场的条件仍然是 $c < c_1 = 0.68$。其中，为显示制造商入侵下的不同情形，图 4 – 4（a）中网络外部性参数取值 $\mu = 0.8$，图 4 – 4（b）中网络外部性参数取值 $\mu = 0.2$。在图 4 – 4 中，制造商和零售商的利润曲线分别以黑色实线和黑色虚线显示，参数 c 的变化对它们的影响证实了命题 4 – 5 中的理论分析结果。

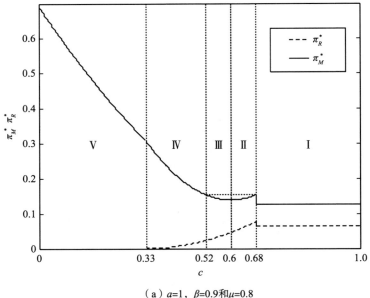

（a）$a=1$，$\beta=0.9$ 和 $\mu=0.8$

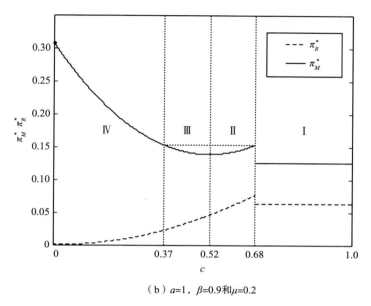

（b）a=1，β=0.9和μ=0.2

图4-4 直销渠道中产品的销售成本对供应链成员盈利能力的影响

更具体地说，当直销渠道中新产品的网络外部性比较强（μ=
0.8）时，图4-4（a）将直销渠道中产品的销售成本c划分为
五个不同的区域。区域Ⅰ代表，高昂的直销成本使得入侵终端市
场对制造商不再具有吸引力，制造商只向零售商批发经典产品，
所以两者的利润线都是平坦的。一旦直销渠道中产品的销售成本
从区域Ⅰ降低到区域Ⅱ，即低于阈值c=0.68，以致入侵终端市
场变得有利可图，图4-4（a）显示了制造商和零售商的利润都
经历从水平线向上跳跃，然后随着c进一步降低时而开始下降，
进入区域Ⅱ。一旦直销渠道中产品的销售成本下降到低于命题4-5
中给出的阈值（$c < c_7$=0.6）并进入区域Ⅲ，零售商的利润继续
呈下降趋势，直到在区域Ⅳ和区域Ⅴ的边界c=0.33处降至0，

但制造商的利润在 c 进一步减少时开始增加，这种增加趋势延续到区域Ⅳ和区域Ⅴ。从区域Ⅳ开始，零售渠道中经典产品的销售数量低于制造商没有入侵终端市场的基准情形，其中区域Ⅴ对应零售商被竞争力较强的直销渠道完全挤出市场的情况。值得注意的是，图4-4（a）显示，对于制造商而言，其在区域Ⅱ和区域Ⅲ的利润总是低于区域Ⅰ和区域Ⅱ边界（即 $c = 0.68$ 时刚满足入侵条件）处的利润水平。

当直销渠道中新产品的网络外部性相对较弱时（$\mu = 0.2$），我们可以看到区域Ⅴ在图4-4（b）中消失，零售商不再能被直销渠道完全挤出市场。此外，命题4-3与图4-4证实，一旦满足命题4-1中的入侵条件，入侵终端市场总是使制造商受益，即图4-4中制造商在区域Ⅱ、区域Ⅲ、区域Ⅳ和区域Ⅴ中的利润曲线始终高于区域Ⅰ中的黑色水平实线。由于 c 从区域Ⅰ到区域Ⅱ时零售商的利润出现向上跳跃，我们可以判断，当 c 足够接近这两个区域的边界时，会出现双赢局面，即图4-4中的零售商在区域Ⅱ的利润曲线高于在区域Ⅰ的黑色水平虚线。

基于以上分析结果，制造商应从管理角度汲取的启示是：当制造商入侵终端市场的条件已经满足时（即区域Ⅰ的左侧），制造商应该持续投资以降低直销渠道中产品的销售成本，将其降到低于区域Ⅲ和区域Ⅳ的边界，只要这种成本降低的目标是可实现的。虽然制造商的利润首先会降至低于图4-4中区域Ⅰ和区域Ⅱ边界的水平，但最终会在 c 降低至低于区域Ⅲ和区域Ⅳ边界时超过这个水平。一旦直销渠道中产品的销售成本 c 跨过这个阈值，那么 c 越低，制造商的利润就越高。

同时，零售商可以投资提高零售渠道中产品的销售成本优势，以进一步增大直销渠道中产品的销售成本劣势。命题 4 – 5 (1) 和图 4 – 4 表明，在制造商入侵终端市场的情形下，只要零售商在终端市场处于活跃状态（即零售渠道中经典产品的销售数量大于 0），制造商的利润随直销渠道中产品的销售成本 c 的增加而增加。从零售商的角度来看，不断投资增强零售渠道中产品的销售成本优势总是符合零售商的利益。如果制造商的努力可以使制造商的相对成本劣势处于图 4 – 4 区域 II 的相应部分，这甚至可以帮助零售商获得比没有制造商入侵终端市场情形更高的利润。值得注意的是，正是零售商在供应链中的非核心地位，使得制造商入侵终端市场可以实现制造商和零售商的双赢，尽管这种双赢的机会很小。

4.5   制造商入侵终端市场的产品策略分析

前文中命题 4 – 1 和推论 4 – 1 表明，当 $c_2 \leqslant c < c_1$ 时，只有用新产品入侵终端市场的条件得到满足，但当 $c < c_2$ 时，用经典产品和新产品入侵终端市场的条件都得到满足。因此，在本节中，我们关注 $c < c_2$ 的情况，并检验以下两种制造商入侵策略，即用新产品或经典产品入侵，哪种对制造商更有利。此外，第 4.2 节中的备注表明，用经典产品入侵终端市场的情形与当 $\beta = 1$ 且 $\mu = 0$ 时用新产品入侵终端市场的特殊情况相同。因此，在提到用新产品入侵终端市场时，我们关注这一特殊情况之外的一般情况。

为简洁起见，博弈均衡情形下两种制造商入侵策略之间决策变量的差异分析见附录 A.6。在本节，我们重点分析两种制造商入侵策略之间利润的差异分析。具体而言，命题 4-6 将分析制造商在直销渠道中最佳的产品提供策略，命题 4-7 将讨论制造商入侵终端市场的产品策略对零售商利润的影响，而命题 4-8 将探讨供应链上下游成员关于制造商在直销渠道中的产品提供策略能否达成共识。

命题 4-6：当满足推论 4-1 中的入侵条件时，我们比较直销渠道两种产品提供策略下制造商的盈利能力，结果如表 4-3 所示。

表 4-3　　直销渠道两种产品提供策略之间的制造商盈利能力差异

参数（β，c 和 μ）			π_M^{n*} vs π_M^{s*}
$\beta \leqslant 1/19$	$\mu \leqslant 1$	$c < c_2$	$\pi_M^{n*} \geqslant \pi_M^{s*}$
1/19 < $\beta \leqslant 1$	$\mu \leqslant \min\{\mu_2, 1\}$	$c \leqslant c_8$	$\pi_M^{n*} \geqslant \pi_M^{s*}$
		$c_8 < c < c_2$	$\pi_M^{s*} > \pi_M^{n*}$
	$\min\{\mu_2, 1\} < \mu \leqslant 1$	$c < c_2$	$\pi_M^{n*} \geqslant \pi_M^{s*}$

命题 4-6 针对不同的 β、μ 和 c 的组合给出了制造商的最佳入侵策略，此外附录 B.2 中的图形也会提供更加直观和清晰的补充说明。在表 4-3 中，经典产品和新产品之间的可替代性程度 β 被划分为较低水平（$\beta \leqslant 1/19$）和较高水平（1/19 < $\beta \leqslant 1$）。类似地，新产品的网络外部性强度 μ 也被划分为较弱水平（$\mu \leqslant \min\{\mu_2, 1\}$）和较强水平（$\min\{\mu_2, 1\} < \mu \leqslant 1$）。直销成本参数 c

也被分为较低水平（$c \leqslant c_8$）和较高水平（$c_8 < c < c_2$）。

当经典产品和新产品能做到高度差异化时（$\beta \leqslant 1/19$），直销渠道提供具有网络外部性的新产品对制造商更有利，即制造商用新产品入侵终端市场获得更高收益。如果经典产品和新产品的差异化程度相对较低（$1/19 < \beta \leqslant 1$），但新产品的网络外部性足够强（$\min\{\mu_2, 1\} < \mu \leqslant 1$），直销渠道提供具有网络外部性的新产品对制造商更有利，即制造商也应该用新产品入侵终端市场。当经典产品和新产品的差异化程度较低（$1/19 < \beta \leqslant 1$）而新产品的网络外部性较弱时（$\mu \leqslant \min\{\mu_2, 1\}$），如果直销渠道的竞争力较强（较弱），即直销渠道中产品的销售成本较高（较低），则制造商用新产品（经典产品）入侵终端市场获得的利润更多。

命题 4-6 的管理学意义如下：虽然在满足推论 4-1 中条件的情形下入侵终端市场总是对制造商有利，但没有一种入侵策略（即在直销渠道中提供经典产品或者全新产品）绝对占优。如果制造商资源丰富，可以在新产品设计方面投入更多，使其与零售渠道中经典产品高度差异化（$\beta \leqslant 1/19$），制造商应该用具有网络外部性的新产品入侵终端市场。如果制造商在产品设计方面资源较少（$1/19 < \beta \leqslant 1$），但可以投资推广新产品以使其网络外部性更强（$\min\{\mu_2, 1\} < \mu \leqslant 1$），制造商也应该用具有网络外部性的新产品入侵终端市场。此外，如果制造商没有足够资源实现产品差异化（$1/19 < \beta \leqslant 1$）或者推广新产品以提高网络外部性到足够强的水平（$\mu \leqslant \min\{\mu_2, 1\}$），但可以投资以降低直销渠道中产品的销售成本至较低水平（$c \leqslant c_8$），制造商仍然适合用新产品入侵终端市场。否则，如果制造商不能将这三个因素中的任何一个

改善到适当的水平，即产品差异化 β、网络外部性强度 μ 或直销渠道效率 c，制造商都应该用零售渠道中失去网络外部性特征的经典产品入侵终端市场。例如，耐克经常在其直销渠道 NikeiD. com 上独家提供定制运动鞋，这些与亚马逊、沃尔玛等传统零售渠道中经典产品具有显著差异的定制化新产品往往获得消费者的高度评价。我们模型中的参数 μ 和 β 刻画了新产品的这些特征并证明，当新产品的这些特征处于适当范围内时，直销渠道中推出与零售渠道中经典产品不一样的具有网络外部性特征的新产品能够获得巨大成功（The Good，2022）。

人们通常认为零售商应该鼓励制造商在零售和直销渠道提供不同的产品，以减少渠道间的冲突。然而，如命题 4 - 7 所揭示的，实际情况可能与这种直觉相悖。

命题 4 - 7：根据推论 4 - 1 中的入侵条件，我们对直销渠道中两种不同的产品供应策略下零售商的盈利能力进行了比较，结果如表 4 - 4 所示。

表 4 - 4　　直销渠道中两种产品提供策略之间零售商的盈利能力差异

参数（c 和 μ）		π_M^{n*} vs π_M^{s*}
$\mu \leqslant \min\{\mu_1, 1\}$	$c \leqslant c_9$	ES4：$\pi_R^{n*} \geqslant \pi_R^{s*} > 0$
	$c_9 < c < c_2$	ES5：$\pi_R^{s*} > \pi_R^{n*} > 0$
$\min\{\mu_1, 1\} < \mu \leqslant 1$	$c \leqslant c_3$	ES6：$\pi_R^{s*} > \pi_R^{n*} = 0$
	$c_3 < c < c_2$	ES5：$\pi_R^{s*} > \pi_R^{n*} > 0$

命题 4 - 7 表明，如果新产品的网络外部性相对较弱（$\mu \leqslant \min\{\mu_1, 1\}$），零售商也会受益于制造商在两个渠道的差异化产

品策略。具体而言，当新产品的网络外部性相对较弱（$\mu \leqslant \min$ $\{\mu_1，1\}$）时，如果直销渠道的竞争力较强（$c \leqslant c_9$），制造商在直销渠道中提供新产品而不是零售渠道中销售经典产品对零售商有利（即 ES4 情形）。

命题 4 - 7 同样表明，如果新产品的网络外部性足够强（$\min$ $\{\mu_1，1\} < \mu \leqslant 1$），零售商总是倾向于制造商在直销渠道中提供零售渠道中的经典产品而非全新产品。在这种情况下，如果直销渠道的竞争力较强（$c \leqslant c_3$），制造商使用新产品入侵终端市场使得零售商的利润降为零（即 ES6 情形）；反之，如果直销渠道的竞争力较弱（$c_3 < c < c_2$），制造商使用新产品入侵终端市场时零售商仍然在终端市场保持活跃状态（即 ES5 情形）。

命题 4 - 7 也给出了一个有悖于常识的结论。当新产品的网络外部性相对较弱（$\mu \leqslant \min\{\mu_1，1\}$），而直销渠道效率较低时（$c_9 < c < c_2$）时，零售商更倾向于制造商用竞争力更强的经典产品而不是更弱的新产品进行入侵。这一结果背后的原理可以从图 4 - 5 中直观地看出，其中 $a = 1$、$\beta = 0.55$、$\mu = 0.2$。更具体地说，当 c 下降到 $c_1 = 0.84$ 时，制造商用新产品入侵终端市场的条件已成熟。此时，零售商的利润从黑色水平点划线跳升，并在 c 进一步下降时沿黑色实线下降。当 c 继续下降到 $c_2 = 0.6$ 时，制造商用经典产品入侵终端市场的条件才成熟。同样，零售商的利润从黑色水平点划线跳升，并在 c 进一步下降时沿黑色虚线下降。从图 4 - 5 中可以清楚看出，在 $c_9 < c < c_2$ 时（区域Ⅲ），经典产品入侵下零售商的利润高于新产品入侵下零售商的利润，其中 $c_9 = 0.38$。

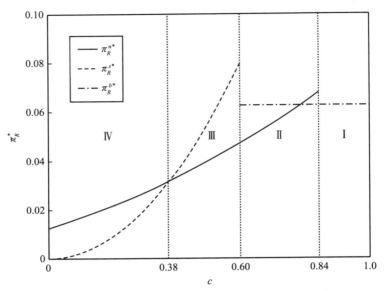

图 4 – 5   两种产品提供策略之间的零售商盈利能力差异

理论上，当制造商入侵不可避免时，如果双方关于制造商在直销渠道中的产品提供策略达成共识，渠道冲突可以得到缓解。因此，接下来，我们结合命题 4 – 6 和命题 4 – 7 中的分析结果来验证这一问题，并得到命题 4 – 8。

命题 4 – 8：当推论 4 – 1 中的入侵条件得到满足时，表 4 – 5 列出了制造商和零售商就入侵策略达成共识的条件。

表 4 – 5   供应链成员就入侵战略达成共识的条件

参数（β，c 和 μ）			使用新产品入侵	使用经典产品入侵
$\beta \leqslant 1/19$	$\mu \leqslant 1$	$c \leqslant c_9$	√	
1/19 < $\beta \leqslant 1$	$\mu \leqslant \min\{\mu_1, 1\}$	$c \leqslant c_9$	√	
	$\mu \leqslant \min\{\mu_2, 1\}$	$c_8 < c < c_2$		√

表4－5列出了制造商和零售商在何种条件下可以就入侵策略达成共识，以实现更和谐的供应链关系。我们发现，与制造商用经典产品入侵终端市场相比，双方更容易就制造商用新产品入侵终端市场达成共识。

要使两个成员就制造商使用新产品入侵终端市场达成共识，必要条件是有足够高效的直销渠道（$c \leqslant c_9$）。接下来我们将研究新产品和经典产品之间差异化水平的影响。如前文所述，β越低，意味着新产品和经典产品的差异化程度越高。当新产品差异化水平相对较高时（$\beta \leqslant 1/19$），无论新产品的网络外部性强还是弱（$\mu \leqslant 1$），双方都能达成共识；当新产品和经典产品的差异化程度相对较低时（$1/19 < \beta \leqslant 1$），只有当新产品的网络外部性相对较弱时（$\mu \leqslant \min\{\mu_1, 1\}$），制造商和零售商才能就入侵策略达成共识。另外，要使两者就使用经典产品入侵达成共识，必须同时满足三个条件：新产品和经典产品的差异化水平较低（$1/19 < \beta \leqslant 1$），新产品的网络外部性相对较弱（$\mu \leqslant \min\{\mu_2, 1\}$），直销渠道的竞争性较弱（$c_8 < c < c_2$）。附录B2中的图B－4将直观地表明，制造商用新产品入侵终端市场成为制造商和零售商共识的条件比制造商用经典产品入侵终端市场成为两者共识的条件更宽松。

由此得出具体管理启示如下：由于条件限制更多（更少），制造商和零售商更难（更容易）就制造商用经典（新）产品入侵终端市场达成共识，其中更详细的图形说明见附录B.2。这一结果与我们观察到的企业实践一致，因为差异化产品策略在线上和线下渠道中都变得越来越普遍。此外，如果双方有兴趣在制造商入侵发生时缓解渠道冲突，命题 4 - 8 中的条件为它们提供了一个合理的方向：如果制造商的直销渠道竞争力较弱，两者最好就制造商用经典产品入侵终端市场达成共识；如果制造商能够建立一个高度竞争性的直销渠道，双方可以合作将新产品和经典产品的差异化水平、新产品的网络外部性强度引导至合理范围，从而就制造商用新产品入侵终端市场达成共识。

4.6　本 章 小 结

4.6.1　结论

随着信息技术和电子商务的迅猛发展，特别是受新冠疫情的影响，制造商越来越倾向于在传统零售渠道之外开辟直销渠道，直接与消费者进行产品交易。在国内外理论研究中，制造商这种策略被形象地称为"制造商入侵"。但是目前，制造商应该用经典产品还是新产品入侵终端市场仍然是一个值得关注但研究不足的问题。为弥补这一空白，我们设计了一个由制造商和零售商构成的二级供应链模型，其中制造商通过零售商分销一款广受欢迎的经典产品。在这一模型中，制造商不仅要决定是否拓展新的直销渠道，还需权衡直销渠道是推出具有网络外部性的创新产品，还是继续销售现有的经典产品。

通过运用博弈论的深度分析，我们研究了在制造商入侵终端市场这一不可逆转的趋势下，制造商与零售商在直销渠道产品策略选择上的偏好差异。我们致力于发现在何种条件下，双方能够就直销渠道的产品策略达成一致，进而有效缓和制造商入侵终端市场所带来的渠道冲突。研究表明，在新产品的入侵下，零售商有可能被完全挤出市场，这在现有文献中是不可能的。在某些条件下，新产品的入侵实际上可以缓解渠道冲突，因为零售商在面对新产品入侵时的处境可能比面对相同产品入侵时更为有利。此外，与直觉相反，制造商并不一定能从更强势的新产品入侵中获益，而零售商也不一定更倾向于制造商采用较弱的新产品入侵。具体而言，我们得到如下研究结论。

首先，如果直销渠道的效率足够高，制造商倾向于利用新产品直接入侵终端市场。此外，与现有文献中的观点形成鲜明对比：在制造商使用经典产品进入终端市场时，零售商永远不会被完全排除在外；然而，本章研究发现，如果新产品的网络外部性非常显著，并且直销渠道具有显著的竞争优势，零售商在制造商以新产品入侵终端市场的情况下，可能会面临被完全挤出终端市场的风险。

其次，与制造商未直接进入终端市场的基准情景相比，我们发现，尽管推出新产品直接进入终端市场总是对制造商有利，但在特定条件下，制造商和零售商仍有可能实现共赢。我们进一步分析指出，由于零售商在供应链中扮演的是次要角色，这种共赢的机会窗口往往非常狭窄。具体来说，只有在两个关键参数，即新产品的网络外部性强度和新直销渠道的竞争力，达到本书中定义的制造商入侵条件的临界点时，这种共赢的局面才可能得以实现。在不同的商业环境背景下，单纯提升新产品的网络外部性强度或增强直销渠道的竞争力，并不总是对制造商有利。

最后，在满足制造商入侵终端市场的条件时，直销渠道中提供新产品或经典产品并没有一个明显占优的策略。当新产品的网络外部性较弱，且直销渠道的效率不高时，与直觉相反，我们的分析发现零售商实际上更偏好制造商使用经典产品而非网络外部性较弱的新产品来入侵终端市场。我们进一步分析并确定了在哪些条件下，制造商和零售商能够就入侵策略达成共识，从而促进供应链关系的和谐发展。我们还发现，在相对较少的限制条件下，双方更容易就新产品的入侵策略达成共识，而不是就经典产品的入侵策略达成共识。

4.6.2　管理启示

（1）对制造商的启示。

相较于采用经典产品入侵终端市场，采用具有网络外部性的新产品入侵终端市场的门槛相对较低。此外，通过推出比零售渠道中经典产品差异化更为显著的新产品，制造商能够进一步降低新产品进入市场的门槛。当市场条件成熟，制造商决定用新产品进行市场渗透时，如果直销渠道极具竞争力，或者虽然竞争力适中但新产品具有强大的网络外部性，制造商应该持续投资以提高新产品的网络外部性。否则，通过提升新产品的网络外部性来推广新产品，可能会损害制造商的利益。与用相同产品入侵相比，如果满足以下三个条件之一，制造商更倾向于选择新产品进行市场入侵：新产品与经典产品的差异化极大、新产品的网络外部性足够强大，或者直销渠道的竞争力非常强劲。如果不满足这些条件中的任何一个，制造商在新建的直销渠道中销售与零售渠道相同的经典产品，将是更为明智的选择。

（2）对零售商的启示。

为了防止被制造商的新产品入侵策略完全挤出市场，零售商应该积极推广经典产品，以间接减弱新产品的网络外部性，或者提高自身的零售效率，以间接增加制造商通过直销渠道销售的成本劣势。与传统观点相反，当制造商的直销渠道竞争力较弱，而新产品的网络外部性不太强时，零售商应该更加倾向于制造商用更强的相同产品入侵，而不是更弱的新产品。

4.6.3　未来展望

本章在对称信息的设定下，通过网络外部性来描述新产品。虽然我们的分析结果揭示了在某些条件下，这种新产品入侵策略可以减少渠道冲突，但是将新产品的网络外部性视为制造商的私有信息，并考虑这种信息不对称的设定如何影响制造商的入侵策略和供应链运作，仍是一个有价值的研究课题。

第 5 章

考虑新品牌具有网络外部性的
零售商入侵策略研究

5.1　问题的提出

零售商入侵，在业界也被称为"零售商品牌入侵"，指的是零售商在分销制造商品牌的同时，也积极推出自有品牌的情形。石和耿（Shi & Geng，2021）的研究指出，近年来，自有品牌在中国零售市场快速增长，特别是在非食品领域，其市场占有率实现了显著的增长。《中国自有品牌发展研究报告（2022—2023）》的数据也表明，与 2020 年相比，2021 年有大约 74% 的自有品牌销售额实现了增长，这证实了自有品牌在吸引消费者和提升销售业绩方面的能力。在中国，为了在激烈的市场竞争中站稳脚跟，提高渠道控制力，并吸引更多消费者，许多大型零售商，包括线上零售平台，开始推出自有品牌（李明珠和叶涛锋，2023）。例如，京东推出的"京东京造"和网易推出的"网易严选"等，这些零售商推出的自有品牌凭借其精准的市场定位和独特的竞争优势，在市场中取得了显著的成就（沈启超，2024）。放眼国际市场，自有品牌在欧洲和北美的受欢迎程度也相当高。2016年的《国际自有品牌年鉴》报告指出，在美国，自有品牌销售数量的市场份额接近25%，而在英国则高达46%。此外，在20个欧洲国家中，有13个国家的自有品牌销售数量实现了增长（PLMA，2016）。这些数据表明，发展自有品牌已经成为零售商在全球范围内吸引消费者、提升市场竞争力并增加利润的重要方式。特别指出，在本书的讨论范围内，自有品牌特指零售商独有的品牌，以确保概念的明确性和讨论的针对性。

　　自有品牌的崛起为零售商带来了机遇，也带来了挑战。零售商需要在保证自有品牌品质和形象的同时，处理好与制造商品牌的关系。首先，零售商通过推出与消费者需求相匹配、品质可靠的自有品牌，能够满足消费者个性化和差异化的追求，从而在激烈的市场竞争中脱颖而出。自有品牌的成功推广，不仅能够增强零售商的市场竞争力，还能够提升消费者的购物体验和满意度。其次，由于自有品牌通常能够减少中间环节和降低采购成本，因此往往能够以更具竞争力的价格进入市场，吸引更多价格敏感型消费者。在经济不景气或消费者预算受限的情况下，性价比较高的自有品牌产品尤其受到消费者的青睐。再次，自有品牌的推出极大地丰富了消费者的选择范围。如果自有品牌在品质、价格或品牌形象等方面展现出优势，消费者可能会更倾向于选择自有品牌，从而影响制造商品牌的市场份额。在当前消费者日益重视性价比和品牌价值的背景下，这一趋势尤为显著。最后，零售商在推广自有品牌时，可能会利用自身的渠道优势和营销资源，对制造商品牌形成一定的压制，进一步削弱制造商品牌的市场地位。这种竞争关系可能会导致制造商和零售商之间的紧张关系，甚至可能引发价格战或市场争夺战。在这样的背景下，零售商在推广自有品牌时，需要确保自有品牌的品质和形象与零售商的整体定位相符，避免与制造商品牌产生直接的竞争冲突。这需要零售商具备敏锐的市场洞察力、灵活的策略调整能力和高效的执行力，在产品开发、品牌建设、渠道管理和营销策略等方面进行精心策划和权衡。

当零售商入侵发生时，零售商往往推出与制造商品牌相似度较高的自有品牌。例如，亚马逊等超级电商平台在推出自有品牌时，有时会从大量的中尾产品中选择性地模仿那些具有相对高需求特征的制造商品牌（Jiang et al.，2011）。这种模仿策略有助于零售商迅速打入市场，利用消费者对制造商品牌的熟悉度和信任感，结合自有品牌的价格优势或独特卖点，吸引消费者购买自有品牌。然而，这种模仿策略也给零售商带来了一定的风险和挑战。首先，如果零售商的自有品牌与制造商品牌过于相似，可能会引起消费者对自有品牌真实性和质量的怀疑，从而损害自有品牌的形象。消费者对零售商的创新能力和产品质量的疑虑，可能会对零售商的品牌形象和长期发展造成不利影响。其次，如果零售商过分依赖模仿现有品牌，可能会削弱其创新能力和市场敏锐度。长期而言，这可能不利于自有品牌竞争力的提升和市场份额的增长（Al-Monawer et al.，2021）。创新是品牌持续发展的关键，缺乏创新能力的零售商可能会在激烈的市场竞争中落后。鉴于这些风险和挑战，越来越多的零售商开始选择推出与制造商品牌具有差异化的全新的自有品牌。通过提供独特的品牌特性、创新设计、卓越服务和有力的价值主张，零售商能够显著地区分自有品牌和制造商品牌，吸引并维系忠实的消费者群体，推动自有品牌的长期稳健发展。

品牌差异化策略强调了自有品牌的独特性和创新性，使得自有品牌能够在产品功能、设计、品质或服务等方面与制造商品牌形成鲜明的对比。这种对比不仅有助于消费者更好地认识和记忆零售商的自有品牌，还能满足消费者对个性化和差异化的需求。此外，差异化的自有品牌还能帮助零售商建立与消费者之间的情感联系。通过深入了解消费者的需求和偏好，零售商可以推出更符合消费者期望的自有品牌，从而增强消费者对自有品牌的认同感和忠诚度。当然，推出差异化的自有品牌并非易事。零售商需要投入大量的研发和设计资源，确保自有品牌的独特性和高品质。同时，还需要进行有效的市场推广和营销活动，让消费者了解和接受全新的自有品牌。这些现实的观察激发我们思考一个值得深思的问题，零售商是否应该推出具有明显差异化的自有品牌，而不是简单模仿具有相对高需求特征的制造商品牌。

在现有的零售商入侵研究中，对于零售商推出全新且与制造商品牌具有明显差异化的自有品牌这一现象，尚缺乏足够的深入探讨。当描述这种新品牌的特征时，引入网络外部性的概念，为我们提供了一个全新的视角，有助于更全面地理解零售商入侵策略（Katz & Shapiro，1985）。网络外部性是新经济时代的一个重要概念，它指的是一个产品的价值不仅取决于其本身的品质，还受到使用该产品的用户数量的影响（Wei et al.，2023）。换句话说，随着使用某一产品或服务的用户数量增加，每个用户从该产品或服务中获得的效用也会相应增加。这种网络外部性效应在信息技术、社交媒体和电商平台等领域尤为显著。随着自有品牌知名度的提升和用户数量的增加，其在电商平台上的搜索排名和曝光率也会相应提高，从而吸引更多的流量和潜在客户。这种网络效应有助于自有品牌在激烈的电商竞争中脱颖而出。引入网络外部性概念来描述零售商推出的全新、差异化的自有品牌，有助于我们更深入地理解自有品牌的市场表现和潜在影响。在本章的研究中，我们将探讨零售商如何利用网络外部性效应来增强自有品牌的竞争力和市场地位，以及如何应对可能带来的挑战和风险。

现有文献尚未充分探讨零售商推出具有网络外部性特征的全新的自有品牌对制造商品牌及其所在供应链的影响，这限制了供应链上下游成员企业对零售商入侵这一挑战的全面理解和有效应对。为填补已有研究的空白，本章刻画自有品牌的网络外部性，深入探索网络外部性对供应链成员决策和利润的影响。为此，我们构建了一个由制造商和零售商组成的二级供应链模型。其中，零售商负责分销制造商品牌，并内生地决定是否推出新的自有品牌。通过分析所构建的博弈模型，本章旨在深入探究以下问题：（1）在何种市场和技术条件下，零售商应当推出具备网络外部性特征的自有品牌？（2）当零售商推出自有品牌时，制造商品牌及其所在供应链会受到哪些影响？（3）制造商品牌应该如何应对零售商入侵？（4）通过比较零售商的入侵策略，制造商和零售商可以获得哪些管理启示？

本章研究的主要贡献可以概括为以下几点：首先，并非自有品牌的网络外部性越强，零售商推出自有品牌的积极性就会越高。相反，只有当自有品牌的网络外部性强度低于一定水平时，零售商才会推出自有品牌。该结论虽然与直觉相悖，但是可以被很好地解释。具体而言，如果自有品牌的网络外部性太强，零售商推出自有品牌将直接导致制造商品牌退出市场。此时，虽然零售商获得了自有品牌的利润，但无法弥补制造商品牌退出市场给自己造成的损失。而当自有品牌的网络外部性强度低于一定水平时，零售商推出自有品牌则不会导致其利润减少。具体来说，即使制造商品牌退出市场，零售商销售自有品牌所产生的利润也足以弥补因不再分销制造商品牌而造成的利润损失。其次，在特定条件下，零售商推出自有品牌可能导致制造商品牌退出市场。这一结论凸显了零售商入侵对制造商品牌构成的潜在威胁，并提示制造商在面对零售商入侵时需采取积极策略来巩固自身的市场地位。最后，数值分析显示，零售商降低自有品牌的网络外部性或提高自有品牌与制造商品牌之间的差异性，不仅使零售商更容易推出自有品牌，也使制造商更难以退出市场，从而更好地维护市场竞争格局。

5.2　模型构建

5.2.1　符号定义和模型假设

本章将构建一个包含制造商和零售商的二级供应链模型。在这个模型中，双方均为风险中立，即在决策时追求自身利润最大化。零售商既分销制造商品牌，也内生地决定是否推出自有品牌。其中，零售商在分销制造商品牌的同时推出自有品牌的行为，被定义为零售商入侵。

在现实中，零售商推出自有品牌已成为一种常见的战略选择，这一策略有助于零售商实现差异化竞争、提升品牌形象、增强议价能力，并提高盈利能力。例如，沃尔玛作为全球超市巨头，分销联合利华和宝洁等世界知名的制造商品牌，同时也大力推广和销售其自有品牌。联合利华和宝洁作为全球知名的消费品制造商，凭借卓越的品牌知名度、可靠的产品品质以及庞大的消费者群体，为沃尔玛带来稳定的销售收入。尽管如此，沃尔玛也在利用自身强大的销售网络和营销能力，不断开发和推广自有品牌。目前，沃尔玛的自有品牌已经覆盖食品、家居用品、服装等多个品类，以良好的品质和合理的价格赢得了消费者的广泛认可（Zhang et al., 2021c）。类似地，丝芙兰和屈臣氏等零售商也在化妆品和个人护理市场推出了约330个自有品牌，成功吸引了大量消费者，并提升了公司在终端市场的竞争力（Jin et al., 2017）。

下面为本章主要的模型假设。

网络外部性。当新品牌被推出时，其往往表现出网络外部性，即该新品牌对用户的价值随着购买它的消费者数量的增加而不断增加。因此，当新品牌被推出时，如果它表现出较高的网络外部性，那么更大的预期市场规模能够提高消费者的支付意愿（Liu et al., 2021）。例如，亚马逊作为全球最大的在线零售商之一，近年来积极推出自有品牌。在其自有品牌销售策略中，网络外部性发挥了重要作用。以电子产品为例，消费者购买亚马逊自有品牌的电子产品时，他们可以享受到与其他亚马逊产品和服务的无缝对接，享受流畅便捷的购物和使用体验。亚马逊的电商平台提供了丰富的用户评价、产品推荐以及售后服务，这些服务不仅提升了消费者的购物体验，还进一步增强了消费者对亚马逊自有品牌的信任度和忠诚度（Wang & Li，2021）。

与现有文献一致，我们采用参数 μ 来描述自有品牌的网络外部性强度，同时将制造商品牌的网络外部性强度标准化为 0。通常，随着品牌逐渐成熟，其网络外部性往往会减弱。在品牌发展初期（例如本章的自有品牌），用户数量相对较少，但每个新用户的加入都能显著增强整个网络的价值，从而吸引更多用户加入，形成正反馈循环。然而，随着品牌逐渐成熟（例如本章的制造商品牌），用户基数已经相当庞大，新增用户对整个网络价值的提升作用就变得相对有限。以移动通信市场为例，在初期阶段，随着用户数量的增加，每个人都可以通过更多的通话和互动来体验网络的价值，这种价值的增加又吸引了更多的用户加入。但是，当移动通信网络达到一定的覆盖率和用户规模后，新增用户对整个网络的影响就变得不那么显著，因为基本的通信需求已经得到了满足。此外，随着品牌逐渐成熟，市场竞争也可能加剧，新的品牌可能出现，这进一步削弱了原有品牌的网络外部性。用户可能会转向其他更具吸引力的新品牌，导致原有品牌的用户增长放缓甚至下降。

为了表述清晰，在本章中，上标 b、n 分别表示零售商不推出自有品牌的基准情形和推出自有品牌的比较情形。下标 M 和 R 分别表示制造商和零售商。表 5 – 1 定义了决策变量和模型参数。

表 5 – 1　　　　　　　　决策变量和模型参数的定义

决策变量和模型参数		定义
决策变量	w	制造商品牌的批发价格
	$q_M^i(i=b,\,n)$	制造商品牌的销售数量
	q_R^n	自有品牌的销售数量
模型参数	q_R^e	自有品牌的预期销售数量
	a	制造商品牌的市场保留价格
	β	制造商品牌与自有品牌的差异化水平
	μ	自有品牌的网络外部性强度

5.2.2　模型设置

　　针对零售商推出自有品牌的情形，本节将构建一个两阶段竞合博弈模型，分析制造商品牌和自有品牌之间销售数量竞争。为保持叙述的清晰与简洁，并便于后续的比较研究，附录 C.1 将概述零售商没有推出自有品牌的基准情形，而附录 C.2 将概述自有品牌与制造商品牌可以完全替代的情形。根据奇里科和斯克里米托雷（Chirco & Scrimitore，2013）以及弋和杨（Yi & Yang，2017）的假设，当零售商同时销售制造商品牌和自有品牌时，两个品牌的逆需求函数如下：

$$p_M^n = a - q_M^n - \beta q_R^n,\quad p_R^n = a + \mu q_R^e - q_R^n - \beta q_M^n \qquad (5-1)$$

　　其中，a 为正，表示制造商品牌的市场保留价格（Gurnani

et al., 2007), μq_R^e 描述网络外部性对自有品牌零售价格的影响, q_R^e 是自有品牌的预期销售数量。根据卡茨和夏皮罗 (Katz & Shapiro, 1985)、古尔纳尼等 (Gurnani et al., 2007) 以及奇里科和斯克里米托雷 (Chirco & Scrimitore, 2013) 的分析, 消费某一产品的用户数量增加将直接导致商品价值的提升, 因此网络外部性能够提高消费者的支付意愿。我们假定 $\mu \in [0, 1]$, 这可以保证网络外部性对价格的影响弱于实际销售数量的影响。在本章中, μ 也可以解释为消费者对自有品牌的接受程度。q_M^n 和 q_R^n 分别是制造商品牌和自有品牌的销售数量, $\beta \in (0, 1]$ 表示制造商品牌和自有品牌的差异化水平, 也可以刻画品牌竞争强度。β 越小, 则制造商品牌和自有品牌的差异化水平越高, 品牌竞争强度越低。

因此, 零售商推出自有品牌时, 两个供应链成员的利润函数如下:

$$\pi_M^n = w^n q_M^n, \quad \pi_R^n = (p_M^n - w^n) q_M^n + p_R^n q_R^n \qquad (5-2)$$

在本节中, 供应链上下游成员企业的决策顺序如下。首先, 制造商作为斯塔克尔伯格博弈领导者, 决策批发价格 w^n。然后, 零售商作为斯塔克尔伯格博弈跟随者, 同时决策制造商品牌的销售数量 q_M^n 和自有品牌的销售数量 q_R^n。这种决策顺序在零售商入侵文献中也被广泛使用。

本节提出的模型有一个特殊情形: 当 $\beta = 1$ 且 $\mu = 0$ 时, 自有品牌和制造商品牌可以完全替代。在这种情况下, 如附录 C.2 所示, 自有品牌的需求函数简化后与制造商品牌的需求函数相同。因此, 本章提出的模型为零售商入侵制造商品牌所在终端市场提供了更为普遍适用的框架。

5.3 均 衡 分 析

根据决策顺序，我们采用反向归纳和一阶求导来获得子博弈完美均衡结果。根据卡茨和夏皮罗（Katz & Shapiro，1985）以及弋和杨（Yi & Yang，2017）对满足期望均衡的条件分析，预期的新品牌的销售数量与目标市场均衡值相同，即 $q_R^{n^*} = q_R^{e^*}$。

5.3.1 零售商入侵的条件

当零售商决定是否推出自有品牌时，必须权衡各种相互关联的因素。一方面，零售商推出自有品牌，能够增强自己在分销制造商品牌过程中的议价能力，进而争取到更低的批发价格（Aila-wadi & Harlam，2004）。另一方面，零售商推出自有品牌，将会对制造商品牌产生一定的冲击，导致制造商品牌销售数量减少。因此，零售商决定是否推出自有品牌时，必须全面评估自有品牌的潜在利润和分销制造商品牌利润下降的风险（Li et al.，2022）。基于这些分析，我们在命题 5 - 1 中分析零售商推出自有品牌的条件。为简洁起见，本章所有的证明过程如附录 D 所示。

命题 5 - 1：当 $\mu < \min\{\mu_1, 1\}$ 时，零售商推出自有品牌，即 $q_R^{n^*} > 0$；当 $\mu_1 \leq \mu < 1$ 时，零售商不会推出自有品牌，即 $q_R^{n^*} = 0$；其中，$\mu_1 = \dfrac{4(1 - \beta^2)}{2 - \beta^2}$。

直觉上，人们可能会认为，如果自有品牌的网络外部性非常强（即自有品牌的市场接受度很高），零售商就会推出自有品牌，即零售商入侵就会发生。然而，命题5-1提出了一个与这种直觉相悖的观点，即实际情况可能并不总是如此。具体而言，如命题5-1所示，当自有品牌的网络外部性相对较弱时，制造商遭遇零售商入侵；而当自有品牌的网络外部性过于强大时，零售商入侵却可能不会发生。

为了更好地解释命题5-1，我们进一步细化分析制造商品牌和自有品牌的差异化水平 β，得到推论5-1。

推论 5-1：当 $\beta < \beta_1$ 时，$\min\{\mu_1, 1\} = 1$；当 $\beta \geq \beta_1$ 时，$\min\{\mu_1, 1\} = \mu_1$；其中 $\beta_1 = \dfrac{\sqrt{6}}{3}$。

如推论5-1所示，当制造商品牌和自有品牌的差异化水平较高（即 $\beta < \beta_1$），或者制造商品牌和自有品牌的差异化水平下降到较低水平（即 $\beta \geq \beta_1$）而自有品牌的网络外部性较弱（即 $0 < \mu \leq \mu_1$）时，零售商会推出自有品牌。但是，当制造商品牌和自有品牌的差异化水平较低（即 $\beta \geq \beta_1$）时，如果自有品牌的网络外部性非常强（即 $\mu_1 \leq \mu < 1$），零售商入侵则不会发生。值得注意的是，当制造商品牌和自有品牌的差异化水平较高（即 $\beta < \beta_1$）时，不论自有品牌的网络外部性 μ 如何取值，零售商都会推出自有品牌。为了更清晰地理解命题5-1及其推论5-1，图5-1提供了一个直观的视觉辅助，有助于我们深入理解相关结论。

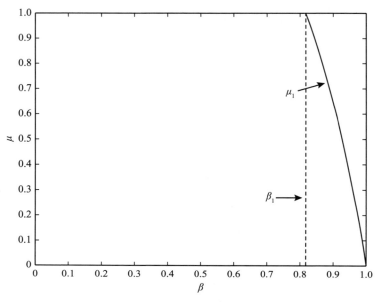

图 5 - 1　零售商推出自有品牌的条件

5.3.2　零售商入侵的影响

由于零售商推出自有品牌，制造商品牌失去所在市场中的垄断地位。因此，我们将在本节中深入探讨零售商入侵的影响。首先，命题 5 - 2 将分析零售商入侵对制造商品牌销售数量的影响。

命题 5 - 2：当零售商推出自有品牌时，给定网络外部性强度 μ 和品牌差异化水平 β 的不同组合，表 5 - 2 分析了制造商品牌销售数量的变化。

表 5 – 2　　　　　零售商入侵时制造商品牌销售数量的变化

参数 （β）	q_M^{n*}　VS　q_M^{b*}
$\mu \leqslant \min\{\mu_2,\ 1\}$	情形 1：$q_M^{b*} > q_M^{n*} > 0$
$\mu_2 < \mu \leqslant \min\{\mu_1,\ 1\}$	情形 2：$q_M^{b*} > q_M^{n*} = 0$

注：$\mu_2 = 2\ (1 - \beta)$。

如命题 5 – 2 所示，当零售商推出自有品牌时，制造商品牌销售数量的变化可以分为两种情形：情形 1 表示制造商品牌的销售数量减少，但制造商品牌不会退出市场。情形 2 表示制造商品牌销售数量减为 0，即制造商品牌退出市场。

具体而言，当自有品牌的网络外部性强度较弱，即 $0 < \mu \leqslant \min\{\mu_2,\ 1\}$ 时，零售商推出自有品牌，并与制造商争夺消费者。此时，尽管制造商品牌销售数量减少，但仍然在所处市场中占有一定的市场份额。但是，随着自有品牌网络外部性强度增强并超过阈值 μ_2，所有消费者被自有品牌吸引，导致制造商品牌退出市场。值得注意的是，现有文献在研究零售商入侵时，并没有考虑自有品牌作为新品牌的网络外部性，因此不存在制造商品牌因为零售商推出自有品牌而退出市场的结论。

参考推论 5 – 1 的做法，为了更好地解释命题 5 – 2，我们进一步细化制造商品牌和自有品牌的差异化水平 β，得到推论 5 – 2。

推论 5 – 2：当 $\beta < \beta_2$ 时，$\min\{\mu_2,\ 1\} = 1$；当 $\beta \geqslant \beta_2$ 时，$\min\{\mu_2,\ 1\} = \mu_2$；其中 $\beta_2 = \dfrac{1}{2}$。

由推论 5 – 2 可知，当制造商品牌和自有品牌的差异化水平较高（即 $\beta < \beta_2$），或者制造商品牌和自有品牌的差异化水平下降到较低水平（即 $\beta \geqslant \beta_2$）但自有品牌的网络外部性较弱（即 $0 < \mu \leqslant \mu_2$）时，制造商品牌都不会因为零售商推出自有品牌而退出市场。但是，当制造商品牌和自有品牌的差异化水平较低（即 $\beta \geqslant \beta_2$）且自有品牌的网络外部性提升到比较高的强度（即 $\mu_2 < \mu \leqslant \min\{\mu_1, 1\}$）时，零售商入侵会导致制造商品牌因销量下降至零而被迫退出市场。值得注意的是，当制造商品牌和自有品牌的差异化水平较高，即 $\beta < \beta_2$ 时，不论自有品牌的网络外部性 μ 如何取值，制造商品牌都不会退出市场。此外，在理解命题 5 – 2 及其推论 5 – 2 时，图 5 – 2 作为一个视觉辅助工具，可以帮助我们更具体地把握这些理论的实质，从而加深对这些结论的理解。

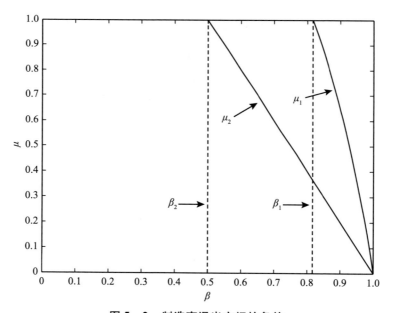

图 5 – 2　制造商退出市场的条件

当零售商推出自有品牌时，不仅制造商品牌的销售数量会发生变化，其价格也会受到影响。因此，在命题 5 - 2 的基础上，我们将进一步考察零售商入侵对制造商品牌价格的影响。具体而言，当零售商推出自有品牌时，命题 5 - 3 将分析制造商品牌批发价格和零售价格的变化。

命题 5 - 3：当零售商推出自有品牌时，如果制造商没有退出市场，制造商品牌批发价格和零售价格均下降，即 $w_n^*|_{q_M^{n^*}>0} < w_b^*|_{q_M^{n^*}>0}$ 且 $p_m^{n^*}|_{q_M^{n^*}>0} < p_m^{b^*}|_{q_M^{n^*}>0}$。

零售商推出自有品牌对制造商品牌造成多维度的冲击，这一点在命题 5 - 2 和命题 5 - 3 中得到了明确的体现。特别是在命题 5 - 3 中，这种冲击主要体现在批发和零售价格的降低上。具体来说，通过推出自有品牌，零售商得以以更低的成本直接向消费者供应商品，进而在价格竞争中对制造商施加压力。

命题 5 - 4：当零售商推出自有品牌时，能够显著提升其自身的利润，即 $\min(\pi_R^{n^*}|_{q_M^{n^*}>0}, \pi_R^{n^*}|_{q_M^{n^*}=0}) > \pi_R^{b^*}$。

根据命题 5 - 2，当推出自有品牌的条件得到满足，即自有品牌销量大于 0 时，市场可能出现两种情形：一是制造商品牌与自有品牌共存，二是制造商品牌退出市场。命题 5 - 4 进一步指出，无论出现哪种情形，只要推出自有品牌的条件得到满足，零售商推出自有品牌都能增加自身的利润。具体而言，在零售商尚未推出自有品牌的情况下，他们主要通过分销制造商品牌来赚取批发价格和零售价格之间的差价。然而，一旦零售商推出自有品牌，他们将面临两种选择：要么在终端市场获得更高的垄断利润，要么通过平衡制造商品牌和自有品牌所带来的利润来取得竞争优势。无论选择哪种策略，零售商都能实现比不入侵市场时更高的盈利目标。

命题 5 - 5：当零售商推出自有品牌时，制造商的利益总是受到损失，即 $\max(\pi_M^{n^*}\big|_{q_M^{n^*}>0},\ \pi_M^{n^*}\big|_{q_M^{n^*}=0}) < \pi_M^{b^*}$。

如命题 5 - 5 所示，一旦零售商成功推出自有品牌，无论制造商品牌能否与零售商品牌共存，制造商的利润都会遭受损失。因此，综合命题 5 - 3 和命题 5 - 4 的结果可知，零售商入侵总是导致零售商单盈的结果。不仅如此，零售商推出自有品牌并成功入侵市场，不仅改变了市场结构，还可能导致制造商和零售商之间的利益重新分配。这种零售商单赢的局面对整个供应链的稳定性和可持续性提出了挑战，需要制造商和零售商共同努力，寻找互利共赢的合作模式，以实现长期的共同发展。

5.4　数　值　分　析

在一定的市场环境下，即自有品牌的网络外部性强度以及与制造商品牌的差异性都必须达到特定的门槛，零售商才会推出自有品牌。因此，能否降低零售商推出自有品牌的门槛成为本节的主要研究问题之一。具体而言，本节将回答如下问题：强化自有品牌的网络外部性刻画更具竞争力的自有品牌（即更大的 μ），或者提高自有品牌与制造商品牌之间的差异性（即更小的 β），能否帮助零售商降低推出自有品牌的门槛。此外，零售商推出自有品牌，势必冲击制造商品牌的销量，自有品牌和制造商品牌能否在终端市场共存，也是本节关注的另外一个研究问题。

5.4.1　给定自有品牌与制造商品牌之间差异性水平的情形

数值分析 5－1：如图 5－3 所示，在给定自有品牌与制造商品牌之间差异性水平较低，即 $\beta = 0.9$ 的情况下，自有品牌的网络外部性强度 μ 将决定零售商推出自有品牌的门槛，并同时影响制造商品牌在市场中的生存空间。

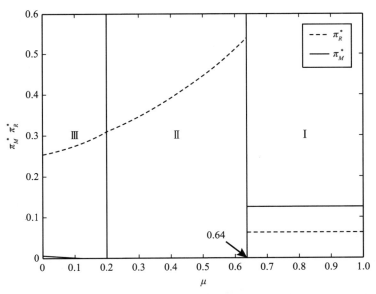

图 5－3　网络外部性强度影响下零售商推出自有品牌的门槛（$\beta = 0.9$）

在给定自有品牌与制造商品牌之间差异性水平较低，即 $\beta =$ 0.9 的情况下，利用矩阵实验室（MATLAB）软件，以自有品牌

的网络外部性强度 μ 为横轴，可以绘制出图 5 - 3。其中，$\beta = 0.9$ 满足推论 5 - 1 中 $\beta \geqslant \beta_1$ 的条件。根据自有品牌的网络外部性强度 μ 的取值不同，图 5 - 3 被划分为区域 I、区域 II 以及区域 III。在图 5 - 3 中，区域 I 代表自有品牌的网络外部性强度 μ 非常高，即 $\mu \geqslant 0.64$ 的情形。在该区域，零售商不推出自有品牌，仅分销制造商品牌。区域 II 代表自有品牌的网络外部性强度 μ 适中，即 $0.2 \leqslant \mu < 0.64$ 的情形。在该区域，零售商推出自有品牌，而且制造商品牌退出市场。区域 III 代表自有品牌的网络外部性强度 μ 较弱，即 $0 < \mu < 0.2$ 的情形。在该区域，零售商推出自有品牌，而且制造商品牌和自有品牌共存。

值得注意的是，在区域 I 中，自有品牌的网络外部性强度非常高，但零售商却不宜推出自有品牌。这一结论虽然与直觉相悖，但可以给出合理的解释。这是因为，在自有品牌与制造商品牌之间差异性水平非常低的情况下，虽然推出自有品牌可以为零售商带来额外的收入，但同时分销制造商品牌获得的利润会大幅下降，且新增的收入无法弥补分销制造商品牌的利润损失。因此，在权衡得失之后，零售商应该放弃推出自有品牌。

最后，图 5 - 3 表明，在区域 II 和区域 III 中，随着自有品牌的网络外部性强度的提高，制造商的利润（黑色实线）不断减少直至为 0，而零售商的利润（黑色虚线）则不断提高。相比之下，在区域 I，制造商和零售商的利润，即黑色实线和黑色虚线，均为水平线。因此，只要零售商能够顺利地推出自有品牌，它就应该努力（例如通过扩大宣传）提高自有品牌的网络外部性。

数值分析 5 - 2：如图 5 - 4 所示，在给定自有品牌与制造品牌之间差异性水平分别为 $\beta = 0.85$ 和 $\beta = 0.9$ 的情况下，零售商推出自有品牌的门槛存在差异，同时制造商品牌在市场中的生存空间也发生变化。

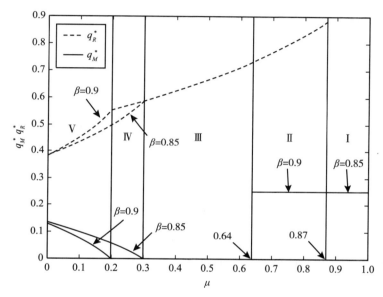

图 5 - 4　网络外部性强度影响下零售商推出自有品牌

门槛的差异（$\beta = 0.85$ 和 $\beta = 0.9$）

在给定自有品牌与制造商品牌之间差异性水平分别为 $\beta = 0.85$ 和 $\beta = 0.9$ 的情况下，利用 MATLAB 软件，以自有品牌的网络外部性强度 μ 为横轴，可以绘制出图 5 - 4。其中，$\beta = 0.85$ 和 $\beta = 0.9$ 都满足推论 5 - 1 中 $\beta \geqslant \beta_1$ 的条件。根据自有品牌的网络外部性强度 μ 和品牌之间差异性水平 β 的取值不同，图 5 - 4 被划分为区域 I、区域 II、区域 III、区域 IV 以及区域 V。

当 $\beta = 0.85$ 时，区域 I 代表自有品牌的网络外部性强度 μ 非常高，即 $\mu \geqslant 0.87$ 的情形。在该区域，零售商不推出自有品牌，仅分销制造商品牌。区域 II 和区域 III 代表自有品牌的网络外部性强度 μ 适中，即 $0.3 \leqslant \mu < 0.87$ 的情形。在该区域，零售商推出自有品牌，而且制造商品牌退出市场。区域 IV 和区域 V 代表自有品牌的网络外部性强度 μ 较弱，即 $0 < \mu < 0.3$ 的情形。在该区域，零售商推出自有品牌，而且制造商品牌和自有品牌共存。同理，当 $\beta = 0.9$ 时，在区域 I 和区域 II 中，即 $\mu \geqslant 0.64$ 的情形，零售商不推出自有品牌，仅分销制造商品牌。在区域 III 和区域 IV 中，即 $0.2 \leqslant \mu < 0.64$ 的情形，零售商推出自有品牌，而且制造商品牌退出市场。在区域 V 中，即 $0 < \mu < 0.2$ 的情形，零售商推出自有品牌，而且制造商品牌和自有品牌共存。

值得注意的是，在区域 II 中，零售商在 $\beta = 0.85$ 时推出自有品牌，而在 $\beta = 0.9$ 时不推出自有品牌。因此，如果零售商能够提高自有品牌与制造商品牌之间差异性水平（即减小 β），其推出自有品牌的门槛将显著降低。同样，在区域 IV 中，制造商品牌在 $\beta = 0.85$ 时不退出市场，而在 $\beta = 0.9$ 时退出市场。因此，如果零售商能够提高自有品牌与制造商品牌之间差异性水平，制造商品牌退出市场的条件将更加严苛。综上所述，提高自有品牌与制造商品牌之间差异性水平，不仅能使得零售商推出自有品牌更容易，也更能维护市场竞争。

此外，如图 5 - 5 所示，当自有品牌与制造商品牌之间差异性水平进一步提升到 $\beta = 0.7$ 时，给定自有品牌的网络外部性强度 μ 任意取值，推出自有品牌都是零售商的唯一选择，且零售商和制造商的博弈只可能出现两种情形之一。在区域 I 中，即 $\mu \geqslant$ 0.6 的情形，制造商品牌退出市场。而在区域 II 中，即 $0 < \mu < 0.6$ 的情形，制造商品牌不退出市场。不仅如此，当自有品牌与制造商品牌之间差异性水平进一步提升到非常高的水平，即 $\beta = 0.1$ 时，容易证明，给定自有品牌的网络外部性强度 μ 任意取值，制造商品牌和自有品牌将只能共存。

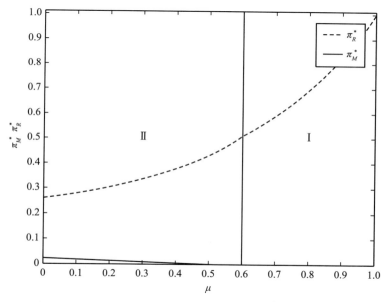

图 5-5 网络外部性强度影响下制造商品牌退出市场的条件（$\beta = 0.7$）

5.4.2 给定自有品牌的网络外部性强度情形

数值分析 5-3：如图 5-6 所示，在给定自有品牌的网络外部性强度 $\mu = 0.8$ 的情况下，自有品牌与制造商品牌之间差异性水平 β 将决定零售商推出自有品牌的门槛，并同时影响制造商品牌在市场中的生存空间。

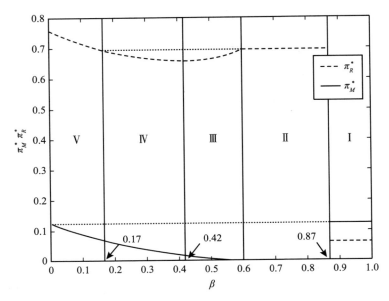

图 5 - 6　品牌之间差异性水平影响下零售商推出自有品牌的门槛（$\mu = 0.8$）

在给定自有品牌的网络外部性强度 $\mu = 0.8$ 的情况下，利用 MATLAB 软件，以自有品牌与制造商品牌之间差异性水平 β 为横轴，可以绘制出图 5 - 6。根据自有品牌与制造商品牌之间差异性水平 β 的取值不同，图 5 - 6 被划分为区域 I 、区域 II 、区域 III 、区域 IV 以及区域 V 。在图 5 - 6 中，区域 I 代表自有品牌与制造商品牌之间差异性水平 β 较低，即 $\beta \geqslant 0.87$ 的情形。在该区域，零售商不推出自有品牌，仅分销制造商品牌。区域 II 代表自有品牌与制造商品牌之间差异性水平 β 适中，即 $0.6 \leqslant \beta < 0.87$ 的情形。在该区域，零售商推出自有品牌，而且制造商品牌退出市

场。区域Ⅲ、区域Ⅳ以及区域Ⅴ代表自有品牌与制造商品牌之间差异性水平 β 较高，即 $0 < \beta < 0.6$ 的情形。在该区域，零售商推出自有品牌，而且制造商品牌和自有品牌共存。

此外，图5-6表明，在区域Ⅰ和区域Ⅱ，制造商和零售商的利润，即黑色实线和黑色虚线，均为水平线。其中，在区域Ⅱ，制造商的利润为0。但是，在区域Ⅲ、区域Ⅳ以及区域Ⅴ中，随着自有品牌与制造商品牌之间差异性水平 β 的提高，制造商的利润（黑色实线）不断增大，而零售商的利润（黑色虚线）则先减小再增大。因此，对于制造商而言，其应该竭尽全力提升其品牌与自有品牌之间的差异化，以凸显品牌的特点和优势。然而对于零售商而言，在其顺利地推出自有品牌的情况下，如果零售商提高自有品牌和制造商品牌之间差异性水平的能力有限，即 β 只能减小到区域Ⅲ（ $0.42 \leqslant \beta < 0.6$ ）或者区域Ⅳ（ $0.17 \leqslant \beta < 0.42$ ）中，则零售商不应该持续投入以提高自有品牌和制造商品牌之间差异性水平 β。但是，如果零售商提高自有品牌和制造商品牌之间差异性水平的能力特别强，即 β 可以一直减小到区域Ⅴ（ $0 < \beta < 0.17$ ）中，则零售商应该持续投入以提高自有品牌和制造商品牌之间差异性水平 β。

最后，对于制造商，其在区域Ⅰ中获得的利润总是高于区域Ⅱ、区域Ⅲ、区域Ⅳ以及区域Ⅴ中获得的利润。因此，在供应链管理实践中，上游的制造商为了维护自身的市场地位和利润空间，会采取策略来限制或阻止下游的零售商推出自有品牌。

数值分析5-4：如图5-7所示，在给定自有品牌的网络外部性强度分别为 $\mu = 0.6$ 和 $\mu = 0.8$ 的情况下，零售商推出自有品牌的门槛存在差异，同时制造商品牌在市场中的生存空间也发生变化。

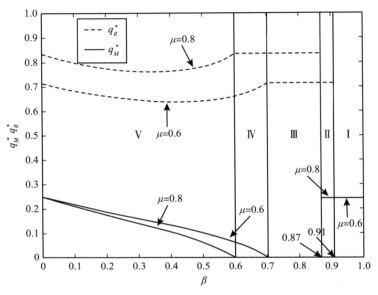

图 5 - 7　品牌之间差异性水平影响下零售商推出自有品牌

门槛的差异（$\mu = 0.6$ 和 $\mu = 0.8$）

在给定自有品牌的网络外部性强度分别为 $\mu = 0.6$ 和 $\mu = 0.8$ 的情况下，利用 MATLAB 软件，以自有品牌与制造商品牌之间差异性水平 β 为横轴，可以绘制出图 5 - 7。根据自有品牌的网络外部性强度 μ 和品牌之间差异性水平 β 的取值不同，图 5 - 7 被划分为区域 Ⅰ、区域 Ⅱ、区域 Ⅲ、区域 Ⅳ 以及区域 Ⅴ。

当 $\mu = 0.6$ 时，区域 Ⅰ 代表自有品牌与制造商品牌之间差异性水平 β 非常低，即 $\beta \geqslant 0.91$ 的情形。在该区域，零售商不推出自有品牌，仅分销制造商品牌。区域 Ⅱ 和区域 Ⅲ 代表自有品牌与制造商品牌之间差异性水平 β 适中，即 $0.7 \leqslant \beta < 0.91$ 的情形。

在该区域，零售商推出自有品牌，而且制造商品牌退出市场。区域Ⅳ和区域Ⅴ代表自有品牌与制造商品牌之间差异性水平 β 非常高，即 $0<\beta<0.7$ 的情形。在该区域，零售商推出自有品牌，而且制造商品牌和自有品牌共存。同理，当 $\mu=0.8$ 时，在区域Ⅰ和区域Ⅱ中，即 $\beta\geqslant0.87$ 的情形，零售商不推出自有品牌，仅分销制造商品牌。在区域Ⅲ和区域Ⅳ中，即 $0.6\leqslant\beta<0.87$ 的情形，零售商推出自有品牌，而且制造商品牌退出市场。在区域Ⅴ中，即 $0<\mu<0.6$ 的情形，零售商推出自有品牌，而且制造商品牌和自有品牌共存。

值得注意的是，在区域Ⅱ中，零售商在 $\mu=0.6$ 时推出自有品牌，而在 $\mu=0.8$ 时不推出自有品牌。因此，如果降低自有品牌的网络外部性强度 μ，零售商推出自有品牌的门槛将降低。同样，在区域Ⅳ中，制造商品牌在 $\mu=0.6$ 时不退出市场，而在 $\mu=0.8$ 时退出市场。因此，如果降低自有品牌的网络外部性强度 μ，制造商品牌退出市场的条件将更严苛。综上所述，降低自有品牌的网络外部性强度 μ，不仅能使得零售商推出自有品牌更容易，也能更好地维护市场竞争。

5.5　本 章 小 结

5.5.1　结论

为了应对激烈的市场竞争，提升渠道控制力，并吸引更多消费者，零售商推出自有品牌的现象日益普遍。然而，零售商在推出自有品牌时，是否应保持与制造商品牌的显著差异性，仍是一个值得关注但研究不足的问题。为填补这一研究空白，本章构建了一个包含制造商和零售商的二级供应链模型，其中零售商负责分销制造商品牌，并自主决定是否推出新的自有品牌。

通过运用博弈论进行深度分析，我们分析了零售商入侵的条件，探讨了自有品牌网络外部性以及自有品牌和制造商品牌之间差异性的变化对自身和制造商利润的影响。研究表明，当自有品牌的网络外部性过强时，零售商倾向于不推出自有品牌，这与普遍直觉相悖。具体而言，当自有品牌的网络外部性过强时，如果自有品牌和制造商品牌之间差异性非常小，零售商入侵就不会发生。当零售商入侵条件达到，即自有品牌实现了销量上的正值时，推出自有品牌能显著提升零售商的盈利能力。值得注意的是，零售商推出自有品牌可能导致制造商退出市场，这一结果在先前的研究中未被预测。具体而言，我们得到如下研究结论。

首先，当自有品牌的网络外部性较弱时，制造商会面临零售商入侵。相反，如果自有品牌的网络外部性过于强大，零售商的入侵可能不会发生。具体而言，适度的网络外部性能吸引消费者购买自有品牌，同时避免了引发制造商品牌过于激烈的市场反应。但是，对零售商而言，当自有品牌的网络外部性过于强大时，新增的自有品牌利润并不足以补偿因推出自有品牌而损失的制造商品牌分销利润。

其次，当自有品牌的网络外部性强度较弱时，零售商推出自有品牌，并与制造商争夺消费者。在这种情况下，尽管制造商品牌的销售量可能会有所下降，但它们仍能与自有品牌在市场上共存。然而，当自有品牌的网络外部性强度较高时，消费者会被自有品牌所吸引，这可能导致制造商品牌完全退出市场。

再次，只要自有品牌能够实现盈利，推出自有品牌总是符合零售商的利益。这是因为在零售商入侵市场后，他们将面临两种选择：要么在终端市场获得更高的垄断利润，要么通过平衡制造商品牌和自有品牌所带来的利润来取得竞争优势。无论选择哪种策略，零售商都能实现比不入侵市场时更高的盈利目标。

最后，通过降低自有品牌的网络外部性强度或者提高自有品牌与制造商品牌之间差异性水平，零售商可以降低推出自有品牌的门槛，同时使得制造商品牌退出市场的条件更加严格，从而更好地维护市场竞争。

5.5.2　管理启示

（1）对零售商的启示。

为了实现更高的利润目标，零售商就应该积极推出自有品牌。但是，为了降低推出自有品牌的门槛，自有品牌的网络外部性不宜过强。因此，在分销制造商品牌的同时，零售商如果想要顺利推出自有品牌，应该适度控制自有品牌的营销力度。然而，在确保自有品牌能够顺利推出的基础上，零售商仍需努力提升自有品牌的网络外部性，以在激烈的品牌竞争中获得优势。例如，通过适度扩大宣传，零售商可以增强自有品牌的影响力和吸引力。

此外，在零售商推出自有品牌的情况下，零售商提高自有品牌和制造商品牌之间差异化水平并不总是对自身利润有利。具体而言，在自有品牌与制造商品牌之间竞争非常激烈的情况下，零售商应致力于减小制造商品牌与自有品牌之间的差异，积极借鉴并模仿成熟的制造商品牌，以提供更加贴近消费者需求、更具有竞争力的产品。相反，在品牌竞争较弱时，零售商则应该提高自有品牌和制造商品牌之间差异化水平，通过强调自有品牌的独特性和创新性，来凸显其与众不同的价值，从而吸引更多消费者的目光。这样的策略有助于零售商在市场中建立独特的品牌形象，提升消费者对自有品牌的认知和忠诚度。

（2）对制造商的启示。

当零售商推出自有品牌时，制造商品牌无疑将面临巨大的市场冲击，甚至有可能被迫退出市场。这是因为零售商的自有品牌往往具有价格优势和渠道便利性，能够迅速吸引消费者，从而减少制造商品牌的市场份额。面对这一挑战，制造商需要采取积极措施以保护和提升自身的市场地位。其中，加大研发投入，提升自有品牌与制造商品牌之间的差异化水平，是制造商应对竞争的关键策略。通过持续的技术创新和产品升级，制造商可以开发出具有独特的功能和特性的产品，为消费者提供更多的价值，从而增强品牌的吸引力和忠诚度。同时，制造商还应注重品牌建设和市场定位，通过精准营销和有效的沟通策略，强化品牌形象，突出产品的独特卖点。这样，即使在零售商自有品牌的竞争压力下，制造商品牌也能保持独特的竞争力，继续在市场上占有一席之地。总之，制造商应通过加强研发和提升品牌差异化，来应对零售商自有品牌的挑战，确保自身的可持续发展。

5.5.3　未来展望

在未来的研究中，还可以考虑自有品牌的网络外部性成为零售商的私有信息。具体而言，可以探讨这种信息不对称能否降低零售商推出自有品牌的门槛，是否增加了维护自有品牌与制造商品牌间竞争的复杂性。当零售商推出自有品牌时，制造商如何应对，信息不对称如何影响制造商的策略也值得进一步研究。例如，制造商可以通过增强产品差异化、提升品牌价值或加强客户关系管理来减轻信息不对称带来的竞争压力。这些研究将有助于揭示私有信息在供应链竞争中的作用，并为制造商和零售商在竞合博弈策略制定上提供新的见解。

第 6 章

基于竞合博弈的制造商和零售商双重入侵策略研究

6.1 问题的提出

零售业的领军企业沃尔玛、亚马逊和京东正积极布局自有品牌，旨在打造与主流制造商品牌截然不同的市场定位，通过提供独特的产品线来满足消费者的个性化需求，并巩固其在激烈市场竞争中的领导地位。例如，2018 年 1 月，京东推出了自有品牌"京东京造"，这一举措标志着京东在自有品牌领域迈出了坚实的步伐。"京东京造"品牌凭借京东强大的供应链体系作为支撑，结合对消费者需求和市场趋势的深入洞察，致力于向广大消费者提供超出预期的优质产品和服务，实现"预算之内、意料之外"的品牌承诺（Manjur，2021）。根据自有品牌制造商协会（PLMA）发布的《2021 国际自有品牌年鉴》，2020 年自有品牌销售额达到了 1588 亿美元，相较于 2019 年的 1423 亿美元，实现了 11.6%

的显著增长（PLMA，2021）。此外，该报告还显示，2020年有99%的美国家庭选择购买零售商的自有品牌，这一数据充分证明了自有品牌在终端市场中已经占据了稳固的地位（PLMA，2021）。这些数据不仅凸显了自有品牌在市场上的强劲增长势头，也反映出消费者对自有品牌的高度认可和接受度。随着零售商不断加强自有品牌的推广和创新，预计这一趋势将会持续，进而对整个零售市场产生深远的影响。

自有品牌的快速发展对制造商品牌构成了前所未有的挑战。以马莎百货（Marks and Spencer）为例，其作为零售商可能向制造商施压，要求制造商提供更低的批发价格，否则自己将倾向于为自有品牌提供更多的货架空间（Karp，2012；Cheng et al.，2018）。随着零售商推出自有品牌，进入制造商品牌所在的终端市场，制造商必须面对重新评估与零售商之间的信任关系。面对零售商入侵的挑战，制造商需要在维护现有合作关系与确保自身品牌利益之间找到新的平衡点（Zheng et al.，2022）。这些现实世界的商业动态激发了我们对制造商如何应对零售商入侵进行深入研究的兴趣。

制造商入侵描述了制造商在现有的零售渠道之外建立直销渠道，直接向消费者销售其品牌的策略（Cui，2019）。一些知名品牌如苹果、阿迪达斯和耐克等已经通过推出官方网站来实施这一策略，而其他制造商则倾向于在电子商务平台上设立官方旗舰店（Wang & Li，2021；Zhang et al.，2020）。在中国，无论是新兴的制造商品牌还是已经确立市场地位的领先品牌，制造商们正日益加入直销的行列。这一趋势反映了他们增强盈利潜力、直接与消费者建立联系并提升品牌控制力的战略意图。通过直销渠道，制造商能够更有效地管理产品分销、定价策略，并直接收集消费者反馈，从而快速响应市场变化和消费者需求（The Economist，2020）。以宝洁公司为例，在家居用品行业中，他们持续评估直销的有效性，以此来应对自有品牌的挑战和零售货架空间的紧张局面（Amrouche and Yan，2012）。在自有品牌盛行的市场环境下，制造商开辟直销渠道能否获得额外益处，成为一个有趣且尚未被充分研究的问题。

尽管制造商在没有自有品牌干扰时开辟直销渠道的行为已经得到了广泛研究，但在零售商推出自有品牌的情况下，制造商入侵问题尚未得到充分探究。本章旨在填补这一研究空白，通过构建一个由零售商主导的两级供应链模型，涵盖制造商和零售商两个主体。在这个模型中，零售商不仅分销制造商品牌，还需决定是否推出自有品牌。同时，制造商在通过零售商分销自己品牌的产品的同时，也决定是否建立一个新的直销渠道，以便在零售商推出自有品牌时能够直接销售自己的产品。该供应链模型涉及两种竞争形式：品牌间竞争和渠道间竞争。品牌竞争出现在零售商推出自有品牌时，两个品牌在终端市场上争夺同一群消费者。而渠道竞争则在制造商选择直接进入终端市场时产生，明确了现有零售渠道与新直销渠道之间的竞争关系。通过对博弈均衡状态的分析，本章旨在为制造商在面对自有品牌竞争时制定渠道策略提供深入的管理见解。

本章的研究主要作出两大贡献。首先，我们明确，在零售商拥有销售成本优势和生产成本劣势时，其推出自有品牌的具体条件。分析结果表明，仅当零售商的生产成本降至一个足够低的水平时，推出自有品牌才成为可行之举。进一步分析发现，对于零售商而言，放弃制造商品牌转而只销售自有品牌，并不符合其最佳利益。这意味着，如果零售商因推出自有品牌而失去了销售制造商品牌的机会，那么其利益可能会受到损害。这一发现与传统观念相悖，后者认为零售商通过推出自有品牌总是能够增强其盈利能力。此外，随着品牌之间的替代性增强，以及消费者对自有品牌的偏好程度降低，零售商推出自有品牌的动力可能减弱。其次，在零售商推出自有品牌的情况下，我们的研究进一步明确了制造商开辟直销渠道的条件。分析结果指出，仅当制造商的直销成本降至一个足够低的水平时，制造商入侵才会发生。尽管制造商入侵将引发渠道间的竞争，但在特定的条件下，制造商入侵仍有可能实现双赢的局面。需要指出的是，当零售商推出自有品牌时，更高的品牌替代率并不一定会提高制造商开辟直销渠道的积极性。此外，当消费者对两个品牌存在不同的偏好时，消费者对自有品牌的偏好程度越高，会导致制造商开辟直销渠道的积极性越低。这些发现为我们提供了一个全新的视角，使我们能够更加深入地洞察制造商开辟直销渠道与零售商推出自有品牌之间复杂的竞合博弈关系。

6.2　模型构建

6.2.1　符号定义和模型假设

本节构建了一个包含制造商和零售商的两级供应链模型，其中制造商承担品牌产品的生产任务，并以批发形式供应给零售商。零售商随后将制造商品牌的产品转售给消费者，并同时决定是否推出自有品牌与制造商品牌争夺相同的消费者。一旦零售商决定推出自有品牌，制造商便面临战略抉择：是否建立新的直销渠道，以绕过传统零售环节，直接向消费者销售自家品牌的产品，从而减少对零售商的依赖，增强自身的市场控制力。

图 6 - 1 进一步详细描绘了五种不同情景的供应链结构：情形 ES1 展示了制造商在没有自有品牌竞争的情况下也不开辟直销渠道的情形。情形 ES2 展示了制造商在没有自有品牌竞争的情况下开辟直销渠道的情形。以苹果公司（Apple）为例，其借助全球范围内建立的直销和分销网络，实现了显著的销售业绩。在这一网络中，沃尔玛作为分销渠道的关键一环，尚未推出与苹果竞争的自有手机品牌（The Good，2021）。在情形 ES3 中，即使零售商推出自有品牌，制造商也不开辟直销渠道。在电子商务普及之前，尽管零售巨头如沃尔玛和亚马逊推出了自有品牌，但在某些行业制造商直销的情形并不常见（Zhang et al.，2021c）。情形 ES4 和情形 ES5 均展示了制造商在面对零售商推出自有品牌时开辟直销渠道的情景，然而它们之间存在显著的差异性。具体而言，在情形 ES4 中，零售商不再销售制造商品牌。相比之下，在情形 ES5 中，零售商仍然销售制造商品牌。例如，沃尔玛同时销售联合利华和宝洁的产品以及功能相似的自有品牌，而这些品牌制造商也通过沃尔玛等线下零售商和亚马逊等线上零售商分销自己品牌的产品（Yang et al.，2018b）。其中一些制造商建立了直销渠道，而其他一些则没有。值得注意的是，在现实中，尽管越

来越多零售商推出自有品牌，但很少有零售商因此完全放弃销售制造商品牌的情况，这与我们的研究结论相吻合。

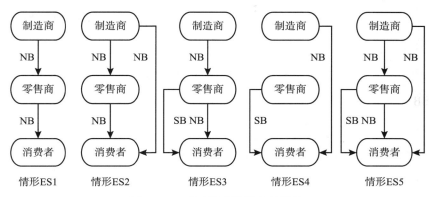

图 6-1 不同类型的供应链结构

注：SB——零售商的自有品牌，NB——制造商品牌。

以下是我们的主要假设。

销售成本。参考张等（Zhang et al.，2021c）的研究，本书假设零售商在销售环节拥有成本优势，故零售渠道中产品的单位销售成本设定为零，以此来简化模型分析。相应地，制造商在销售环节存在成本劣势，表现为直销渠道中产品的单位销售成本为 $c_1(c_1 \geqslant 0)$。这一假设已成为制造商入侵研究领域的常规假设，并在最近的相关研究中得到了广泛应用（Yang et al.，2018b）。目前，脸书（Facebook，现更名为 Meta Platforms，Inc.）等社交媒体平台上的广告费用上涨，加之运输成本的激增，正在对直接面向消费者（DTC）的公司，如沃比帕克、斯蒂奇菲克斯（Stitch Fix）、费格斯（FIGS）和欧布斯等，构成重大挑战（CNBC，

2022）。

生产成本。本书中，我们假定制造商因规模经济或生产技术的优势，在生产领域拥有成本领先，故将其单位生产成本设定为零，以此来简化模型分析（Zhang et al.，2019c）。相应地，零售商在生产环节存在成本劣势，其单位生产成本为 $c_2(c_2 \geqslant 0)$。

为了表述清晰，在本章中，以上标 NB（national brand）和 SB（store brand）分别代表制造商和零售商品牌。同时，以下标 d 和 r 代表直销渠道和零售渠道。表 6 – 1 提供了决策变量和模型参数的完整描述。

表 6 – 1　　　　　　　　　参数汇总

决策变量和模型参数		含义
决策变量	q_r^{NB}	零售渠道中制造商品牌的销售数量
	q_d^{NB}	直销渠道中制造商品牌的销售数量
	q_r^{SB}	零售渠道中自有品牌的销售数量
	w	制造商品牌的批发价格
模型参数	a	消费者的最高支付意愿
	b	制造商品牌和自有品牌的替代性
	c_1	直销渠道中制造商品牌的单位销售成本
	c_2	零售渠道中自有品牌的单位生产成本

6.2.2　模型设置

以更具一般性的 ES5 情形为例，将分销和直销渠道的 NB 产品逆需求函数和分销渠道的 SB 产品逆需求函数设置为 $p_d^{NB} = p_r^{NB} =$

$a - (q_r^{NB} + q_d^{NB}) - bq_r^{SB}$、$p_r^{SB} = a - b (q_r^{NB} + q_d^{NB}) - q_r^{SB}$。其中，$a$ 表示产品的市场保留价格，即消费者购买该产品的最高支付意愿。由于本章考虑消费者购买该 NB 和 SB 产品的最高支付意愿都足够高（例如无穷大），导致两者差异性足够小，因此均假设为 a。b 为 NB 和 SB 产品之间的替代率，其值的大小反映了两种产品间竞争激烈程度。为不失一般性，本章考虑 NB 和 SB 产品具有不完全替代性，因此假设 $b \in (0 , 1)$。在此基础上，分别刻画制造商（下标 m）和零售商（下标 r）的利润函数如下所示：

$$\pi_m = (p_d^{NB} - c_1) q_d^{NB} + wq_r^{NB} \tag{6-1}$$

$$\pi_r = (p_r^{NB} - w) q_r^{NB} + (p_r^{SB} - c_2) q_r^{SB} \tag{6-2}$$

如研究背景所述，本章重点研究品牌竞争可能引发的一系列问题。其中，将制造商开辟直销渠道作为制造商应对零售商推出自有品牌的手段进行阐述。具体而言，构建以零售商为博弈领导者的供应链序贯博弈模型，以重点研究自有品牌竞争下制造商渠道入侵问题。该情形下，供应链成员的决策分为四个阶段，决策顺序如图 6-2 所示。

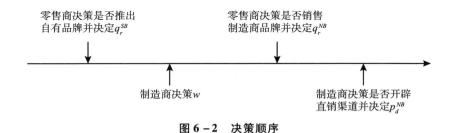

图 6-2　决策顺序

最后，本章假设两个供应链成员均为风险中性，以追求自身利益最大化为目标进行决策。而且，供应链上下游成本和需求信息透明，不存在信息不对称情形。

6.3　均　衡　分　析

6.3.1　博弈均衡的求解

本节构建零售商为博弈领导者的供应链序贯博弈模型，进一步研究自有品牌竞争下制造商渠道策略的合理选择。通过逆向求解，可得自有品牌竞争下供应链成员的博弈均衡。

命题 6 - 1：根据 c_1 和 c_2 的不同组合，表 6 - 2 总结了均衡结果，其中零售商入侵和制造商入侵可能单独或同时出现。

表 6 - 2　　　　自有品牌竞争下供应链成员的博弈均衡

条件		$(q_r^{SB}, w, q_r^{NB}, q_m^{NB})$
E1: $0 < c_1 \leqslant a/3$	$c_2(1) < c_2 < a$	ES2: $[0, w(1), q_r^{NB}(1), q_m^{NB}(1)]$
	$0 < c_2 \leqslant c_2(1)$	ES5: $[q_r^{SB}(1), w(2), q_r^{NB}(2), q_m^{NB}(2)]$
E2: $a/3 < c_1 \leqslant a/2$	$c_2(1) < c_2 < a$	ES6: $[0, w(3), q_r^{NB}(3), 0]$
	$0 < c_2 \leqslant c_2(1)$	ES5: $[q_r^{SB}(1), w(2), q_r^{NB}(2), q_m^{NB}(2)]$
E3: $a/2 < c_1 \leqslant c_1(1)$	$c_2(1) < c_2 < a$	ES6: $[0, w(3), q_r^{NB}(3), 0]$
	$c_2(2) < c_2 \leqslant c_2(1)$	ES5: $[q_r^{SB}(1), w(2), q_r^{NB}(2), q_m^{NB}(2)]$
	$0 < c_2 \leqslant c_2(2)$	ES7: $[q_r^{SB}(2), w(3), q_r^{NB}(4), 0]$

续表

条件		$(q_r^{SB},\ w,\ q_r^{NB},\ q_m^{NB})$
E4: $c_1(1) < c_1 \leq 3a/5$	$c_2(1) < c_2 < a$	ES6: $[0,\ w(3),\ q_r^{NB}(3),\ 0]$
	$c_2(2) < c_2 \leq c_2(1)$	ES5: $[q_r^{SB}(1),\ w(2),\ q_r^{NB}(2),\ q_m^{NB}(2)]$
	$c_2(3) < c_2 \leq c_2(2)$	ES7: $[q_r^{SB}(2),\ w(3),\ q_r^{NB}(4),\ 0]$
	$0 < c_2 \leq c_2(3)$	ES3: $[q_r^{SB}(3),\ w(4),\ q_r^{NB}(5),\ 0]$
E5: $3a/5 < c_1 \leq 5a/6$	$c_2(4) < c_2 < a$	ES6: $[0,\ w(3),\ q_r^{NB}(3),\ 0]$
	$c_2(3) < c_2 \leq c_2(4)$	ES7: $[q_r^{SB}(2),\ w(3),\ q_r^{NB}(4),\ 0]$
	$0 < c_2 \leq c_2(3)$	ES3: $[q_r^{SB}(3),\ w(4),\ q_r^{NB}(5),\ 0]$
E6: $5a/6 < c_1 \leq c_1(2)$	$c_2(3) < c_2 \leq a$	ES1: $[0,\ w(5),\ q_r^{NB}(6),\ 0]$
	$0 < c_2 \leq c_2(3)$	ES3: $[q_r^{SB}(3),\ w(4),\ q_r^{NB}(5),\ 0]$
E7: $c_1 > c_1(2)$	$0 < c_2 \leq a$	ES3: $[q_r^{SB}(3),\ w(4),\ q_r^{NB}(5),\ 0]$

注:1. $q_m^{NB}(1) = (3a - 5c_1)/6$, $q_m^{NB}(2) = [(18 - 6b - 7b^2)a + 6bc_2 - 15(5 - b^2)c_1]/[4(9 - 5b^2)]$。

2. $w(1) = (3a - c_1)/6$, $w(2) = [(9 - 6b - 2b^2)a + 6bc_2 - 3c_1]/[2(9 - 5b^2)]$, $w(3) = (3c_1 - a)/2$, $w(4) = 2[a(1 - b) + bc_2]/(4 - b^2)$, $w(5) = a/2$。

3. $q_r^{NB}(1) = 2c_1/3$, $q_r^{NB}(2) = [(18 - 9b)a - 18c_2 + 5bc_1]/4(9 - 5b^2)$, $q_r^{NB}(3) = a - c_1$ $q_r^{NB}(4) = [2bc_2 + (1 - 3b^2)c_1 - (1 + 2b - 3b^2)a]/[4(1 - b^2)]$, $q_r^{NB}(5) = [(1 - b)a + bc_2]/(4 - b^2)$, $q_r^{NB}(6) = a/4$。

4. $q_r^{SB}(1) = [9(2 - b)a - 18c_2 + 5bc_1]/[4(9 - 5b^2)]$, $q_r^{SB}(2) = [(2 - 3b)a - 2c_2 + 3bc_1]/[4(1 - b^2)]$, $q_r^{SB}(3) = [(4 - b)a - 4c_2]/[2(4 - b^2)]$。

5. $c_1(1) = [32 - (12 + 5b)b + \sqrt{(b^2 + 24b - 80)b^2 + 64}]a/[12(4 - b^2)]$, $c_1(2) = [32 - 5b^2 + \sqrt{b^4 + 32b^2 + 64}]a/[12(4 - b^2)]$。

6. $c_2(1) = [9(2 - b)a + 5bc_1]/18$, $c_2(2) = [(10 - 7b^2)c_1 - (6 - 2b - 3b^2)a]/2b$, $c_2(3) = [3(4 - b^2)c_1 - (8 - 4b - b^2)a - (4 - b^2)\sqrt{4ac_1 - a^2 - 3c_1^2}]/4b$, $c_2(4) = [(2 - 3b)a + 3bc_1]/2$。

在命题 6 - 1 中，均衡结果被划分为六种不同的情形：ES1、ES2、ES3 和 ES5 对应第6.2节图6 - 1 展示的四种情形，而 ES6 和 ES7 是 ES2 和 ES5 的特殊情形。具体而言，ES6 描述了一种特定情形：零售商仅销售制造商品牌，而制造商品牌则通过直销和零售两个渠道进行销售。在这种情形下，制造商品牌在直销渠道中的销量为零。ES7 描述了另一种特定情形：零售商同时销售制造商品牌和自有品牌，而制造商品牌也通过直销和零售两个渠道进行销售。在这种情形下，制造商品牌在直销渠道中的销量仍然为零。

对表 6 - 2 进行更仔细的分析表明，当制造商品牌的直销成本和自有品牌的生产成本发生变化时，均衡结果也会随之不同。具体而言，当直销成本非常高时（即表 6 - 2 中的区域 E7），只有 ES3 情形出现，即零售商销售两个品牌，而制造商品牌仅通过现有零售渠道进行销售。当成本进一步降低到区域 E6 时，存在情形 ES1 或情形 ES3。在这两种情形下，制造商都不直接销售其品牌。此外，在这两种情形下，如果成本降低，则平衡从 ES1 变为 ES3。当成本进一步降低到表 6 - 2 中的区域 E5 时，存在情形 ES6、情形 ES7 或情形 ES3。在这三种情形下，如果成本降低，平衡从 ES6 变为 ES7，然后变为 ES3。当成本进一步降低到表 6 - 2 中的区域 E4 时，存在情形 ES6、情形 ES5、情形 ES7 或情形 ES3。在这四种情形下，如果成本降低，平衡从 ES6 变为 ES5，然后变为 ES7，最后变为 ES3。当成本进一步降低到表 6 - 2 中的区域 E3 时，存在情形 ES6、情形 ES5 或情形 ES7。在这三种情形下，制造商建立直销渠道，尽管新渠道不能销售任何制造商品牌。此外，如果成本降低，则平衡从 ES6 变为 ES5，然后变为 ES7。当成本进一步降低到表 6 - 2 中的区域 E2 时，存在情形 ES6 或情形 ES5。在这两种情形下，如果成本降低，则平衡从 ES6 变为 ES5。当成本进一步降低到表 6 - 2 中的区域 E1 时，存在情形 ES2 或情形 ES5。在这两种情形下，制造商都直接销售其品牌，并且新渠道产生销售额。此外，在这两种情形下，如果成本降低，则平衡从情形 ES2 变为情形 ES5。

在命题 6 - 1 中探讨的均衡结果中，并没有包括第 6.2 节所描述的情形 ES4，即零售商仅销售自有品牌，而制造商品牌仅通过直销渠道销售。因此，情形 ES4 不可能是双方的最佳策略。从零售商的视角来看，其他几种情形相较于 ES4 更具优势。具体来说，情形 ES3、情形 ES5 和情形 ES7 由于能够为零售商带来更好的市场定位或成本效益，因此在命题 6 - 2 中将被讨论为优于情形 ES4 的策略。同样，情形 ES1、情形 ES2 和情形 ES6 也因为能够提供更优的收益或市场竞争力，被认为优于情形 ES4，这些分析将在命题 6 - 3 中详细讨论。这些讨论将有助于深入理解不同市场情形下零售商和制造商的策略选择，以及它们如何影响双方的最优决策。

6.3.2　零售商入侵的条件分析

命题 6 - 2：与零售商同时销售两个品牌的情形（ES3、ES5 和 ES7）以及仅销售制造商品牌的情形（ES1、ES2 和 ES6）相比，零售商仅销售自有品牌的情形（ES4）下盈利能力较差。

命题 6 - 2 可以从以下两个方面进行说明。一方面，当零售商推出自有品牌时，应该继续销售制造商品牌。这一结论符合现实情况，即大多数成功和有影响力的零售商（如沃尔玛、亚马逊和京东）越来越多地推出自有品牌，但仍然销售制造商品牌。另一方面，如果零售商推出自有品牌会导致自己失去销售制造商品牌的机会，那么在这种情况下，零售商就应该放弃推出自有品牌的计划。

到目前为止，命题6-1和命题6-2已经表明情形 ES4 不能成为均衡解。因此，在以下命题中，我们关注情形 ES1、情形 ES2、情形 ES3、情形 ES5、情形 ES6 和情形 ES7。具体而言，命题6-3进一步比较了零售商销售两个品牌的情形（ES3、ES5 和 ES7）与零售商仅销售制造商品牌的情形（ES1）。

命题6-3：与基准情形 ES1 相比，零售商推出自有品牌的前

提是 $c_2 < c_2(5) \triangleq \begin{cases} c_2(1)，& \text{其中 } 0 < c_1 < 3a/5 \\ c_2(4)，& \text{其中 } 3a/5 \leq c_1 < 5a/6 \\ c_2(3)，& \text{其中 } 5a/6 \leq c_1 < c_1(2) \\ a，& \text{其中 } c_1(2) \leq c_1 < a \end{cases}$

命题6-3表明，零售商仅在其生产成本足够低的情况下推出自有品牌。考虑到制造商直销渠道的销售成本，零售商推出自有品牌的条件可分为四种不同的情况，即 $c_2(1)$，$c_2(3)$，$c_2(4)$ 和 a。此外，在四种不同的情况下，如果制造商的直销成本上升，零售商推出自有品牌的阈值 c_2 会进一步降低。因此，零售商明智的做法是推出生产成本较低的自有品牌，从而以较低的零售价格增加其对客户的吸引力（Shenzhen convention & exhibition center, 2022）。到目前为止，本小节已经分析了零售商的最佳品牌策略，并确定了其应该在什么条件下推出自有品牌。接下来，命题6-4进一步比较制造商开辟直销渠道入侵终端市场的情形 ES5 和情形 ES7 与没有发生入侵的情形 ES3，从而讨论制造商针对零售商入侵的最佳渠道策略。

6.3.3　自有品牌竞争下制造商渠道入侵策略

命题6-4：在零售商推出自有品牌的情况下，如果满足条件 $c_1 < c_1(3)$，制造商开辟直销渠道能够提升自己的利润。

证明：在零售商推出自有品牌的情况下，制造商开辟直销渠道的情形又可以划分为两种不同的情况，即 $q_M^{NB} > 0$ 和 $q_M^{NB} = 0$。其中，在 $q_M^{NB} = 0$ 这种情形中，只要零售商推出自有品牌，制造商也将建立新的直销渠道来销售制造商品牌，即使直销渠道无法售出任何制造商品牌。然后，通过对比制造商开辟直销渠道和不开辟直销渠道两种情形下的利润可得，如果满足条件 $c_1 < c_1(3)$，可以得到 $\pi_m^*(ES5) > \pi_m^*(ES3)$ 和 $\pi_m^*(ES7) > \pi_m^*(ES3)$。证毕。

推论6-1：在零售商推出自有品牌的情况下，如果满足条件 $c_1 <$

$$c_1(4) \triangleq \begin{cases} a/2，其中 0 < c_2 < \{a[(4-b)b-2]\}/4b \\ c_1(5)，其中 \{a[(4-b)b-2]\}/4b \leqslant c_2 < [a(5-3b)]/5， \\ 3a/5，其中 [a(5-3b)]/5 \leqslant c_2 < c_2(5) \end{cases}$$

制造商开辟的直销渠道中制造商品牌的销量为正。

命题6-4表明，零售商推出自有品牌确实可能导致制造商开辟直销渠道。具体而言，当制造商的直销成本足够低 $[c_1 < c_1(3)]$ 时，如果零售商推出自有品牌，制造商就会开辟直销渠道。此外，很容易证明，当零售商的自有品牌生产成本上升时，制造商开辟直销渠道 $[即 c_1(3)]$ 的门槛可能会进一步降低。

在对市值超过8亿美元的上市直接面向消费者（DTC）公司进行的分析揭示了一个现象：几乎所有这些公司都遭遇过收入下

滑、利润率降低和面临巨大亏损风险，或者同时遭受这三重打击，而高昂的成本是导致这些负面结果的关键因素之一（Zhang et al.，2021c）。因此，制造商在考虑开辟直销渠道时，必须确保能够将直销成本维持在较低水平。如果制造商无法有效控制直销渠道的销售成本，那么他们应该重新考虑或放弃这一计划。

推论 6 – 1 进一步证明，当制造商刚刚跨过可以开辟直销渠道的门槛，但实际上，直销渠道没有那么大的竞争力，即 $c_1(4) \leqslant c_1 < c_1(3)$ 时，制造商的直销渠道就没有实际销售量。当制造商的直销渠道具有足够的竞争力，即 $c_1 < c_1(4)$ 时，制造商品牌在直销渠道中才会有销售额。此外，结合命题 6 – 4 和推论 6 – 1，我们得出结论，只要制造商品牌在直销渠道中能够确保实际销售量为正，制造商开辟直销渠道总是对自身有利。

以上结论的管理意义在于，零售商推出自有品牌确实可能触发与供应链上游合作伙伴之间的信任危机。具体来说，在某些条件下，零售商推出自有品牌的这一行为会导致制造商对零售商的信任受损，进而促使制造商考虑开辟直销渠道。当制造商开启直销渠道后，如果这一新渠道能够产生实际销售额，制造商就能减少对零售商的依赖。即便新直销渠道未能产生实际销售额，它也能对零售渠道中制造商品牌的销售数量产生影响，从而在不同情况下都能使制造商的处境得到改善。

此外，在假设 $q_r^{SB} = 0$ 和 $b = 1$ 的情况下，当且仅当 $c_1 < 3a/5$ 时，制造商开辟直销渠道。值得注意的是，该结论和艾莉娅等（Arya et al.，2007）的命题的结论一致。进一步对比这一结果与命题 6 – 1，我们可以得出推论 6 – 2。

推论6－2：与没有自有品牌的情形相比，制造商在面对自有品牌竞争时，开辟直销渠道的门槛总是更高。

回想一下，在零售商不推出自有品牌的情况下，制造商开辟直销渠道的条件是 $c_1 < 3a/5$。而在零售商推出自有品牌的情况下，制造商开辟直销渠道的条件是 $c_1 < c_1(4)$。容易证明 $c_1(4) < 3a/5$，这意味着零售商推出自有品牌提高了制造商开辟直销渠道的门槛。因此，如果 $c_1 < c_1(4)$，无论零售商是否推出自有品牌，制造商都会选择开辟直销渠道。如果 $c_1(4) \leqslant c_1 < 3a/5$，那么在没有自有品牌的情况下，制造商开辟直销渠道的条件已经成熟，但在有自有品牌的情况下，这个条件还不成熟。如果 $c_1 \geqslant 3a/5$，制造商不应该开辟直销渠道。

命题6－5：当制造商在自有品牌竞争下开辟直销渠道时，如果出现以下情况，$c_1(6) < c < c_1(3)$ 和 $c_1(6) =$

$$\begin{cases} c_1(7), & \text{其中 } 0 < c_2 < 0.168a \\ a/2, & \text{其中 } 0.168a \leqslant c_2 < 0.182a \\ c_1(8), & \text{其中 } 0.182a \leqslant c_2 < c_2(5) \end{cases}$$ 则会产生双赢结果。其中，

$$c_1(7) = \frac{5ab(-8+4ab+2ab^2-ab^3)+10bc_2(4-b^2)}{15b^4-92b^2+128}$$

$$+ \frac{\left[2(9-5b^2)(4-b^2)\sqrt{\begin{matrix}(8b^4-2b^3-75b^2+64b+32)a^2+\\(2b^3c_2+56b^2c_2-64bc_2)a-28b^2c_2^2\end{matrix}}\right]}{15b^4-92b^2+128},$$

$$c_1(8) = \left\{ \left[b^2+6b-10+\sqrt{(4-b^2)(1-b^2)}\right] a - 6bc_2 \right\} / \left[3\sqrt{(4-b^2)(1-b^2)}+b^2-4\right].$$

命题6－5和图6－3共同证实，在零售商推出自有品牌的情

况下，如果制造商开辟直销渠道，零售商的业绩表现将受到直销渠道竞争力的影响。其中，制造商直销成本越低，直销渠道的竞争力越强。具体而言，当直销渠道的竞争力较弱时（即在命题 6 - 5 中 $c_1(6) < c_1 < c_1(3)$，或图 6 - 3 中情形 ES5 和情形 ES7 中的灰色区域），制造商入侵使零售商变得更好，从而导致制造商和零售商的双赢。当制造商的直销渠道更具竞争力时（即在推论 6 - 2 中 $c_1 < \min\{c_1(3), c_1(6)\}$，或图 6 - 3 中的情形 ES5 和情形 ES7 中的空白区域），制造商开辟直销渠道会使零售商的处境更糟，从而不能出现双赢结果。因此，虽然制造商和零售商同时采取市场入侵策略是双方各自利益最大化的博弈结果，但仍然有机会带来双赢，这一发现与巴拉苏布拉曼尼和马鲁塔萨拉姆（Balasubra-manian & Maruthasalam，2021）在 2021 年的研究结论相一致。

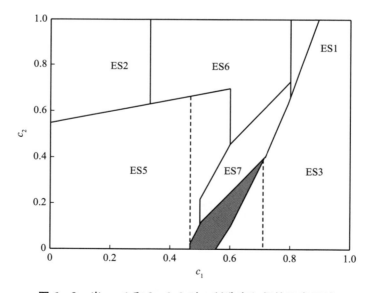

图 6 - 3　当 $a = 1$ 和 $b = 0.9$ 时，制造商入侵的双赢区域

6.4 数 值 仿 真

在零售商同时销售制造商品牌和自有品牌商品的情况下，零售渠道内的品牌竞争成为了一个不可避免的现象。本节将专注于探讨品牌间的替代性以及消费者对品牌的偏好，分析这些因素影响下零售商的品牌策略，即是否推出自有品牌。同时，当零售商推出自有品牌时，我们也将研究制造商的可能反应。

6.4.1 品牌替代性影响下零售商的品牌策略和制造商的渠道策略

参考巴拉苏布拉曼尼和马鲁塔萨拉姆（Balasubramanian & Maruthasalam，2021）的研究，本节建立一个 $b=0.8$ 的基准情形和一个 $b=0.2$ 的比较情形。其中，当参数 b 从 $b=0.8$ 降至 $b=0.2$ 时，我们将研究零售商推出自有品牌门槛的变化，同时分析制造商开辟直销渠道条件的变动。此外，当 b 在 0 和 1 之间任意变化时，可以证明本小节中的结论仍然有效。此外，参考如等（Ru et al.，2015）的研究，本节将 a 归一化为 1。

（1）当 $a=1$，$c_1 \in (0,1)$ 和 $c_2 \in (0,1)$ 时，图 6-4 总结了品牌替代对零售商品牌战略的影响，并表明较高强度的品牌竞争会降低零售商推出自有品牌的热情。

图 6-4 可分为三个不同的区域：区域 I 表示，在 $b=0.8$ 和 $b=0.2$ 时，零售商均会推出自有品牌。区域 II 表示，仅在 $b=$

0.2 时，零售商推出自有品牌。区域Ⅲ表示，在 $b = 0.8$ 和 $b = 0.2$ 时，零售商都不推出自有品牌。

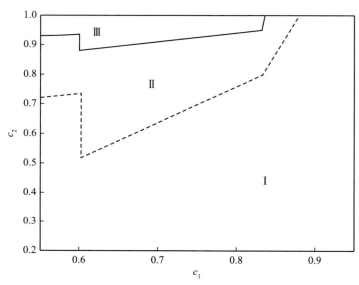

图 6 - 4　零售商推出自有品牌的情形

如图 6 - 4 所示，只有当 c_2 下降超过黑色实线，进入区域Ⅰ和区域Ⅱ时，品牌替代性才能影响零售商的品牌战略。其中，当 $b = 0.2$ 时，在区域Ⅰ和区域Ⅱ中，零售商均推出自有品牌，但当 $b = 0.8$ 时，仅在区域Ⅰ中，零售商推出自有品牌。以上结论表明，更激烈的品牌竞争会降低零售商推出自有品牌的热情。

在现实情形中，面对制造商对亚马逊发展自有品牌可能损害传统制造商品牌的指责，亚马逊在 2022 年已经采取了减少自有品牌商品销售的措施。根据《华尔街日报》的报道，由于销售疲软，亚马逊已开始大幅削减自有品牌商品的数量，并讨论了完全退出自有品牌业务以减轻监管压力的可能性。这一决策部分是由于许多自有品牌产品的销售情况令人失望，以及亚马逊被指责有时会牺牲其他供应商的利益以提升自有品牌的优势。亚马逊高层指示自有品牌团队缩减最小存货单位（SKU），许多商品不再重新订购，并讨论了将在美国市场中的自有品牌品类减少一半以上的可能性。这表明亚马逊正在调整其品牌策略，以响应制造商的担忧和监管压力，同时也可能是为了优化其产品线和提高效率。

　　可以证明，在图 6–4 中黑色虚线右下方，即区域 I，零售商总是推出自有品牌。因此，接下来，在图 6–4 区域 I 中，当 b 从 0.2 增加到 0.8 时，使用图 6–5 来总结制造商对零售商推出自有品牌的反应。其中，图 6–5（b）是图 6–5（a）中黑色方框放大后的图形。

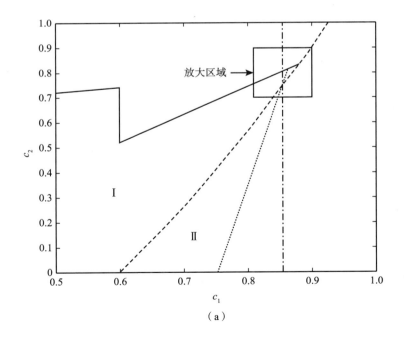

（a）

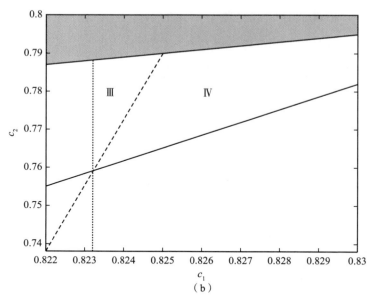

图 6 - 5　制造商开辟直销渠道情形

（2）当 $a = 1$，$c_1 \in (0，1)$ 和 $c_2 \in (0，1)$，图 6 - 5 总结了品牌替代性影响下制造商对零售商推出自有品牌的反应，并表明更强的品牌替代性不一定会提高制造商开辟直销渠道的积极性。

在图 6 - 5（a）黑色方框区域内，存在黑色实线、黑色点线和黑色虚线。当 $b = 0.2$ 时，如果制造商的直销成本 c_1 下降到黑色点线的左侧，开辟直销渠道应对零售商入侵有利于实现制造商的利益最大化；但如果其直销成本 c_1 上升到黑色点线的右侧，则开辟直销渠道应对零售商入侵不利于实现制造商的利益最大化。另外，当 $b = 0.8$ 时，如果制造商的直销成本 c_1 下降到黑色虚线的左侧，开辟直销渠道应对零售商入侵有利于实现制造商的利益最大化；但如果其直销成本 c_1 上升到黑色虚线的右侧，则开辟直销渠道应对零售商入侵不利于实现制造商的利益最大化。

同时，在图6-5中，存在一条黑色点划线。其中，在黑色实线下方黑色点划线的左侧区域中，零售商推出自有品牌，而制造商的直销成本 c_1 相对较低。此时，如果 $b=0.2$，在区域Ⅰ和区域Ⅱ，制造商选择在零售商推出自有品牌的情况下开辟直销渠道。如果 $b=0.8$，只在区域Ⅰ，制造商选择在零售商推出自有品牌的情况下开辟直销渠道。因此，与传统观点不同，图6-5显示，当制造商直销成本 c_1 下降，即进入黑色点划线左侧时，b 从0.2增长到0.8反而会降低制造商开辟直销渠道的积极性。

另外，在黑色实线下方黑色点划线的右侧区域中，零售商推出自有品牌，而制造商的直销成本 c_1 相对较高。此时，如果 $b=0.2$，在区域Ⅲ，制造商开辟直销渠道应对零售商推出自有品牌；但 $b=0.8$ 时，在区域Ⅲ和区域Ⅳ，制造商均会开辟直销渠道应对零售商推出自有品牌。因此，与传统观点一致，图6-5（b）显示，当制造商的直销成本 c_1 相对较高，即进入黑色实线下方黑色点划线的右侧时，更多的品牌替代品可以提高制造商开辟直销渠道的热情。

6.4.2　消费者偏好影响下零售商的品牌策略和制造商的渠道策略

当零售商同时销售制造商品牌和自有品牌时，消费者对这两个品牌的不同偏好可能会对这两种品牌的销量产生重要影响，从而影响制造商和零售商的盈利能力。在本节中，假设制造商品牌在消费者偏好方面具有优势，因此消费者对制造商品牌的偏好标准化为1。零售商的自有品牌在消费者偏好方面表现出劣势，假设消费者偏好性为$\theta(\theta \in [0, 1])$。因此，第6.2节中两个品牌的逆需求函数被修改为$p_M^{NB} = p_R^{NB} = a - (q_R^{NB} + q_M^{NB}) - bq_R^{SB}$ 和 $p_R^{SB} = \theta a - q_R^{SB} - b(q_R^{NB} + q_M^{NB})$。此外，本节中两个供应链所有成员的利润函数和决策顺序与第6.2节中的相同。

参考张等（Zhang et al.，2021）的研究，本小节建立了一个$\theta = 0.4$的基准情形和一个$\theta = 0.8$的比较情形。其中，当参数θ从$\theta = 0.4$上升到$\theta = 0.8$时，本节将阐述主要结论。值得注意的是，当θ在0和1之间任意变化时，本小节中的结论仍然有效。此外，为了简化以下分析，在数值仿真中设置$a = 1$和$b = 0.5$。

（1）当消费者对自有品牌的偏好θ从$\theta = 0.4$增加到$\theta = 0.8$时，图6-6表明零售商更加热衷于推出自有品牌，而制造商开辟直销渠道则不那么积极。

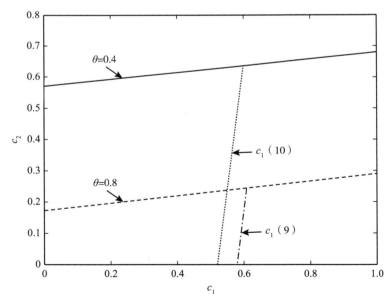

图6-6　当θ从0.4增加到0.8时制造商和零售商入侵策略

对于零售商，图 6-6 显示，在 $\theta = 0.4$ 时，如果其生产销售成本 c_2 降至黑色虚线以下，会推出自有品牌；在 $\theta = 0.8$ 时，如果其生产销售成本 c_2 降至黑色实线以下，零售商会推出自有品牌。显然，黑色虚线下方的面积小于黑色实线下方的区域。因此，相对于 $\theta = 0.4$ 的情形，在 θ 从 $\theta = 0.4$ 上升到 $\theta = 0.8$ 时，零售商更热衷于推出自有品牌。

同样，图 6-6 显示了一条黑色点线和一条黑色点划线。在零售商推出自有品牌时，制造商是否相应地开辟直销渠道，取决于自有品牌的生产成本劣势和直销渠道的销售成本劣势。具体而言，在 $\theta = 0.4$ 时，如果直销成本下降到黑色点划线左侧，制造商应该开辟直销渠道。在 $\theta = 0.8$ 时，如果直销成本下降到黑虚线左侧，制造商应该开辟直销渠道。回想一下，如果零售商的生产销售成本降到黑色虚线以下，零售商总是会推出自有品牌。显然，在这条黑色虚线下，黑色点线左侧的面积小于黑色点划线左侧的区域。因此当 θ 从 $\theta = 0.4$ 上升到 $\theta = 0.8$ 时，虽然同样面临自有品牌竞争的压力，制造商开辟直销渠道的热情反而降低了。

（2）当制造商对零售商推出自有品牌作出反应时，图 6-7 显示，在特定条件下，双方仍有可能实现共赢的结果。此外，随着消费者对自有品牌的偏好逐渐增强，实现双赢的范围也可能会相应扩大。

在图 6-7 中，灰色区域 I 和灰色区域 II 分别代表了在参数 $\theta = 0.4$ 和 $\theta = 0.8$ 的条件下，制造商在自有品牌竞争下开辟直销渠道，能够达到双赢的区间。显然，图 6-7（a）中的灰色区域 I 小于图 6-7（b）中的灰色区域 II。因此，当消费者对自有品牌

的偏好 θ 从 $\theta = 0.4$ 增大到 $\theta = 0.8$ 时，双赢区域也变大。

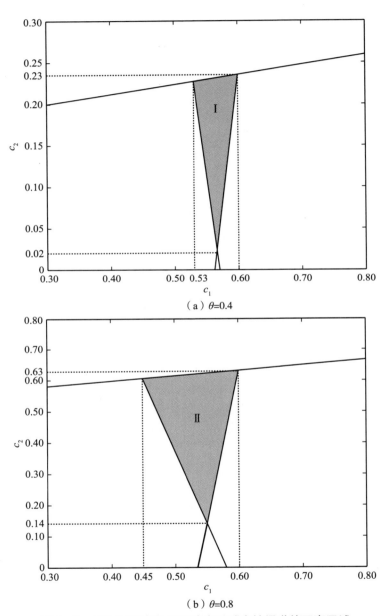

（a）$\theta = 0.4$

（b）$\theta = 0.8$

图 6－7　自有品牌竞争下制造商开辟直销渠道的双赢区域

6.5 本章小结

零售商推出自有品牌已成为一种普遍的商业行为，旨在通过提供独特价值和差异化产品来增强市场竞争力和提升消费者忠诚度。尽管零售商推出自有品牌引起了业界的广泛关注，但关于制造商应如何回应，以及是否应该通过建立直销渠道来减少对零售商的依赖，这一议题的研究尚显不足。本章的探讨作为一次创新的尝试，力图在现有的学术理论基础与市场实际运作之间构建起沟通的桥梁，以期为制造商在面对零售商的自有品牌竞争时提供更为深入的策略指导和理论支持。

本章的研究不仅确定了零售商推出自有品牌的关键条件，而且明确了制造商在零售商主导的两级供应链中开辟直销渠道的决策依据。研究指出，销售成本、生产成本、品牌替代性以及消费者对自有品牌的偏好异质性等参数的变化，都会对零售商推出自有品牌的条件产生影响，并进而导致制造商决定是否推出直销渠道的门槛发生相应的变动。其中，命题 6-2 指出，零售商倾向于在自有品牌生产成本相对较低时推出自有品牌。命题 6-4 表明，制造商会在直销成本降低到足够低的水平时，选择开辟直销渠道以应对零售商的市场入侵。推论 6-2 进一步证实，与本书考虑零售商入侵的情况相比，近期发表的相关研究在未考虑零售商入侵的情况下，对制造商开辟直销渠道的门槛设定得更高。命题 6-5 进一步揭示，在零售商推出自有品牌的情况下，制造商开辟直销渠道在特定条件下仍有可能实现双方共赢。

通过数值研究，我们发现品牌之间的替代性降低会提高零售商推出自有品牌的积极性。与直觉相反，品牌之间的替代性提高并不总是能增强制造商开辟直销渠道的意愿。此外，数值研究还考虑了消费者对自有品牌偏好的异质性，发现消费者对自有品牌的偏好越高，零售商推出自有品牌的积极性越高，而制造商开辟直销渠道的积极性则越低。最后，数值研究指出，当制造商在零售商已经推出自有品牌的情况下开辟直销渠道时，消费者对自有品牌的偏好越高，制造商和零售商实现双赢的可能性就越大。

在未来的研究中，我们可以进一步探讨本章结论的可靠性或有效性，特别是在价格竞争下的供应链入侵策略研究。例如，我们可以深入分析在价格竞争环境下，制造商和零售商如何调整他们的市场策略以最大化各自的利润。此外，信息不对称对零售商品牌策略和制造商渠道策略的影响也是一个值得深入研究的领域。信息不对称可能导致供应链中的成员采取不同的策略，从而影响整个供应链的效率和利润分配。

第 7 章

零售商入侵下考虑供应链成员具有过度自信特征的竞合博弈研究

7.1 问题的提出

自有品牌是零售商独立开发并销售的产品系列，它们与零售商所经销的制造商品牌形成差异，通常以独特的市场定位、价格优势或产品特性来吸引消费者。第 35 届欧洲（荷兰）国际自有品牌展期间，自有品牌制造商协会（PLMA）发布的《国际自有品牌市场年报》显示，全球范围内自有品牌的市场份额正呈现逐年上升的趋势，仅欧洲自有品牌的销售额就达 450 亿欧元，而全球销售更是高达 1000 亿欧元（PLMA，2021）。其中，达曼国际咨询联合凯度消费者指数（2021）发布的《2021 年中国自有品牌行业发展白皮书》指出，自有品牌在某些国家的市场份额尤为显著：在英国、德国、比利时，自有品牌的市场份额已经超过了40%；在法国和西班牙，这一数字超过了 35%；在北美地区，自有品牌所占市场份额超过了 20%；在瑞典、挪威、丹麦及冰岛地区达到了 30%；而在中欧和东欧地区则为 18%。《达曼 2020 年自有品牌情报报告》进一步指出，在不同的国家和地区，制造商品牌的市场占有率均具有显著差异，这对自有品牌的发展水平产生了重要影响（Daymon，2020）。这些数据不仅凸显了自有品牌在全球零售市场中的强劲增长势头，也反映了消费者对自有品牌日益增长的接受度和偏好。

在古典经济学中，"理性人"是一个基本的假设，它认为供应链上下游企业成员能够完全理性地认识产品的市场规模。然而，现实情况往往与这一理想化的假设有所偏差。零售商、制造商，甚至双方对市场规模过度自信的案例屡见不鲜，企业管理者难以做到基于自身真实利润最大化进行价格等决策。过度自信区别于完全理性，是心理学的一个专业术语，指人们高估成功概率而低估失败概率的心理偏差（余明桂等，2006）。大量心理学研究已经表明，人类普遍存在过度自信的心理特征（姜付秀等，2009）。而经济学和管理学研究进一步证实，过度自信这一心理特征显著影响了企业管理者的决策结果（潘爱玲等，2018；王福胜等，2022）。以乘用车市场为例，来自乘用车市场信息联席会（简称"全国乘联会"）的数据显示，2021 年中国乘用车产能闲置高达 385 万辆。在积极解决传统汽车产能过剩问题的同时，还要防止车企盲目扩张导致的新能源汽车产能过剩（易车网，2022）。在零售商入侵下，零售商可能高估消费者对其自有品牌的接受程度，从而作出不恰当的定价决策。同样，制造商也可能对自身品牌的市场规模过于自信，轻视了零售商品牌入侵可能带来的竞争威胁。在零售商品牌入侵下的供应链定价策略研究中，考虑零售商、制造商或者双方过度自信情形，可以揭示完全理性假设下所未能呈现的管理学意义。

与现有的零售商品牌入侵下供应链定价策略研究相比，零售商、制造商或者双方对市场规模过度自信情形下的供应链定价及绩效尚未得到充分探讨。为了填补这一研究空白，本章建立了一个由制造商和零售商组成的两级供应链，其中零售商采购并销售制造商产品，同时也生产并销售自有品牌。通过博弈模型的深入分析，本章致力于探究以下研究问题：相较于供应链成员企业完全理性的情形，第一，零售商、制造商或者双方对市场规模过度自信是否改变零售商品牌入侵下的供应链最优定价策略？第二，过度自信制造商或者零售商感知的利润和供应链成员企业的真实利润之间是否存在显著差异？第三，与制造商或者零售商对市场规模过度自信的情形不同，双方对市场规模过度自信情形下供应链定价及绩效有哪些新变化？

本章的主要贡献可以概括为以下几点。首先，市场规模的过度自信心理驱使制造商收取更高的批发价格，并带动其产品的终端零售价格上涨；同样，市场规模过度自信也会驱使零售商提高自有品牌的零售价格，同时降低制造商品牌的终端零售价格。其次，对市场规模过度自信的零售商（制造商）认为自身的利润不一定减少（一定增加）；然而实际结果却是，制造商或者零售商对市场规模过度自信都会导致自身的真实利润减少，而其他供应链成员的真实利润却可能因此增加。最后，通过数值仿真发现，双方对市场规模过度自信将至少导致一方的真实利润减少，即制造商和零售商将面临"赢－输"（Win－Lose）、"双输"（Lose－Lose）或者"输－赢"（Lose－Win）的结果。

7.2　模 型 构 建

7.2.1　问题描述、符号定义和模型假设

在本章中，我们建立一个零售商同时销售自有品牌（简称SB）和制造商品牌（简称NB）的二级供应链，如图7－1所示。假设SB和NB产品的总市场规模标准化为1，SB产品真实的市场规模为$\mu \in (0，1)$，而NB产品真实的市场规模为$1-\mu$。如引言所述，考虑零售商、制造商或者双方过度自信的情形，刻画完全理性（以下简称R型）和过度自信（以下简称O型）型制造商或者零售商。参考徐和肖（Xu & Xiao，2022）的研究，R型制造商和零售商认为SB和NB产品的市场规模分别为μ和$1-\mu$；O型零售商认为SB和NB产品的市场规模分别为$(1+a_r)\mu$和$1-(1+a_r)\mu$；O型制造商认为SB和NB产品的市场规模分别为$1-(1+a_m)(1-\mu)$和$(1+a_m)(1-\mu)$。参考王新林等（2018）的研究，a_r定义为零售商对SB产品市场规模的过度自信因子，a_m定义为制造商对NB产品市场规模的过度自信因子。其中，$a_r < a_{r1} \triangleq \min\{1，(1-\mu)/\mu\}$且$a_m < a_{m1} \triangleq \min\{1，\mu/(1-\mu)\}$，以此保证SB和NB产品各自的市场规模总是小于1。

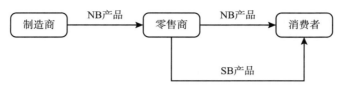

图 7 - 1   供应链结构

本章假设所有信息均为对称信息，即制造商和零售商都知道对方的类型。尽管彼此感知的市场规模可能不同，但双方都不会改变自身认知，均基于自身信念和对对方信念的了解进行价格决策。其中，过度自信的企业追求感知利润最大化，而完全理性的企业则追求真实利润最大化。在下文中，下标 m 和 r 分别代表制造商和零售商；上标 ** 表示感知的均衡解，上标 * 表示真实的均衡解。

7.2.2   模型设置

本书以 RR 为基准情形，即制造商和零售商均为 R 型。在基准情形中，制造商和零售商均认为 SB 产品和 NB 产品的市场规模分别为 μ 和 $1 - \mu$。参考巴拉苏布拉曼尼和马鲁塔萨拉姆（Balasubramanian & Maruthasalam，2021）的研究，SB 产品和 NB 产品的需求函数分别为：

$$D_{SB} = \mu - p_{SB} + b p_{NB}, \quad D_{NB} = 1 - \mu - p_{NB} + b p_{SB} \qquad (7 - 1)$$

其中，$b \in (0, 1]$ 表示 SB 产品和 NB 产品之间的差异化程度，其值的大小反映了产品竞争的激烈程度，p_{SB} 和 p_{NB} 分别表示两种产品的零售价格。

制造商和零售商的利润函数分别为：

$$\pi_m = wD_{NB}, \quad \pi_r = (p_{NB} - w)D_{NB} + p_{SB}D_{SB} \qquad (7-2)$$

如图 7 - 2 所示，制造商和零售商遵循自身利润最大化原则进行决策。首先，制造商决策 NB 产品批发价格 w。然后，零售商同时决策 SB 产品和 NB 产品零售价格，即 p_{SB} 和 p_{NB}。

图 7 - 2   决策顺序

采用逆向求解法，可得 RR 情形下的均衡。其中，给定 NB 产品批发价格 w，可得海塞矩阵 $H = \begin{bmatrix} \delta^2\pi_r/\delta p_{SB}^2 & \delta^2\pi_r/(\delta p_{SB}\delta p_{NB}) \\ \delta^2\pi_r/(\delta p_{NB}\delta p_{SB}) & \delta^2\pi_r/\delta p_{NB}^2 \end{bmatrix} = \begin{bmatrix} -2 & 2b \\ 2b & -2 \end{bmatrix}$ 且 $|H| = 4 - 4b^2 > 0$，因此由公式（7 - 2）中 $\delta\pi_r/\delta p_{SB} = 0$ 和 $\delta\pi_r/\delta p_{NB} = 0$ 可得零售商利润 π_r 最大化下零售价格 $p_{SB}(w)$ 和 $p_{NB}(w)$；将 $p_{SB}(w)$ 和 $p_{NB}(w)$ 代入制造商利润函数 π_m，一阶求导可得其最大化情形下 NB 产品批发价格的均衡解 w_{NB}^{RR*}；将 w_{NB}^{RR*} 代入 $p_{SB}(w)$、$p_{NB}(w)$、$\pi_m(w)$ 以及 $\pi_r(w)$，可得表 7 - 1 中的均衡结果。

表 7 - 1   **RR 情形下价格竞争均衡**

变量	均衡表达式
w_{NB}^{RR*}	$(1-\mu)/2$
p_{SB}^{RR*}	$[b + (1-b)\mu]/[2(1-b^2)]$

续表

变量	均衡表达式
p_{NB}^{RR*}	$[3 - b^2 - (3 + b)(1 - b)\mu]/[4(1 - b^2)]$
π_m^{RR*}	$(1 - \mu)^2/8$
π_r^{RR*}	$[1 + 3b^2 - 2(1 - b)(1 - 3b)\mu + (1 - b)(5 - 3b)\mu^2]/[16(1 - b^2)]$

如表 7 - 1 所示，随着 SB 产品市场规模增大，其零售价格上涨，而 NB 产品的批发和零售价格均下降；制造商利润减少，但零售商利润也不一定增加。其中，当且仅当 SB 产品的市场规模足够大，即 $\mu > \max\{(1 - b)/(5 - 3b), 0\}$ 时，零售商需要继续扩大 SB 产品的市场规模才能提高自身利润水平。

7.3 均衡分析

本节分别考虑制造商或者零售商对市场规模过度自信，分析零售商品牌入侵下供应链成员的最优定价策略，求解过度自信情形下供应链成员的真实利润和感知利润，对比完全理性和过度自信情形下供应链成员真实利润的差异。

7.3.1 零售商过度自信的影响分析

本小节考虑零售商对 SB 产品市场规模的过度自信，求解 RO 情形下的价格竞争均衡，比较 RO 和 RR 情形下供应链成员定价策略的差异。

（1）博弈均衡的求解。

零售商为 O 型，其感知的 SB 产品和 NB 产品的需求均与真实需求不同，分别为：

$$D_{SB} = (1 + a_r)\mu - p_{SB} + bp_{NB}, \ D_{NB} = 1 - (1 + a_r)\mu - p_{NB} + bp_{SB}$$

$$(7-3)$$

其中，a_r 越大，表示零售商越高估 SB 产品的市场规模。

制造商为 R 型，其感知的 SB 产品和 NB 产品的需求均与真实需求一致，分别为：

$$D_{SB} = \mu - p_{SB} + bp_{NB}, \ D_{NB} = 1 - \mu - p_{NB} + bp_{SB} \quad (7-4)$$

零售商感知的制造商和零售商的利润函数分别为：

$$\pi_m = w[1 - (1 + a_r)\mu - p_{NB} + bp_{SB}] \quad (7-5)$$

$$\pi_r = (p_{NB} - w)[1 - (1 + a_r)\mu - p_{NB} + bp_{SB}]$$
$$+ p_{SB}[(1 + a_r)\mu - p_{SB} + bp_{NB}] \quad (7-6)$$

制造商和零售商的真实利润分别为：

$$\pi_m = w(1 - \mu - p_{NB} + bp_{SB}),$$
$$\pi_r = (p_{NB} - w)(1 - \mu - p_{NB} + bp_{SB}) + p_{SB}(\mu - p_{SB} + bp_{NB})$$

$$(7-7)$$

参考 RR 情形，采用逆向求解法，可得 RO 情形下均衡。其中，参考 RR 情形，零售商感知利润 π_r 关于 p_{SB} 和 p_{NB} 二阶求导可得海塞矩阵负定，因此由公式（7-6）中 $\delta\pi_r/\delta p_{SB} = 0$ 和 $\delta\pi_r/\delta p_{NB} = 0$ 可得零售商感知利润 π_r 最大化下零售价格 $p_{SB}(w)$ 和 $p_{NB}(w)$；将 $p_{SB}(w)$ 和 $p_{NB}(w)$ 代入公式（7-7）中制造商的真实利润 π_m，一阶求导可得其最大化情形下 NB 产品批发价格的均衡解 $w_{NB}^{RO^*}$；将 $w_{NB}^{RO^*}$ 代入 $p_{SB}(w)$ 和 $p_{NB}(w)$，可得 $w_{NB}^{RO^*} = [1 - (1 -$

$a_r)\mu]/2$，$p_{SB}^{RO^*} = [b + (1-b)(1+a_r)\mu]/[2(1-b^2)]$ 和 $p_{NB}^{RO^*} = \{3 - b^2 - (1-b)[3 + b + (1-b)a_r]\mu\}/[4(1-b^2)]$。

分析均衡价格可知，零售商的过度自信程度提高时，SB 产品的零售价格会上涨，而 NB 产品的零售价格（批发价格）会下降（上涨）。以上结论表明，随着零售商的过度自信程度提高，其销售 SB 产品的单位利润增加，而销售 NB 产品的单位利润减少。

为保证零售商销售 NB 产品的单位利润为正，即 NB 产品的零售价格高于批发价格，针对 RO 情形作如下假设 7-1。

假设 7-1：RO 情形下，参数 b、μ 和 a_r 需满足 $a_r < \min\{a_{r1}, a_{r2}\}$，其中 $a_{r2} = [1 + b^2 - (1-b)^2\mu]/[(1-b)(3+b)\mu]$。

假设 7-1 说明，为保证零售商销售 NB 产品的单位利润为正，其对 SB 产品市场规模的过度自信程度不能高于一定阈值。其中，该阈值随着 SB 产品市场规模 μ 的增大而减小，即对零售商过度自信程度的限制随着 μ 的增大而更加严格。

如公式（7-3）所示，RO 情形下，零售商感知的需求与真实需求存在差异。以下命题 7-1 将均衡价格分别代入公式（7-3）和公式（7-4），详细阐述均衡情形下的差异。

命题 7-1：RO 情形下，①当 $a_r \leq (1-\mu)/3\mu$ 时，零售商感知的 SB 和 NB 产品的需求分别为 $D_{SB}^{RO^{**}} = [b + (2-b)\mu + (2+b)\mu a_r]/4$ 和 $D_{NB}^{RO^{**}} = (1 - \mu - 3\mu a_r)/4$；当 $(1-\mu)/3\mu < a_r < \min\{a_{r1}, a_{r2}\}$ 时，$D_{SB}^{RO^{**}} = \{4 + b - (2+b)\mu + [4 - (2-b)\mu]a_r\}/4$ 和 $D_{NB}^{RO^{**}} = 0$。②SB 产品和 NB 产品的真实需求为 $D_{SB}^{RO^*} = [b + (2-b)(1-a_r)\mu]/4$ 和 $D_{NB}^{RO^*} = (1 - \mu + \mu a_r)/4$。

由命题 7 - 1①可知，当零售商过度自信程度高于一定阈值，即 $a_r > (1-\mu)/3\mu$ 时，其感知的 SB 产品将垄断市场。而命题 7 - 1②却显示，SB 产品永远无法垄断市场。

此外，随着零售商过度自信程度不断提高，其感知的需求和真实需求呈现完全相反的变化趋势。具体而言，由命题 7 - 1①可知，随着零售商的过度自信程度不断提高，其感知的 SB 产品需求将不断增加，而感知的 NB 产品需求将减少甚至为 0。但是，命题 7 - 1②却显示，随着零售商的过度自信程度不断提高，SB 产品的真实需求不但没有增加反而减少，而 NB 产品的真实需求不但没有减少反而增加。

以下命题 7 - 2 将以命题 7 - 1 为基础，阐述均衡下零售商感知的利润与真实利润的差异。

命题 7 - 2：RO 情形下零售商感知的利润与真实利润如表 7 - 2 所示。

表 7 - 2　　　　　　　RO 情形下零售商感知的利润与真实利润

a_r	零售商感知的利润		真实利润	
	制造商	零售商	制造商	零售商
$a_r < (1-\mu)/3\mu$	$(1-\mu+\mu a_r)$ $(1-\mu-3\mu a_r)/8$	$\pi_{r1}^{RO **}$	$(1-\mu+\mu a_r)^2/8$	$\pi_r^{RO *}$
$(1-\mu)/3\mu \le a_r < \min(a_{r1},\ a_{r2})$	0	$\pi_{r2}^{RO **}$		

注：1. $\pi_{r1}^{RO **} = \dfrac{(3b^2-8b+5)\mu^2 + (-6b^2+8b-2)\mu + 3b^2 - a_r^2\mu^2(5b^2+8b-13) - 2a_r\mu(b-1)(b+7\mu-b\mu-3)+1}{16(1-b^2)}$。

2. $\pi_{r2}^{RO **} = \dfrac{[b+(1+a_r)(1-b)\mu][(4-2\mu+b\mu)a_r-(2+b)\mu+4+b]}{8(1-b^2)}$。

3. $\pi_r^{RO *} = \dfrac{1+3b^2-\mu(1-b)\{a_r[(7-b)\mu a_r+2(1-\mu)(1+b)]-(5-3b)\mu+2(1-3b)\}}{16(1-b^2)}$。

由命题 7 – 2 可知，在 RO 情形下，当零售商过度自信程度不断提高时，其感知的制造商和零售商的利润变化均与实际情况不符。具体而言，随着零售商过度自信程度的提高，其感知的制造商利润将不断减少。其中，当零售商的自信程度高于一定阈值，即 $(1-\mu)/3\mu$ 时，其感知的制造商利润甚至降为 0。然而，随着零售商过度自信程度的提高，制造商的真实利润不但不会减少反而不断增加。同理，随着零售商过度自信程度的提高，其感知的自身利润将呈现先减后增的趋势，而其真实利润却呈现先增后减的趋势。

（2）零售商过度自信对供应链定价策略的影响。

本节将比较 RO 和 RR 情形，探讨零售商过度自信对供应链定价策略的影响。

命题 7 – 3：RO 情形下，①SB 产品的零售价格更高，NB 产品的零售价格更低；②NB 产品的批发价格更高。

从命题 7 – 3①可知，由于 O 型零售商高估了 SB 产品的市场规模，其将制定比 R 型零售商更高的 SB 产品零售价格。此外，由于 O 型零售商低估了 NB 产品的市场规模，其将制定比 R 型零售商更低的 NB 产品零售价格。

一般情况下，如果制造商提高 NB 产品的批发价格，零售商通常也会因为成本的上升而提高 NB 产品的终端零售价格。但命题 7 – 3②显示，零售商的过度自信导致 NB 产品的批发价格上涨，却不会引起 NB 产品的终端零售价格上涨。这说明，零售商的过度自信对 NB 产品终端零售价格的影响要远大于批发价格上涨造成的影响。

命题 7-4：RO 情形下，①零售商感知的制造商利润更低，而 $a_{r3} \leqslant a_r < (1-\mu)/3\mu$ 时，感知的自身利润却更高，其中 $a_{r3} = [6-2b-2(7-b)\mu]^+/[\mu(13+5b)]$；②制造商的真实利润更高，而零售商的真实利润却更低。

由命题 7-4 可知，零售商认为其过度自信将伤害制造商的利益，却不一定伤害自身利益。然而，真实的情况却和零售商感知的结果相反。具体而言，零售商的过度自信总是伤害自身利益，却总能提高制造商的真实利润。

7.3.2 制造商过度自信的影响分析

与 7.3.1 节仅考虑零售商的过度自信不同，本节仅考虑制造商对 NB 产品市场规模的过度自信，求解 OR 情形下价格竞争的均衡解，并比较 OR 和 RR 情形下供应链成员定价策略的差异。

（1）博弈均衡的求解。

制造商为 O 型，其感知的 SB 产品和 NB 产品的需求均与真实需求不同，分别为：

$$D_{SB} = 1 - (1+a_m)(1-\mu) - p_{SB} + bp_{NB},$$
$$D_{NB} = (1+a_m)(1-\mu) - p_{NB} + bp_{SB} \qquad (7-8)$$

其中，a_m 越大，表示制造商越高估 NB 产品的市场规模。

零售商为 R 型，其感知的 SB 产品和 NB 产品的需求均与真实需求一致，分别为：

$$D_{SB} = \mu - p_{SB} + bp_{NB}, \quad D_{NB} = 1 - \mu - p_{NB} + bp_{SB} \qquad (7-9)$$

制造商和零售商的真实利润如公式（7-7）所示，而制造商

感知的其和零售商的利润函数分别为:

$$\pi_m = w[(1+a_m)(1-\mu) - p_{NB} + bp_{SB}] \qquad (7-10)$$

$$\pi_r = (p_{NB} - w)[(1+a_m)(1-\mu) - p_{NB} + bp_{SB}]$$
$$+ p_{SB}[1 - (1+a_m)(1-\mu) - p_{SB} + bp_{NB}] \qquad (7-11)$$

参考 RR 情形,采用逆向求解法,可得 OR 情形下均衡。其中,参考 RR 情形,零售商真实利润 π_r 关于 p_{SB} 和 p_{NB} 二阶求导可得海塞矩阵负定,因此由公式(7-7)中 $\delta\pi_r/\delta p_{SB} = 0$ 和 $\delta\pi_r/\delta p_{NB} = 0$ 可得零售商感知利润 π_r 最大化下零售价格 $p_{SB}(w)$ 和 $p_{NB}(w)$;将 $p_{SB}(w)$ 和 $p_{NB}(w)$ 代入公式(7-10)中制造商感知利润 π_m,一阶求导可得其最大化情形下 NB 产品批发价格的均衡解 $w_{NB}^{RR^*}$;将 $w_{NB}^{RR^*}$ 代入 $p_{SB}(w)$ 和 $p_{NB}(w)$,可得 $w_{NB}^{OR^*} = (1-\mu)(1+2a_m)/2$, $p_{SB}^{OR^*} = [b + (1-b)\mu]/[2(1-b^2)]$ 和 $p_{NB}^{OR^*} = [3 - b^2 - (1-b)(3+b)\mu + 2(1-\mu)(1-b)^2 a_m]/[4(1-b^2)]$。

分析均衡价格可知,制造商的过度自信程度仅影响 NB 产品的批发和零售价格,而对 SB 产品的零售价格不产生影响。其中,随着制造商的过度自信程度不断提高,NB 产品的批发价格和零售价格均上涨。

为保证 NB 产品的零售价格高于批发价格,即零售商销售 NB 产品的单位利润为正,对 RO 情形作如下假设 7-2。

假设 7-2:OR 情形下,参数 b、μ 和 a_m 需满足 $a_m < \min\{a_{m1}, a_{m2}\}$,其中 $a_{m2} = [1 + b^2 - (1 - 2b + b^2)\mu]/2(1-\mu)(1-b^2)$。

OR 情形下,制造商感知的需求与真实需求存在差异。以下命题 7-5 将均衡价格分别代入公式(7-8)和公式(7-9),详细阐述均衡情形下的差异。

命题 7 – 5：OR 情形下，①制造商感知的 SB 产品和 NB 产品的需求分别为 $D_{SB}^{OR^*} = [3b + b^2 + (4 - b - b^2)\mu - 2(1+b)(2-b)(1-\mu)a_m]/4(1+b)$ 和 $D_{NB}^{OR^{**}} = (1-\mu)(1+2a_m)/4$；②SB 产品和 NB 产品的真实需求如表7 – 3 所示。

表 7 – 3　　　　OR 情形下 SB 产品和 NB 产品的真实需求

μ	a_m	真实需求	
		SB 产品	NB 产品
$\mu \leqslant 1/3$	$a_m < \min(a_{m1}, a_{m2})$	$[b + (2-b)\mu + 2(1-\mu)ba_m]/4$	$(1-\mu)(1-2a_m)/4$
$1/3 < \mu < 1$	$a_m < 1/2$	$[b + (2-b)\mu + 2(1-\mu)ba_m]/4$	$(1-\mu)(1-2a_m)/4$
	$1/2 \leqslant a_m < \min(a_{m1}, a_{m2})$	$[4 + b - (2+b)\mu + 2(1-\mu)ba_m]/4$	0

由命题 7 – 5①可知，OR 情形下，制造商对 NB 产品的市场规模非常自信，其感知的市场不可能被 SB 产品垄断。然而，表 7 – 3 却显示，真实的市场可能被 SB 产品垄断。具体而言，随着制造商的过度自信程度不断提高，SB 产品和 NB 产品的真实需求均与制造商期望的结果呈现完全相反的变化趋势。其中，随着 a_m 的增大，制造商感知的 SB（NB）产品需求将减小（增加），但 SB（NB）产品的真实需求却增加（减少甚至降低为0）。

以下命题 7 – 6 将以命题 7 – 5 为基础，继续比较均衡下制造商感知的利润与真实利润的差异。

命题 7 – 6：OR 情形下，制造商感知的自身和零售商的利润为：$\pi_m^{OR^{**}} = (1-\mu)^2(1+2a_m)^2/8$，$\pi_r^{OR^{**}} = [(3b^3 - b^2 - 11b + 9)\mu^2 -$

$(6b^3 + 6b^2 - 14b + 2)\mu + b(3b^2 + 7b + 1) + 1]/[16(1 - b^2)(1 + b)] - a_m(1 - \mu)(b + \mu - b\mu)/2(1 + b) - a_m^2(b + 1)(\mu - 1)^2/4(1 + b)^2$。双方的真实利润如表 7 - 4 所示。

表 7 - 4　　　　　OR 情形下制造商和零售商的真实利润

μ	a_m	真实利润	
		制造商	零售商
$\mu \leq 1/3$	$a_m < \min(a_{m1}, a_{m2})$	$(1 - \mu)^2(1 - 4a_m^2)/8$	$\pi_{r1}^{OR *}$
$1/3 < \mu < 1$	$a_m < 1/2$	$(1 - \mu)^2(1 - 4a_m^2)/8$	$\pi_{r1}^{OR *}$
	$1/2 \leq a_m < \min(a_{m1}, a_{m2})$	0	$\pi_{r2}^{OR *}$

注：$\pi_{r1}^{OR *} = [(5 - 3b)(1 - b)\mu^2 - 2(1 - b)(1 - 3b)\mu - 4a_m(1 - a_m)(1 - b^2)(1 - \mu)^2 + 3b^2 + 1]/[16(1 - b^2)]$，$\pi_{r2}^{OR *} = [b + (1 - b)\mu][4 + b - (2 + b)\mu + 2b(1 - \mu)a_m]/[8(1 - b^2)]$。

由命题 7 - 6 可知，在 OR 情形下，随着制造商的过度自信程度 a_m 不断提高，其感知的自身利润将不断增大，而感知的零售商利润将减少。但实际上，随着 a_m 的增大，制造商的真实利润不断减少，甚至降低为 0，而零售商的真实利润却不断增大。

（2）制造商过度自信对供应链定价策略的影响。

本节将比较 OR 和 RR 情形，探讨制造商过度自信对供应链定价策略的影响。

命题 7 - 7：OR 情形下，①NB 产品的零售价格更高，SB 产品的零售价格不变；②NB 产品的批发价格更高。

由命题 7 - 7 可知，由于 O 型制造商高估了 NB 产品的市场规模，其将比 R 型制造商制定更高的 NB 产品批发价格，而这将推高 NB 产品的零售价格。

命题 7 - 8：OR 情形下，①制造商感知的自身利润更高，而 $a_m \leqslant a_{m3}$ 时，感知的零售商利润却更低，其中 $a_{m3} = \{[\sqrt{(1-b)(2-b)} - 1 + b][b + (1-b)\mu]\}/[(1-b^2)(1-\mu)]$；②制造商的真实利润更低，而 $1/3 < \mu \leqslant 1$ 且 $1/2 \leqslant a_m < \min(a_{m1}, a_{m2})$ 时，零售商的真实利润却更高。

由命题 7 - 8 可知，制造商认为，其过度自信可能伤害零售商的利益，却一定不会伤害自身利益。然而，实际的情况却和制造商感知的结果相反。具体而言，制造商的过度自信总是伤害自身利益，却可能提高零售商的真实利润。其中，当且仅当 SB 产品的市场规模较大而制造商对 NB 产品市场规模的过度自信程度却较高时，零售商的真实利润因为制造商的过度自信而得到提高。

7.4 数值仿真

与 7.3 节仅考虑制造商或者零售商过度自信的情形不同，本节考虑两者同时过度自信的情形（即 OO 情形），并与两者完全理性的情形（RR 情形）进行比较。具体而言，图 7 - 3 将分析 O 型和 R 型制造商真实利润的差异，而图 7 - 4 则分析 O 型和 R 型零售商真实利润的差异。其中，本节假设 $b = 0.5$，用 $\mu = 0.2$ 刻画 NB 产品市场规模大于 SB 产品市场规模的情形，用 $\mu = 0.8$ 刻画 NB 产品市场规模小于 SB 产品市场规模的情形。

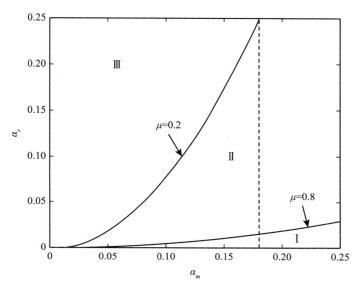

图 7 - 3 OO 和 RR 情形下制造商真实利润的差异

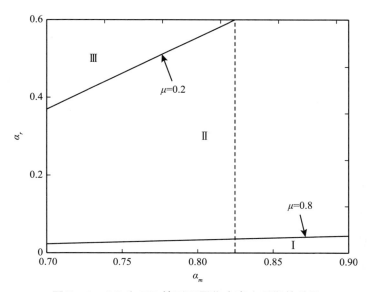

图 7 - 4 OO 和 RR 情形下零售商真实利润的差异

在图7-3、图7-4中，实线上，O型和R型制造商（零售商）的真实利润相同；实线左上方，O型比R型制造商（零售商）的真实利润高（低）；实线右下方，O型比R型制造商（零售商）的真实利润低（高）。

如图7-3、图7-4所示，O型制造商的过度自信程度较低时，即黑色虚线左侧，如果O型零售商的过度自信程度也较低，即区间Ⅰ，$\mu=0.2$和$\mu=0.8$情形下O型均比R型制造商（零售商）的真实利润低（高）；如果O型零售商的过度自信程度较高，即区间Ⅲ，$\mu=0.2$和$\mu=0.8$情形下O型均比R型制造商（零售商）的真实利润高（低）；如果O型零售商的过度自信程度适中，即区间Ⅱ，$\mu=0.2$情形下O型制造商（零售商）的真实利润更低（高），而$\mu=0.8$情形下O型制造商（零售商）的真实利润更高（低）。

O型制造商的过度自信程度转为较高时，即黑色虚线右侧，如果O型零售商的过度自信程度也较低，即区间Ⅰ，$\mu=0.2$和$\mu=0.8$情形下O型均比R型制造商（零售商）的真实利润低（高）；如果O型零售商的过度自信程度较高，即区间Ⅱ，$\mu=0.2$情形下O型制造商（零售商）的真实利润更低（高），而$\mu=0.8$情形下O型制造商（零售商）的真实利润更高（低）。

此外，如图7-5所示，分别在$\mu=0.2$和$\mu=0.8$情形下，比较RR和OO模型可以发现，如果制造商和零售商同时对各自品牌的市场规模过度自信，将至少有一方的真实利润减少，即制造商和零售商将面临"赢-输"（Win-Lose）、"双输"（Lose-Lose）或者"输-赢"（Lose-Win）的结果。

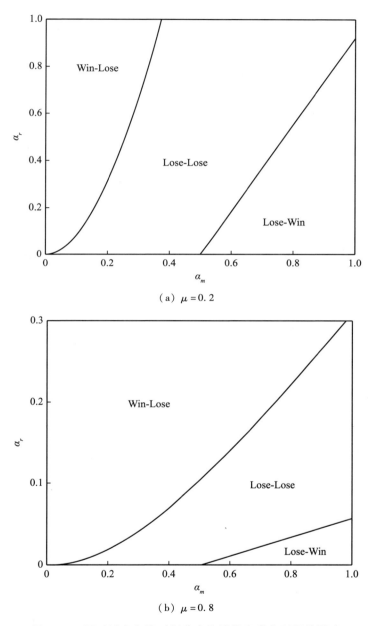

（a）$\mu = 0.2$

（b）$\mu = 0.8$

图 7 - 5　同时过度自信对制造商和零售商真实利润的影响

7.5　本章小结

　　企业的过度自信心理倾向是行为企业理论的一个前沿研究领域，已经引起了学术界和企业管理实务界的高度重视。尽管如此，过度自信对供应链定价策略的影响，相关理论研究还不充分。本章在考虑零售商、制造商或者双方对产品的市场规模过度自信的情形下，深入研究了制造商和零售商在定价决策上的互动关系，并分别与双方均完全理性的情形进行了比较研究，以指出企业过度自信对供应链定价决策及绩效的影响。

　　研究发现：①只考虑零售商对自有品牌的市场规模过度自信的情形下，随着零售商过度自信程度的提高，其自有品牌的终端零售价格上涨，而制造商品牌的终端零售价格下降。②只考虑制造商对其品牌的市场规模过度自信的情形下，随着制造商过度自信程度的提高，制造商品牌的终端零售价格上涨，而自有品牌的终端零售价格不变。③只考虑零售商的过度自信时，零售商认为其过度自信只伤害制造商的利益而不一定伤害自身利益；只考虑制造商的过度自信时，制造商认为过度自信可能伤害零售商的利益但不会伤害自身利益。实际情况往往与过度自信零售商或者制造商感知的不同。具体而言，只考虑零售商的过度自信时，零售商过度自信总是伤害自身利益，却总能提高制造商的真实利润；只考虑制造商的过度自信时，制造商过度自信总是伤害自身利益，却可能提高零售商的真实利润。④比较供应链上下游成员企业同时过度自信和完全理性情形发现，制造商和零售商同时过度自信至少导致一方的真实利润减少。

第 8 章

总　　结

在快速变化的商业环境中，制造商与零售商之间的战略合作对于维持供应链的有效运行至关重要。这种合作不仅提高了资源利用效率，加速了创新和市场响应，降低了运营成本，还增强了企业的市场竞争力，共同构建了一个互利共赢的商业环境，为消费者提供了更高质量、更便捷的产品和服务。然而，信息技术的快速发展、电子商务的广泛普及以及移动电商的崛起，特别是第三方物流服务质量的提升，为制造商开辟直销渠道提供了新的机会。同时，零售商为了增强议价能力、满足消费者多样化的需求、提高盈利能力以及保持市场竞争力，也开始推出自有品牌。这些市场新趋势给供应链的传统合作模式带来巨大挑战，促使供应链参与者必须重新评估和调整他们的策略，以应对日益复杂的渠道冲突和品牌竞争。

本书将竞合博弈理论应用于供应链入侵策略的研究中，将零售商推出自有品牌的情形定义为零售商入侵，而将制造商开辟直销渠道的情形定义为制造商入侵。在此基础上，深入分析零售商推出自有品牌和制造商开辟直销渠道的驱动因素，并全面评估了零售商或者制造商入侵对供应链整体及上下游成员企业利益的影响。这一研究视角为供应链管理提供了新的分析框架，并为供应链的稳定运行提供了坚实的理论基础。通过对竞合博弈的深入探讨，本书旨在为供应链管理和运作提供新的见解和解决方案，帮助企业在复杂多变的市场环境中保持竞争优势。

本书详尽阐述了供应链入侵的触发因素、所带来的影响以及应对策略。首先，本书详细描述了供应链中制造商或零售商入侵现象。在制造商入侵研究中，建立了一个包含制造商和零售商的二级供应链模型。在这个模型中，制造商向零售商批发经典产品，并需要自主决定两个问题：是否建立新的直销渠道，以及新建的直销渠道是销售经典产品还是新产品。在零售商入侵研究中，零售商在分销制造商的经典产品的基础上，决定是否推出具有网络外部性特征的全新自有品牌。其次，本书还考虑了供应链双重入侵的情况，即在当零售商推出自有品牌的情况下，制造商也可能开辟直销渠道。当零售商推出自有品牌时，制造商开辟直销渠道将降低对零售商的依赖，提升制造商品牌的竞争力。最后，本书重点关注了制造商或零售商入侵下的供应链竞合博弈研究。此外，本书还关注了供应链上下游成员对品牌的市场规模过度自信的心理，分析了这种心理状态如何影响零售商品牌竞争下的供应链定价策略，并评估了过度自信对供应链成员利润的影响，为供应链管理的实践提供了更为深入和全面的指导。

研究内容和主要结论分为三部分，具体如下：

第一部分：基于竞合博弈的供应链单边入侵策略研究。

首先，本书只考虑制造商开辟直销渠道的情形，构建了一个包含制造商与零售商的二级供应链模型。在此模型中，制造商不仅向零售商批发经典产品，还需自主决策是否开辟一个新的直销渠道以推广新产品。我们计算了制造商开辟直销渠道的具体条件，并对制造商不开辟和开辟直销渠道的情形进行了对比分析，进而评估了制造商单边入侵对供应链中两个主要成员，即制造商与零售商，在均衡状态下的决策制定及盈利能力所产生的影响。其次，只考虑零售商推出自有品牌的情形，并构建了一个由制造商与零售商构成的二级供应链模型。通过数理模型的逻辑推理，明确界定了零售商推出自有品牌的具体条件。在此基础上，我们进行了敏感性分析，深入探讨了网络外部性强度的变化以及品牌差异化程度的变化对供应链整体以及上下游成员企业盈利能力的影响。

（1）制造商入侵研究：①若新建的直销渠道竞争力强且新产品的网络外部性较强，制造商应该开辟直销渠道并在直销渠道中销售具有网络外部性的新产品而不是零售渠道中的经典产品。当制造商开辟直销渠道且在直销渠道中销售具有网络外部性的新产品时，零售商可能退出市场。②新产品入侵对制造商有利，但也不一定就伤害零售商的利益。具体而言，在特定条件下，即当新产品的网络外部性和直销渠道竞争力靠近制造商入侵条件的边界时，制造商入侵也能实现双赢。③在某些商业环境下，提升新产品的网络外部性或直销渠道的竞争力并非总是有利于制造商。④在网络外部性较弱和直销效率低的情况下，制造商倾向于在新建立的直销渠道销售经典产品而非新产品。

（2）零售商入侵研究：①在零售商推出自有品牌的情况下，

制造商品牌可能退出市场，这一结论在现有文献中是不可能的。②与直觉相反，当自有品牌的网络外部性过强时，零售商反而不会推出自有品牌。③当零售商入侵条件达到时，推出自有品牌总是对零售商有利的。④零售商可以通过减少其自有品牌的网络效应强度或增加自有品牌与制造商品牌之间的差异性，来降低推出自有品牌的难度。

第二部分：基于竞合博弈的供应链双重入侵策略研究。

本书构建了涵盖四种不同情形的供应链竞合博弈模型，涉及制造商和零售商入侵均未发生的基准情形、只发生零售商入侵的情形、只发生制造商入侵的情形以及制造商和零售商入侵均发生的情形。通过比较分析得到，零售商推出自有品牌的条件。在零售商推出自有品牌的情形下，得到制造商开辟直销渠道的条件。在此基础上，本书深入剖析了供应链双重入侵对制造商和零售商盈利能力的影响。

（1）成本影响因素：①当自有品牌的生产成本相对较低时，零售商推出自有品牌；在零售商推出自有品牌的情形下，如果直销成本较低，制造商则开辟直销渠道，以应对零售商入侵。②在零售商没有推出自有品牌的情形下，制造商开辟直销渠道的门槛总是更高。③在零售商推出自有品牌的情形下，制造商开辟直销渠道仍然可能实现双赢。

（2）品牌偏好及替代率影响：①在自有品牌和制造商品牌之间替代率保持在较低水平的情况下，零售商推出自有品牌的门槛也较低。但是，在零售商推出自有品牌的情形下，随着自有品牌和制造商品牌之间替代率的上升，制造商开辟直销渠道的意愿却不一定提升。当消费者对自有品牌的偏好提高时，零售商推出自有品牌的门槛降低，而制造商开辟直销渠道的意愿则降低。②消费者对自有品牌的偏好越高，制造商与零售商实现双赢的可能性反而越大。

第三部分：零售商入侵下的竞合博弈研究。

考虑了零售商、制造商或者双方对品牌的市场规模过度自信的情形，其中制造商可能对制造商品牌的市场规模过度自信，而零售商也可能对自有品牌的市场规模过度自信。在此基础上，刻画完全理性和过度自信的供应链上下游成员企业，研究过度自信情形下制造商和零售商之间的定价决策互动，并与双方均完全理性的情形进行了比较分析，以指出企业过度自信对供应链上下游成员企业决策和盈利能力的影响。研究结论包括：①如果发生零售商对自有品牌的市场规模过度自信的情况，自有品牌的零售价格上涨，制造商品牌的零售价格下降。②如果发生制造商对品牌的市场规模过度自信的情况，制造商品牌的零售价格上涨，而自有品牌的零售价格保持不变。③当仅将焦点放在零售商的过度自信上时，可以发现零售商对自有品牌的过度自信往往会对其自身的利益造成损害，而与此同时，却有可能提升制造商的实际盈利水平。相反，如果只关注制造商的过度自信，这种过度自信通常会对制造商自身的利益产生负面影响，但在某些情况下，它却可能对零售商的实际利润产生积极的影响。④当制造商和零售商同时过度自信时，至少一方的实际利润将减少。

附录 A 第 4 章的相关说明

A. 1 没有制造商入侵终端市场的基准情形

在没有制造商入侵终端市场的基准情形下，制造商负责生产，零售商负责产品销售。具体来说，在分散决策的情况下，制造商生产一种经典产品，独立零售商以批发单价 w^b 从制造商处购买产品，然后以零售价 p_R^b 卖给消费者。

假设消费者对该产品的需求由线性逆需求函数 $p_R^b = a - q_R^b$ 表述。在这种情况下，供应链成员在无入侵情况下的利润为：

$$\pi_M^b = w^b q_R^b, \quad \pi_R^b = (p_R^b - w^b) q_R^b \qquad (A-1)$$

决策顺序如下：制造商作为斯塔克尔伯格的领导者首先确定其批发价格 w^b，之后零售商决策销售数量 q_R^b。

A. 2 制造商使用经典产品入侵终端市场的情形

在这种情况下，制造商在现有零售渠道和新开辟的直销渠道中销售经典产品。参考艾莉娅等（Arya et al. ，2007）、杨等（Yang et al. ，2018a）和关等（Guan et al. ，2020）的研究，本章假设两个渠道中的逆需求函数是相同的，因此：

$$p_R^s = p_M^s = a - q_R^s - q_M^s \qquad (A-2)$$

其中，q_R^s 和 q_M^s 分别为经典产品在零售和直销渠道中的销售情况。消费者在两个渠道中支付相同的零售价（即 $p_R^s = p_M^s$）。

因此，两个供应链成员的利润分别为：

$$\pi_M^s = w^s q_R^s + (p_M^s - c) q_M^s, \quad \pi_R^s = (p_R^s - w^s) q_R^s \qquad (A-3)$$

同样，在经典产品入侵的情况下，作为斯塔克尔伯格领导者的制造商首先决策其批发价格 w^s，其次是零售商决策销售数量 q_R^s，最后是基于 w^s 和 q_R^s，确定经典产品在直销渠道中的销售数量 q_M^s。该决策顺序也常用于制造商入侵的文献中（Arya et al.，2007；Wang & Li，2021）。

A.3　制造商使用新产品入侵终端市场情形下的均衡结果

命题 4-9：当满足命题 4-1 中的入侵条件时，表 A-1 总结了网络外部性强度 μ 与直销成本 c 不同组合下的均衡结果。

表 A-1　制造商使用新产品入侵终端市场情形下的均衡结果

μ	$\mu \leqslant \min\{\mu_1, 1\}$	$\mu_1 < \mu \leqslant 1$	
c	$c < c_1$	$c_3 < c < c_1$	$c \leqslant c_3$
w^{n*}	$\dfrac{[8-6\beta^2+\beta^3-2(2-\beta^2)\mu]a-\beta^3 c}{16-10\beta^2-(8-3\beta^2)\mu}$	NA	
q_R^{n*}	$\dfrac{2[2\beta c-(\mu-2+2\beta)a]}{16-10\beta^2-(8-3\beta^2)\mu}$	0	

续表

q_M^{n*}	$\dfrac{(2+\beta)(4-3\beta)a-(8-3\beta^2)c}{16-10\beta^2-(8-3\beta^2)\mu}$	$\dfrac{a-c}{2-\mu}$
π_R^{n*}	$\dfrac{2(2-\beta^2)\left[2\beta c-(\mu-2+2\beta)a\right]^2}{\left[16-10\beta^2-(8-3\beta^2)\mu\right]^2}$	0
π_M^{n*}	$\dfrac{(8-\beta^2)c^2-2a(8-\beta^2-4\beta+\beta\mu)c}{\left[16-10\beta^2-(8-3\beta^2)\mu\right]^2}(8-5\beta^2)$ $+\dfrac{a^2\left[4(2-\beta^2)\mu^2-2(2-\beta)(8-5\beta^2)\mu+(8-5\beta^2)(12+8\beta+\beta^2)\right]}{\left[16-10\beta^2-(8-3\beta^2)\mu\right]^2}$	$\left(\dfrac{a-c}{2-\mu}\right)^2$

表 A-1 表明，只要新产品的网络外部性足够强（$\mu_1<\mu\leq1$）且其直销渠道具有足够的竞争力（$c\leq c_3$），制造商就可以通过入侵新产品有效地将零售商赶出市场（见表 A-1 的最后一列）。

假设 $0\leq\mu\leq1$ 且 $c<c_1=3a/5$，将 $\beta=1$ 和 $\mu=0$ 代入表 A-1 中的结果，我们得到：

推论 4-3：当制造商用经典的产品入侵终端市场时，均衡结果可以总结为 $w^{s^*}=(3a-c)/6$，$q_R^{s^*}=2c/3$，$q_M^{s^*}=(3a-5c)/6$，$\pi_R^{s^*}=2c^2/9$ 和 $\pi_M^{s^*}=(3a^2-6ac+7c^2)/12$。

推论 4-3 与艾莉娅等（Arya et al.，2007）文中式（4-11）和式（4-12）给出的结果相对应。

A.4　使用新产品入侵终端市场的情形与没有入侵的情形对比

命题 4-10：与基准情形相比，只要零售商在制造商入侵新产品时没有被完全赶出市场（$q_R^{n^*}>0$），他就可以享受到更低的经典产品批发价格（$w^{n^*} < w^{b^*}$），从而使他能够执行更低的零售价（$p_R^{n^*} < p_R^{b^*}$）。在这种情况下，零售商将获得更低的边际利润（$p_R^{n^*} - w^{n^*} < p_R^{b^*} - w^{b^*}$）。

在入侵情形下，制造商从两个来源获得收入，即来自零售商的批发收入和来自直销渠道的零售收入。在这种情况下，制造商通过平衡这两种收入来源来实现利润最大化。从理论上讲，制造商可以降低批发价格以保持零售商在零售渠道中的积极性，也可以提高批发价格以增强直销渠道的竞争力。因此，当制造商使用新产品入侵终端市场时，如何在零售渠道中为经典产品定价是一个重要问题。命题 4 - 10 给出了这一问题的答案。

命题 4 - 10 表明，与没有入侵的情况相比，如果零售商不能在新产品入侵终端市场的情况下被赶出市场，制造商总是为零售渠道中的经典产品设定较低的批发价格。作为回应，零售商会执行较低的零售价。在制造商的竞争压力下，零售商最终获得了较低的边际利润。

A.5 使用新产品入侵终端市场时针对销售数量的敏感性分析

命题 4 - 11：当制造商使用新产品入侵终端市场时，我们得到，

（1）$\dfrac{\partial q_m^{n^*}}{\partial \mu} > 0$ 且 $\dfrac{\partial q_m^{n^*}}{\partial c} < 0$；

（2）当 $q_r^{n^*} > 0$ 时，$\dfrac{\partial q_r^{n^*}}{\partial \mu} < 0$ 且 $\dfrac{\partial q_r^{n^*}}{\partial c} > 0$。

命题 4 – 11 表明，提供具有更强网络外部性（较大的 μ）的新产品有助于制造商通过直销渠道向消费者销售更多的新产品。这个结果也与现实的观察一致，即越来越多的制造商投资于新产品的推广，以提升他们直销渠道的销售数量。相反，只要零售商继续活跃于市场，提供具有较低网络外部性（较小的 μ）的新产品会加强现有零售渠道的竞争优势，从而提高零售渠道中经典产品的均衡销售数量。

同样，一个更具竞争力的直销渠道（较低的 c）会提升直销渠道的销售额，但只要零售商在市场上保持活跃，零售渠道的销售额就会减少。

A.6 使用新产品入侵终端市场的情形与经典产品入侵终端市场的情形比较

命题 4 – 12：当推论 4 – 1 中的入侵条件得到满足时，表 A – 2 总结了两种产品的供应策略在均衡决策上的差异。

表 A – 2　　　不同产品供应策略下直销渠道销售数量的差异

参数（μ 和 c）		q_M^{n*} vs q_M^{s*}
$\mu \leqslant \mu_3$	$c \leqslant c_{10}$	ES7：$q_M^{s*} \geqslant q_M^{n*}$
	$c_{10} < c < c_2$	ES8：$q_M^{n*} > q_M^{s*}$
$\mu_3 < \mu \leqslant 1$	$c < c_2$	ES8：$q_M^{n*} > q_M^{s*}$

注：1. $c_{10} = 3a[4\beta(1-\beta) - (8-3\beta^2)\mu]/[32(1-\beta^2) - 5(8-3\beta^2)\mu]$。
2. $\mu_3 = 4\beta(1-\beta)/(8-3\beta^2)$。

回想一下，模型参数 μ 代表新产品的网络外部性强度，如果 μ 越高，网络外部性越强。此外，直销成本 c 表示直销渠道的竞争力。如果 c 越低，直销渠道的竞争就越强。表 A – 2 比较了两种入侵策略（使用新产品入侵终端市场或使用经典产品入侵终端市场）之间制造商的直销渠道销售数量。给定 μ 和 c 的不同组合，可能会出现两种性质不同的情形：ES7 表示直销渠道在经典产品入侵下销售数量更多的情形（即 $q_M^{s*} \geqslant q_M^{n*}$），而 ES8 表示该渠道在新产品入侵终端市场的情形下销售数量更多的情形（即 $q_M^{n*} > q_M^{s*}$）。具体来说，当网络外部性的强度相对较弱（$\mu \leqslant \mu_3$），且直销成本 c 接近零时，制造商在经典的产品入侵下成为事实上的垄断，但在新产品入侵终端市场的情形下必须与零售商竞争。在这种情形下，当 $c = 0$ 时，经典产品的直销数量高于新产品的直销数量（$q_M^{s*} \geqslant q_M^{n*}$）。当 c 增加时，无论制造商使用新产品入侵终端市场还是使用经典产品入侵终端市场，直销渠道销售数量都会减少，但 q_M^{s*} 的下降速度快于 q_M^{n*}。然而，当网络外部性足够强时（$\mu_3 < \mu \leqslant 1$），ES7 将不再可能发生，直销渠道总是在新产品入侵终端市场的情形下销售数量更大。

表 A – 3 展示了制造商的批发价格如何随其入侵策略的改变而变化，可以将其分为两种情况：ES9 代表了在新产品入侵终端市场的情形下，制造商向零售商提供更友好的批发价格的情形（即 $w^{s*} \geqslant w^{n*}$），而 ES10 则确定了在经典产品入侵的情形下，制造商向零售商提供更友好的批发价格的情形（即 $w^{n*} > w^{s*}$）。具体来说，当网络外部性较弱时（$\mu \leqslant \min\{\mu_1, 1\}$），如果直销渠道竞争更强（$c \leqslant c_{11}$），制造商在新产品入侵终端市场的情形下将向零售商提供较低的批发价格 ($w^{s^*} \geq w^{n^*}$)；如果直销渠道竞争较弱 ($c_{11} < c < c_2$)，制造商在使用经典产品入侵下向零售商提供较高的批发价格 ($w^{n^*} > w^{s^*}$)。否则，当网络外部性足够强 ($\mu_1 < \mu \leq 1$) 时，在使用新产品入侵终端市场时，制造商总是提供更高的批发价格来保护其直销渠道 ($w^{n^*} > w^{s^*}$)。

表 A - 3　　　　　　　　**不同产品供应策略下批发价格的差异**

参数（μ 和 c）		w^{n^*} vs w^{b^*}
$\mu \leq \min\{\mu_1,\ 1\}$	$c \leq c_{11}$	ES9：$w^{s^*} \geq w^{n^*}$
	$c_{11} < c < c_2$	ES10：$w^{n^*} > w^{s^*}$
$\mu_1 < \mu \leq 1$	$c < c_2$	ES10：$w^{n^*} > w^{s^*}$

注：$c_{11} = -3a\beta^2(\mu - 2 + 2\beta)/[2(1-\beta)(8 + 8\beta + 3\beta^2) - (8 - 3\beta^2)\mu]$。

　　表 A - 4 中关于零售渠道中经典产品销售数量的结果与两种入侵策略下制造商批发价格的结果基本相反，最大的变化仅仅是直销成本 c 的临界值发生的变化（c_{11} 在表 A - 3 中变为 c_{12}）。另一个细微差别是网络外部性足够强时的情形（$\mu_1 < \mu \leq 1$），它将由两个子情形组成，而不是表 A - 3 中的单一情形。在这种情形下，零售商在使用新产品入侵终端市场的情形下的销售数量总是减少。不同之处在于，在 ES13 中，当直销渠道的竞争力较强时（$c \leq c_3$），零售商会被完全赶出市场，但在 ES12 中，当直销渠道的竞争力较弱时（$c_3 < c < c_2$），零售商仍然保持活跃。

表 A – 4   不同产品供应策略下零售数量的差异

参数（μ 和 c）		q_R^{n*} vs q_R^{b*}
$\mu \leqslant \min\{\mu_1,\ 1\}$	$c \leqslant c_{12}$	ES11：$q_r^{n*} \geqslant q_r^{s*} > 0$
	$c_{12} < c < c_2$	ES12：$q_r^{s*} > q_r^{n*} > 0$
$\mu_1 < \mu \leqslant 1$	$c \leqslant c_3$	ES13：$q_r^{s*} > q_r^{n*} = 0$
	$c_3 < c < c_2$	ES12：$q_r^{s*} > q_r^{n*} > 0$

注：$c_{12} = -3a(\mu - 2 + 2\beta)/[2(1-\beta)(8+5\beta) - (8-3\beta^2)\mu]$。

附录 B　第 4 章的命题证明和附加图解

B.1　命题证明

B.1.1　命题 4 - 1 的证明

通过逆向归纳和第 4.3 节中的决策顺序，我们得到了直销渠道下制造商新产品最优销售数量 q_R^n 的一阶条件为：

$$q_M^n(q_R^n) = \frac{a - c - \beta q_R^n + \mu q_M^e}{2} \qquad （B-1）$$

在给定批发价格 w^n 的情况下，零售商在预期制造商的反应 $q_M^n(q_R^n)$ 的情况下，决定经典产品在零售渠道中的销售数量 q_R^n，以使其利润最大化：

$$\pi_R^n = \left[a - q_R^n - q_M^n(q_R^n) - w^n \right] q_R^n \qquad （B-2）$$

对式（B-2）中的 q_R^n 进行一阶求导，我们得出 $q_R^n(w^n)$：

$$q_R^n(w^n) = \frac{2a - a\beta + \beta c - \beta\mu q_M^e - 2w^n}{2(2 - \beta^2)} \qquad （B-3）$$

根据式（B-3）预测零售商的反应 $q_R^n(w^n)$，制造商确定经典产品的批发价 w^n，以实现利润最大化。将 $q_M^n(q_R^n)$ 和 $q_R^n(w^n)$

代入式（4-2），得到 $\pi_M^n(w^n)$。然后，通过求解一阶条件，我们得到 $w^n(q_M^e)$：

$$w^n(q_M^e) = \frac{(8 - 6\beta^2 + \beta^3)a - \beta^3 c + \beta^3 \mu q_M^e}{2(8 - 5\beta^2)} \qquad (B-4)$$

将式（B-4）中 $w^n(q_M^e)$ 代入式（B-3）中的 $q_R^n(w^n)$，再将所得结果 $q_R^n(q_M^e)$ 代入式（B-1）中的 $q_M^n(q_R^n)$，结果 $q_M^n(q_M^e)$ 如下：

$$q_M^n(q_M^e) = \frac{(8 - 2\beta - 3\beta^2)a - (8 - 3\beta^2)(c - \mu q_M^e)}{2(8 - 5\beta^2)} \qquad (B-5)$$

根据卡茨和夏皮罗（1985）以及弋和杨（2017）对满足预期均衡的分析，新产品的预期销售数量等于实现均衡值，即 $q_M^n = q_M^{e*}$。根据这一概念，我们可以得到新产品的均衡销售数量：

$$q_M^{n*} = q_M^{e*} = \frac{(2 + \beta)(4 - 3\beta)a - (8 - 3\beta^2)c}{16 - 10\beta^2 - (8 - 3\beta^2)\mu} \qquad (B-6)$$

由于在所有 $\mu \in [0, 1]$ 和 $\beta \in (0, 1)$ 的条件下，$16 - 10\beta^2 - (8 - 3\beta^2)\mu$ 随 μ 递减，且 $[16 - 10\beta^2 - (8 - 3\beta^2)\mu]|_{\mu=1} = 8 - 7\beta^2 > 0$，因此如果 $c < c_1 \triangleq \frac{(4 - 3\beta)(2 + \beta)}{8 - 3\beta^2}a$，则 $q_M^{n*} > 0$。

B.1.2　命题 4-2 的证明

通过比较 q_R^{n*} 和 q_R^{b*}，可以得出：

$$q_R^{n*} - q_R^{b*} = \frac{[16c - (16 - 10\beta + 3\beta\mu)a]\beta}{4[16 - 10\beta^2 - (8 - 3\beta^2)\mu]} \qquad (B-7)$$

令 $q_R^{n*} = 0$ 可得到 $c = c_3 \triangleq [\mu - 2(1 - \beta)]a/(2\beta) > 0$。令式（B-7）等于零，则 $c = c_4 \triangleq a(16 - 10\beta + 3\beta\mu)/16 > 0$。对于所有

$\mu \in [0, 1]$ 和 $\beta \in (0, 1)$，$c_1 - c_4 = \dfrac{3a\beta\left[16 - 10\beta^2 - (8 - 3\beta^2)\mu\right]}{16(8 - 3\beta^2)} >$

0 且 $c_3 - c_4 = -\dfrac{a\left[16 - 10\beta^2 - (8 - 3\beta^2)\mu\right]}{16\beta} < 0$。然后，我们得出 $c_3 <$

$c_4 < c_1$ 的结论。根据 c 的这三个临界值，式（B-7）可以分为三种性质不同的情形：ES1 表示 $c_4 < c < c_1$ 时 $q_R^{n^*} > q_R^{b^*} > 0$ 的情形；ES2 表示 $c_3 < c \leq c_4$ 时 $q_R^{b^*} \geq q_R^{n^*} > 0$ 的情形；ES3 表示 $c \leq c_3$ 时 $q_R^{b^*} \geq$ $q_R^{n^*} = 0$ 的情形。

如命题 4-2 所示，基于 $c_3 \leq 0$ 和 $c_3 > 0$ 关于 β 和 μ 不同组合的条件，我们可以识别出两种不同的情形：在 $\mu \leq \min\{\mu_1, 1\}$ 的条件下，当直销成本 c 从低（$c \leq c_4$）增加到高（$c_4 < c < c_1$）时，ES1 和 ES2 以连续的顺序出现；当直销成本 c 从低（$c \leq c_3$）增加到中等水平（$c_3 < c \leq c_4$），然后再增加到高（$c_4 < c < c_1$）时，ES1、ES2 和 ES3 将依次出现。

B.1.3　命题 4-3 的证明

通过比较 $\pi_M^{n^*}$ 和 $\pi_M^{b^*}$，可得：

$$\pi_M^{n^*} - \pi_M^{b^*} = \frac{8(8 - \beta^2)c^2 - 16a(8 - \beta^2 - 4\beta + \beta u)c}{8\left[16 - 10\beta^2 - (8 - 3\beta^2)\mu\right]^2}(8 - 5\beta^2)$$

$$+ \frac{a^2(4 - 3\beta)\left[\beta^2(4 + 3\beta)u^2 + 4\beta(8 - 5\beta^2)u + 4(4 - \beta)(8 - 5\beta^2)\right]}{8\left[16 - 10\beta^2 - (8 - 3\beta^2)\mu\right]^2}$$

$$\text{（B-8）}$$

显然，$\dfrac{\partial^2(\pi_M^{n^*} - \pi_M^{b^*})}{\partial^2 c} = \dfrac{2(8 - \beta^2)(8 - 5\beta^2)}{\left[16 - 10\beta^2 - (8 - 3\beta^2)\mu\right]^2} > 0$。因此，

$\pi_M^{n^*} - \pi_M^{b^*}$ 是关于 c 的二次凸函数。对于二次方程 $\pi_M^{n^*} - \pi_M^{b^*} = 0$，

由 $\Delta = -32a^2\beta^2(8-5\beta^2)[16-10\beta^2-(8-3\beta^2)\mu]^2 < 0$，我们得出 $\pi_M^{n^*} - \pi_M^{b^*}$ 恒正且 $\pi_M^{n^*} > \pi_M^{b^*}$。

B.1.4 命题 4-4 的证明

命题 4-2 表明，若 $\mu_1 < \mu \leq 1$ 且 $c \leq c_3$，$q_R^{n^*} = 0$。在这种情况下，$\pi_R^{n^*} - \pi_R^{b^*} = -\pi_R^{b^*} < 0$。命题 4-2 也指出，若 $\mu \leq \min\{\mu_1, 1\}$ 且 $c < c_1$ 或 $\mu_1 < \mu \leq 1$ 且 $c_3 < c < c_1$，则 $q_R^{n^*} > 0$。在这种情况下，通过 $\pi_R^{n^*} > 0$ 与 $\pi_R^{b^*}$ 的比较，可得：

$$f_1 = \pi_R^{n^*} - \pi_R^{b^*} = \frac{128(2-\beta^2)[a(2-2\beta-\mu)+\beta c]c+a^2(4-3\beta)}{16[16-10\beta^2-(8-3\beta^2)\mu]^2}\beta \cdot [\beta(4+3\beta)\mu^2+4(1+\mu)(16+4\beta-5\beta^2)]$$

$$(B-9)$$

显然，$\dfrac{\partial^2 f_1}{\partial^2 c} = \dfrac{16\beta^2(2-\beta^2)}{[16-10\beta^2-(8-3\beta^2)\mu]^2} > 0$。因此，$f_1$ 是关于 c 的二次凸函数。对于 $f_1 = 0$，当 $\mu \in [0, 1]$ 时 $\Delta = 512a^2\beta^2(2-\beta^2)[16-10\beta^2-(8-3\beta^2)\mu]^2 > 0$。因此，$f_1 = 0$ 有两个根。

注意，对于 $c > c_3$，$f_1|_{c=c_4} = -a^2\beta^2/32 < 0$ 和 $f_1|_{c=c_3} = -a^2/16 < 0$，$\dfrac{\partial f_1}{\partial c} = \dfrac{8\beta(2-\beta^2)[2\beta c+(2-2\beta-\mu)a]}{[16-10\beta^2-(8-3\beta^2)\mu]^2} > 0$，进一步可得 $c_3 < c \leq c_4$ 时 $f_1 < 0$。因此，给定 $c_3 < c \leq c_4$，命题 4-2 得出 $q_R^{b^*} \geq q_R^{n^*} > 0$，并且命题 4-4（1）进一步表明 $\pi_R^{n^*} \leq \pi_R^{b^*}$。

进一步来看，如之前所提到的，当 $c > c_3$ 且 $f_1|_{c=c_4} = -a^2\beta^2/32 < 0$ 时 $\dfrac{\partial f_1}{\partial c} > 0$，但 $f_1|_{c=c_1} = \dfrac{a^2\beta^2(4-3\beta)(4+3\beta)}{16(8-3\beta^2)^2} > 0$。因此，在

$c_4 < c < c_1$ 条件下 $f_1 = 0$ 有唯一的根，即 $c = c_6 \triangleq$

$$\frac{8(\mu - 2 + 2\beta)\sqrt{2 - \beta^2} + [16 - 10\beta^2 - (8 - 3\beta^2)\mu]\sqrt{2}}{16\beta\sqrt{2 - \beta^2}}$$。因此，我们

得到 $c_4 < c \leqslant c_6$ 时 $\pi_R^{n^*} \leqslant \pi_R^{b^*}$，但是当 $c_6 < c < c_1$ 时 $\pi_R^{n^*} > \pi_R^{b^*}$。

B.1.5　命题 4-5 的证明

当 $q_R^{n^*} > 0$ 且 $q_M^{n^*} > 0$ 时，$\pi_r^{n^*}$ 对 μ 和 c 求偏导可得到 $\dfrac{\partial \pi_R^{n^*}}{\partial \mu} =$

$$\frac{-8\beta(2 - \beta^2)[(2 + \beta)(4 - 3\beta)a - (8 - 3\beta^2)c][2\beta c - (\mu - 2 + 2\beta)a]}{[16 - 10\beta^2 - (8 - 3\beta^2)\mu]^3} <$$

0 和 $\dfrac{\partial \pi_R^{n^*}}{\partial c} = \dfrac{8\beta(2 - \beta^2)[2\beta c - (\mu - 2 + 2\beta)a]}{[16 - 10\beta^2 - (8 - 3\beta^2)\mu]^2} > 0$。

均衡结果 $\pi_M^{n^*}$ 见附录 A.3 中命题 4-9 中表 4-6 最后一栏。在这种情况下，在 $\mu \in [0, 1]$ 和 $\beta \in (0, 1)$ 的范围内，$\pi_M^{n^*}$ 通过对 μ 和 c 求偏导，我们得到 $\partial \pi_M^{n^*} / \partial \mu = 2(a - c)^2 / (2 - \mu)^3 > 0$ 和 $\partial \pi_M^{n^*} / \partial c = -2(a - c) / (2 - \mu)^2 < 0$。

当 $q_R^{n^*} > 0$ 时，均衡结果 $\pi_M^{n^*}$ 也如附录 A.3 中命题 4-9 中表 4-6 所示。在这种情况下，$\pi_M^{n^*}$ 通过对 μ 和 c 求偏导，可得到 $\dfrac{\partial \pi_M^{n^*}}{\partial \mu} =$

$$\frac{-2(8 - 5\beta^2)(8 - \beta^2)[(2 + \beta)(4 - 3\beta)a - (8 - 3\beta^2)c](c - c_7)}{[16 - 10\beta^2 - (8 - 3\beta^2)\mu]^3}$$ 和

$\dfrac{\partial \pi_M^{n^*}}{\partial c} = \dfrac{2(8 - 5\beta^2)(8 - \beta^2)(c - c_7)}{[16 - 10\beta^2 - (8 - 3\beta^2)\mu]^2}$，其中 $c_7 = \dfrac{8 - (4 + \beta + \mu)\beta}{8 - \beta^2}a$。

很明显，对于 $\mu \in [0, 1]$ 和 $\beta \in (0, 1)$，$c_1 - c_7 =$

$\dfrac{a\beta[16 - 10\beta^2 - (8 - 3\beta^2)\mu]}{(8 - 3\beta^2)(8 - \beta^2)} > 0$ 且 $\dfrac{a\beta[16 - 10\beta^2 - (8 - 3\beta^2)\mu]}{16(8 - \beta^2)} > 0$。

因此，假设 $c_3 < c \leqslant c_4$，命题 4 - 2 得出 $q_R^{b^*} \geqslant q_R^{n^*} > 0$，而命题 4 - 5（2）进一步证实 $\partial \pi_M^{n^*} / \partial \mu > 0$ 且 $\partial \pi_M^{n^*} / \partial c < 0$。假设 $c_4 < c \leqslant c_7$，命题 4 - 2 表明 $q_R^{n^*} > q_R^{b^*} > 0$，命题 4 - 5（3）进一步表明 $\partial \pi_M^{n^*} / \partial \mu \geqslant 0$ 且 $\partial \pi_M^{n^*} / \partial c \leqslant 0$。然而，给定 $c_7 < c < c_1$，命题 4 - 2 表明 $q_R^{n^*} > q_R^{b^*} > 0$，而命题 4 - 5（3）进一步得出 $\partial \pi_M^{n^*} / \partial \mu < 0$ 和 $\partial \pi_M^{n^*} / \partial c > 0$。

B.1.6 命题 4 - 6 的证明

若 $\mu_1 < \mu \leqslant 1$，当 $c_3 > 0$ 时，可得若 $c \leqslant c_3$，$q_R^{n^*} = 0$。在 $q_R^{n^*} = 0$ 的情况下，通过比较 $\pi_M^{n^*}$（如表 4 - 3 中最后一行所示）和 $\pi_M^{s^*}$，可得：

$$f_2 = \pi_M^{n^*} - \pi_M^{s^*} = \frac{-(16 - 28\mu + 7\mu^2)c^2 + 3a\mu(4 - \mu)(a - 2c)}{12(2 - \mu)^2}$$

$$(B - 10)$$

注意，$f_3 = f_2 \big|_{c = c_3} = a^2 [-7\mu^2 + 4(7 - 2\beta)\mu - 16(1 - \beta)^2] / (48\beta^2)$，当 $\mu \in [0, 1]$ 且 $\beta \in (0, 1)$ 时，$f_3 \big|_{\mu = \mu_1} = 12a^2(1 - \beta)(1 + \beta) / (4\beta^2) > 0$，$f_3 \big|_{\mu = 1} = a^2(5 - 4\beta)(1 + 4\beta) / (48\beta^2) > 0$，和 $\frac{\partial f_3}{\partial \mu} = 2a^2(14 - 7\mu + 8\beta) / (24\beta^2) > 0$。因此得出 $f_3 = f_2 \big|_{c = c_3} > 0$。同理可证 $f_2 \big|_{c = 0} = \frac{3a^2\mu(4 - \mu)}{12(2 - \mu)^2} > 0$。

当 $f_4 = \frac{\partial f_2}{\partial c} = \frac{-(16 - 28\mu + 7\mu^2)c - 3a\mu(4 - \mu)}{6(2 - \mu)^2}$，可得 $f_4 \big|_{c = 0} = a\mu(4 - \mu) / [2(2 - \mu)^2] < 0$ 与 $f_5 = f_4 \big|_{c = c_3} = a[7\mu^2 - 4(7 - 2\beta)\mu + 16(1 - \beta)] / [12\beta(2 - \mu)]$。此外，在 $\mu \in [0, 1]$ 和 $\beta \in (0, 1)$

下，$f_5|_{\mu=\mu_1} = -a(1-\beta)(1+\beta)/(2\beta^2) < 0$，$f_5|_{\mu=1} = -a(5+8\beta)/(12\beta) < 0$ 且 $\dfrac{\partial f_5}{\partial \mu} = -a(7\mu^2 - 28\mu + 40)/(12\beta(2-\mu)^2) < 0$。

因此，可得 $f_5 = f_4|_{c=c_3} < 0$，并且进一步可证明 $0 < c \leqslant c_3$ 时 $f_4 = \dfrac{\partial f_2}{\partial c} < 0$。

当 $f_4 = \dfrac{\partial f_2}{\partial c} < 0$，$f_2|_{c=0} > 0$ 且 $f_3 = f_2|_{c=c_3} > 0$，在 $\mu_1 < \mu \leqslant 1$ 和 $c \leqslant c_3$ 下，可得到 $f_2 \geqslant 0$ 且 $\pi_M^{n^*} \geqslant \pi_M^{s^*}$。

相似地，当不同 β、μ 和 c 组合下的 $q_R^{n^*} > 0$ 出现时，通过比较 $\pi_M^{n^*}$ 与 $\pi_M^{s^*}$，可得 $f_6 = \pi_M^{n^*} - \pi_M^{s^*}$。令 $f_6 = 0$，可证出 $\Delta = -48a^2 f_7 [16 - 10\beta^2 - (8-3\beta^2)\mu]^2$，其中 $f_7 = (8 - 20\beta^2 + 9\beta^4)\mu^2 + 4(1-\beta)(8-5\beta^2)[(1+3\beta)\mu - 4(1-\beta)]$。我们的 MATLAB 绘图证实了 $f_7 < 0$ 与 $\Delta > 0$，并在 $\mu \in [0, 1]$ 和 $\beta \in (0, 1]$ 的范围内保持不变。因此，$f_6 = 0$ 有两个实根。

注意，$f_6|_{c=0} = \dfrac{-a^2 f_8}{4[16 - 10\beta^2 - (8-3\beta^2)\mu]^2}$，其中 $f_8 = (32 - 32\beta^2 + 9\beta^4)\mu^2 + 4(8-5\beta^2)[(3\beta^2 - 2\beta - 4)\mu - 4(1-\beta)^2]$。我们的 MATLAB 绘图证实了 $f_8 < 0$ 与 $f_6|_{c=0} > 0$ $\Delta > 0$，并在 $\mu \in [0, 1]$ 和 $\beta \in (0, 1]$ 的范围内保持不变。

注意，$f_9 = f_6|_{c=c_3} = -a^2 [7\mu^2 - 4(7-4\beta)\mu + 16(1-\beta)^2]/(48\beta^2)$，由此可得在 $\mu \in [0, 1]$ 与 $\beta \in (0, 1]$ 下，$f_9|_{\mu=\mu_1} = 12a^2(1-\beta)(1+\beta)/(4\beta^2) > 0$，$f_3|_{\mu=1} = a^2(5-4\beta)(1+4\beta)/(48\beta^2) > 0$ 与 $\dfrac{\partial f_9}{\partial \mu} = 2a^2(14 - 7\mu + 8\beta)/(24\beta^2) > 0$。因此，我们得到在 $\mu_1 < \mu \leqslant 1$ 和 $1/2 < \beta \leqslant 1$ 条件下，$f_9 = f_6|_{c=c_3} > 0$。

注意，$f_6 \big|_{c = c_2} = \dfrac{-4a^2(1-\beta)f_{10}}{25\left[16 - 10\beta^2 - (8 - 3\beta^2)\mu\right]^2}$，其中 $f_{10} = (1 +$

$\beta)(14 - 9\beta^2)\mu^2 - (8 - 5\beta^2)\left[(7 + 12\beta)\mu + (1 - 19\beta)\right]$。令 $f_{10} = 0$，

可得 $\dfrac{\partial^2 f_{10}}{\partial^2 \mu} = 2(1 + \beta)(14 - 9\beta^2) > 0$ 且 $\Delta = (7 - 4\beta^2)(8 - 5\beta^2)$

$(8 + 3\beta)^2 > 0$。因此，f_{10} 是关于 μ 的二次凸函数。通过 MATLAB
绘出的图片，如图 B-1 所示，我们发现当 $\beta \leqslant 1/19$ 或 $1/19 < \beta <$
1 且 $\min\{\mu_2, 1\} \leqslant \mu < 1$ 时，$f_{10} \leqslant 0$ 且 $f_6 \big|_{c = c_2} \geqslant 0$（白色区域）。反
之，当 $1/19 < \beta < 1$ 且 $\mu \leqslant \min\{\mu_2, 1\}$ 时，$f_{10} > 0$ 且 $f_6 \big|_{c = c_2} < 0$（灰
色区域）。

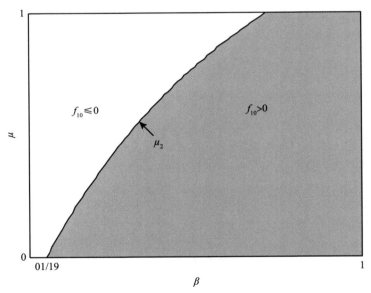

图 B-1 $\mu \in [0, 1]$ 和 $\beta \in (0, 1]$ 下 f_{10} 的值

由于 $f_6 = \pi_M^{n^*} - \pi_M^{s^*}$ 是关于 c 的二次函数，通过 $f_6 = \pi_M^{n^*} - \pi_M^{s^*} =$

0 可以得出两个根。然而，基于 MATLAB 的绘图，我们发现当 $\beta \le 1/19$ 或 $1/19 < \beta \le 1$ 且 $\min\{\mu_2, 1\} \le \mu < 1$ 时，该方程没有根，但是当 $1/19 < \beta \le 1$ 且 $\mu \le \min\{\mu_2, 1\}$ 时存在相同的根，即命题 4 – 6 中表 4 – 3 的 c_8。

因此，基于对 f_2 和 f_6 的讨论，我们得出当 $\beta \le 1/19$，$1/19 < \beta \le 1$ 且 $\min\{\mu_2, 1\} < \mu < 1$ 或 $1/19 < \beta \le 1$，$\mu \le \min\{\mu_2, 1\}$ 且 $c \le c_8$ 时，$\pi_M^{n^*} \ge \pi_M^{s^*}$。反之，当且仅当 $1/19 < \beta \le 1$，$\mu \le \min\{\mu_2, 1\}$ 且 $c_8 < c < c_2$ 时，$\pi_M^{s^*} > \pi_M^{n^*}$。

B.1.7　命题 4 – 7 的证明

当 $c_3 > 0$，若 $\mu_1 < \mu \le 1$，可得 $q_R^{n^*} = 0$ 且 $\pi_R^{n^*} - \pi_R^{s^*} = -\pi_R^{s^*} < 0$。当在不同 β、μ 和 c 组合下的 $q_R^{n^*} > 0$ 出现时，通过 $\pi_R^{n^*}$ 与 $\pi_R^{s^*}$ 的比较，可得 $\pi_R^{n^*} - \pi_R^{s^*} = \dfrac{-2f_{11}}{9\left[16 - 10\beta^2 - (8 - 3\beta^2)\mu\right]^2}$，其中 f_{11} 是关于 c 二次函数。令 $f_{11} = 0$，可证得 $\Delta = 36a^2(2 - \beta^2)\left[\mu - 2(1 - \beta)\right]^2 \left[16 - 10\beta^2 - (8 - 3\beta^2)\mu\right]^2 > 0$。因此，$f_{11} = 0$ 有两个根。

令 $c = 0$ 且 $c = c_3$，可得出 $f_{11}|_{c=0} = -9a^2(2 - \beta^2)\left[\mu - 2(1 - \beta)\right]^2 < 0$ 和 $f_{11}|_{c=c_3} = 4a^2\beta^2\left[\mu - 2(1 - \beta)\right]^2\left[16 - 10\beta^2 - (8 - 3\beta^2)\mu\right]^2 > 0$。此外，我们的 MATLAB 绘图证明了在 $\mu \in [0, 1]$ 和 $\beta \in (0, 1]$ 下，$f_{11}|_{c=c_2} > 0$。

同时，根据我们在 MATLAB 中的绘图，我们注意到该方程在 $\mu_1 < \mu \le 1$ 中没有根，但在 $\mu \le \min\{\mu_1, 1\}$ 中存在唯一的根，即命题 4 – 7 中表 4 – 4 的 c_9。

因此，在 $f_{11}|_{c=0} < 0$ 和 $f_{11}|_{c=c_2} > 0$ 的条件下，若 $\mu \le \min\{\mu_1, 1\}$，

$c_3 \leqslant 0$，进而得出若 $c \leqslant c_9$，$f_{11} \geqslant 0$ 且 $\pi_R^{n^*} \geqslant \pi_R^{s^*}$。反之，若 $c_9 < c < c_2$，$f_{11} > 0$ 且 $\pi_R^{s^*} > \pi_R^{n^*}$。在 $f_{11}\big|_{c=c_3} > 0$ 和 $f_{11}\big|_{c=c_2} > 0$ 的条件下，若 $\mu_1 < \mu \leqslant 1$，$c_3 > 0$，进而得出若 $c \leqslant c_2$，$f_{11} > 0$ 且 $\pi_R^{s^*} > \pi_R^{n^*}$。

B.1.8 命题 4 – 8 的证明

根据我们在 MATLAB 中的绘图，我们注意到对于 $\mu \in [0, 1]$ 和 $\beta \in (0, 1]$，$c_8 > c_9$。给定 μ 和 β 的不同阈值，图 B – 2 给出了两个供应链成员对制造商的入侵策略达成一致或不同的条件。

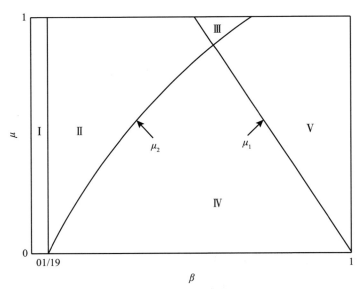

图 B – 2　根据制造商入侵策略划分出的 $\beta - \mu$ 空间

如命题 4 – 6 中的表 4 – 3 所示，只要满足使用相同产品入侵的条件的（$c < c_2$），图 B – 2 中的区域 Ⅰ、区域 Ⅱ、区域 Ⅲ表示

$\pi_M^{n^*} \geq \pi_M^{s^*}$ 的情况。图 B-2 中的区域 Ⅳ 和区域 Ⅴ 分别表示竞争力较强的直销渠道（$c \leq c_8$）使得 $\pi_M^{n^*} \geq \pi_M^{s^*}$ 的情况，和竞争力较弱的直销渠道（$c_8 < c < c_2$）使得 $\pi_M^{s^*} > \pi_M^{n^*}$ 的情况。

同样，如命题 4-7 中的表 4-4 所示，在区域 Ⅰ、区域 Ⅱ 和区域 Ⅳ中，当 $c \leq c_9$ 时，$\pi_R^{n^*} \geq \pi_R^{s^*}$；当 $c_9 < c < c_2$ 时，$\pi_R^{s^*} > \pi_R^{n^*}$。图 B-2 中的区域 Ⅲ 和区域 Ⅴ 表示，当 $c < c_2$ 时，$\pi_R^{s^*} > \pi_R^{n^*}$ 的情形。

因此，我们得出如下结论，在 $c < c_2$ 的情况下，两位成员在区域 Ⅱ 对入侵策略的偏好总是不同；在 $c_9 < c < c_2$ 的情况下，两位成员在区域 Ⅰ 和区域 Ⅱ 对入侵策略的偏好总是不同；在 $c_9 < c \leq c_8$ 的情况下，两位成员在区域 Ⅳ 对入侵策略的偏好总是不同；在 $c \leq c_8$ 的情况下，两位成员在区域 Ⅴ 对入侵策略的偏好总是不同。

反之，如果 $c \leq c_9$，两位成员在区域 Ⅰ 和区域 Ⅱ 就入侵策略达成共识；如果 $c \leq c_9$ 或 $c_8 < c \leq c_2$，两位成员在区域 Ⅳ 就入侵策略达成共识；如果 $c_8 < c \leq c_2$，两位成员在区域 Ⅴ 就入侵策略达成共识。更具体地说，在 $c \leq c_9$ 的情况下，两位成员会在区域 Ⅰ、区域 Ⅱ 和区域 Ⅳ 就新产品入侵达成共识，但在 $c_8 < c \leq c_2$ 的情况下，两位成员会在区域 Ⅳ 和区域 Ⅴ 就经典产品入侵达成共识。其中，区域 Ⅰ 区域指的是 $\beta \leq 1/19$ 区域，区域 Ⅱ 和区域 Ⅳ 区域对应的是 $1/19 < \beta \leq 1$ 和 $\mu \leq \min\{\mu_1, 1\}$ 的部分，区域 Ⅳ 和区域 Ⅴ 指定的是 $1/19 < \beta \leq 1$ 和 $\mu \leq \min\{\mu_2, 1\}$ 部分。

B.1.9　附录 A.3 中命题 4-9 的证明

将 $q_m^{e^*}$ 代入式（B-6）中的 $w^n(q_m^e)$，$q_r^n(q_m^e)$，$\pi_r^n(q_m^e)$ 和

$\pi_m^n(q_m^e)$，可得到如附录 A.3 表 A-1 所示的均衡结果。

值得注意的是，若制造商以新产品入侵终端市场，当零售商在市场上活跃时，这些均衡结果依然成立（$q_R^{n^*} > 0$）。否则，当零售商完全被赶出市场时（$q_R^{n^*} = 0$），均衡结果将在表 A-1 的最后一列中给出。因此，我们进一步确定了这两种情况的条件。

对于第一种 $q_R^{n^*} > 0$ 的情况，我们得到 $c_3 < c < c_1$，其中 $c_3 = [\mu - 2(1 - \beta)]a/(2\beta)$。对于 $\mu \in [0, 1]$ 和 $\beta \in (0, 1]$，可证

$$c_1 - c_3 = \frac{16 - 10\beta^2 - (8 - 3\beta^2)\mu}{2\beta(8 - 3\beta^2)}a > 0$$。此外，当 $\mu \leqslant \min\{\mu_1, 1\}$ 时 $c_3 \leqslant 0$，当 $\mu_1 < \mu \leqslant 1$ 时 $c_3 > 0$。因此，在以下两种子情况下，$q_R^{n^*} > 0$ 成立：$\mu \leqslant \min\{\mu_1, 1\}$ 时 $c < c_1$，$\mu_1 < \mu \leqslant 1$ 时 $c_3 < c < c_1$。对于第二种 $q_R^{n^*} = 0$ 的情况，可得出当 $\mu_1 < \mu \leqslant 1$ 时 $c \leqslant c_3$。其中证明 $q_R^{n^*} > 0(q_R^{n^*} = 0)$ 的条件确保 $\pi_R^{n^*} > 0(\pi_R^{n^*} = 0)$ 是不重要的。

B.1.10 附录 A.4 中命题 4-10 的证明

首先，通过比较 w^{n^*} 和 w^{b^*}，可得：

$$w^{n^*} - w^{b^*} = -\frac{[2\beta c - (\mu - 2 + 2\beta)a]\beta^2}{2[16 - 10\beta^2 - (8 - 3\beta^2)\mu]} \qquad (B-11)$$

只要零售商在满足命题 4-1 中的入侵条件时仍活跃在市场上，可得 $c_3 < c < c_1$ 且 $w^{n^*} < w^{b^*}$。

其次，通过比较使用新产品入侵终端市场与没有入侵两种情况下零售商的零售价格和边际利润，再将 $q_R^{n^*}$ 和 $q_M^{n^*}$ 代入式（4-2）可得到：

$$p_R^{n^*} = \frac{(4-3\beta^2)\beta c + [3\beta^3 - 8\beta^2 - 4\beta + 12 - 3(2-\beta^2)\mu]a}{16 - 10\beta^2 - (8-3\beta^2)\mu}$$

$$(B-12)$$

同样，我们可以得到无入侵基准情形下的均衡零售价格 $p_R^{b^*} = 3a/4$。通过比较 $p_R^{n^*}$ 和 $p_R^{b^*}$，可得：

$$p_R^{n^*} - p_R^{b^*} = \frac{4(4-3\beta^2)c + [3\beta\mu - 2\beta + 12\beta^2 - 16]a}{4[16 - 10\beta^2 - (8-3\beta^2)\mu]}\beta$$

$$(B-13)$$

在 $\beta \in (0, 1]$ 和 $(p_R^{n^*} - p_R^{b^*})|_{c=c_1} = -3a\beta^2/[4(8-3\beta^2)] < 0$ 的条件下，$p_R^{n^*} - p_R^{b^*}$ 随 c 递增。因此，只要制造商入侵发生（即 $c < c_1$），那么 $p_R^{n^*} - p_R^{b^*} < (p_R^{n^*} - p_R^{b^*})|_{c=c_1} < 0$。

最后，通过比较 $p_R^{n^*} - w^{n^*}$ 和 $p_R^{b^*} - w^{b^*}$，可得：

$$f_{12} = p_R^{n^*} - w^{n^*} - (p_R^{b^*} - w^{b^*}) = \frac{8(2-\beta^2)c + [\beta\mu + 2\beta + 8\beta^2 - 16]a}{4[16 - 10\beta^2 - (8-3\beta^2)\mu]}\beta$$

$$(B-14)$$

相似地，在 $\beta \in (0, 1]$ 和 $f_{12}|_{c=c_1} = -a\beta^2/[4(8-3\beta^2)] < 0$ 的条件下，f_{12} 随 c 递增。因此，当制造商入侵发生时，可得到 $c < c_1$，也就是 $f_{12} < f_{12}|_{c=c_1} < 0$。

B. 1. 11　附录 A5 中命题 4 – 11 的证明

通过 $q_M^{n^*}$ 对 μ 和 c 求偏导，可得在 $\mu \in [0, 1]$ 和 $\beta \in (0, 1]$ 的条件下，$\dfrac{\partial q_M^{n^*}}{\partial \mu} = \dfrac{(8-3\beta^2)[(2+\beta)(4-3\beta)a - (8-3\beta^2)c]}{[16 - 10\beta^2 - (8-3\beta^2)\mu]^2} > 0$

且 $\dfrac{\partial q_M^{n^*}}{\partial c} = \dfrac{-(8-3\beta^2)}{16 - 10\beta^2 - (8-3\beta^2)\mu} < 0$。

当 $q_r^{n^*} > 0$ 时，通过 $q_R^{n^*}$ 对 μ 和 c 求偏导，可得在 $\mu \in [0, 1]$ 和 $\beta \in (0, 1]$ 的条件下，$\dfrac{\partial q_R^{n^*}}{\partial \mu} = \dfrac{-4\beta[(2+\beta)(4-3\beta)a - (8-3\beta^2)c]}{[16 - 10\beta^2 - (8-3\beta^2)\mu]^2} < 0$ 且 $\dfrac{\partial q_R^{n^*}}{\partial c} = \dfrac{4\beta}{16 - 10\beta^2 - (8-3\beta^2)\mu} > 0$。

B.1.12 附录 A6 中命题 4-12 的证明

通过比较两种入侵策略下的均衡决策，可得 $q_M^{n^*} - q_M^{s^*} = (c - c_{10})/\{6[16 - 10\beta^2 - (8-3\beta^2)\mu]\}$，$w^{n^*} - w^{s^*} = (c - c_{11})/\{6[16 - 10\beta^2 - (8-3\beta^2)\mu]\}$，$q_R^{n^*} - q_R^{s^*} = 2(c - c_{12})/\{3[16 - 10\beta^2 - (8-3\beta^2)\mu]\}$。

对于 $\mu \in [0, 1]$ 下 $c_2 - c_{10} = 12a(8+3\beta)(1-\beta)/\{5[32 - 32\beta^2 - 5(8-3\beta^2)\mu]\} > 0$，可得到 $c_{10} < c_2$。此外，$\mu \leqslant \mu_2 \triangleq 4\beta(1-\beta)/(8-3\beta^2)$ 时 $c_{10} \geqslant 0$，但 $\mu_2 < \mu < 1$ 时 $c_{10} < 0$。因此，我们得到 $\mu_2 < \mu < 1$ 或 $\mu \leqslant \mu_2$ 且 $c_{10} < c < c_2$ 时 $q_M^{n^*} > q_M^{s^*}$，但 $\mu \leqslant \mu_2$ 且 $c \leqslant c_{10}$ 时 $q_M^{s^*} \geqslant q_M^{n^*}$。

同样，在 $\mu \in [0, 1]$ 和 $\beta \in (0, 1]$ 的条件下，c_{11} 和 c_{12} 均低于 c_2。此外，当 $\mu \leqslant \min\{\mu_1, 1\}$ 时 c_{11} 和 c_{12} 均为正，但当 $\mu_1 < \mu \leqslant 1$ 时为负。因此，当 $\mu \leqslant \min\{\mu_1, 1\}$ 时，我们得到 $c \leqslant c_{11}(c \leqslant c_{12})$ 时，$w^{s^*} \geqslant w^{n^*}(q_R^{n^*} \geqslant q_R^{s^*})$；$c_{11} < c < c_2(c_{12} < c < c_2)$ 时，$w^{n^*} > w^{s^*}$（$q_R^{s^*} > q_R^{n^*}$）。然而，当 $\mu_1 < \mu \leqslant 1$ 时，如果 $c < c_2$，可得 $c_{11} < 0(c < c_{12})$ 且 $w^{n^*} > w^{s^*}(q_R^{s^*} > q_R^{n^*})$。

B.2　附加图解

B.2.1　命题 4 – 6 的附加图解

我们通过设置 $a=1$ 和 $\beta=0.55$ 来图解说明命题 4 – 6 中的分析结果。在这种情况下，命题 4 – 1 和推论 4 – 1 中的使用新产品入侵终端市场的条件和使用经典产品入侵的条件分别为 $c<c_1=0.84$ 和 $c<c_2=0.6$。为了确定制造商在两种入侵策略之间的偏好，我们的讨论将限制在两个入侵条件都满足的情况下（$c<c_2=0.6$）。

对于网络外部性较弱的新产品（$\mu=0.2<\mu_2=0.83$），图 B – 3（a）直观地区分了制造商在两个质量不同的区域采用两种入侵策略时的利润比较。当直销渠道竞争较弱时（$0.51<c\leqslant0.6$，区域Ⅲ），制造商将使用经典的产品进行入侵，因为经典产品入侵下的黑色点线高于新产品入侵终端市场情形下的黑色实线。当直销渠道竞争力较强时（$c\leqslant0.51$，区域Ⅳ），制造商更倾向于用新产品进行入侵，因为黑色实线高于黑色点线。

对于网络外部性更强（$\mu=0.85>\mu_2=0.83$）的新产品，图 B – 3（b）清楚地表明，制造商总是倾向于用新产品进行入侵，其中黑色实线总是高于黑色点线。

通过比较图 B – 3（a）和（b），我们注意到网络外部性在决定制造商的最佳入侵策略方面发挥着重要作用。具体来说，对于具有足够强网络外部性的新产品，制造商总是倾向于采用新产品入侵终端市场策略。对于网络外部性较弱的新产品，制造商只有在直销渠道竞争更大的情况下才会选择新产品入侵终端市场策略。

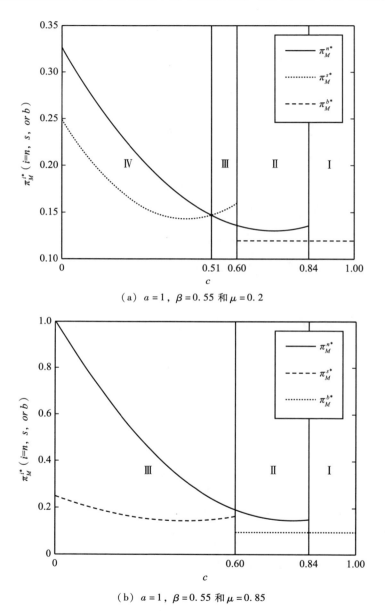

(a) $a=1$，$\beta=0.55$ 和 $\mu=0.2$

(b) $a=1$，$\beta=0.55$ 和 $\mu=0.85$

图 B-3 两种入侵策略下的制造商利润

B.2.2　命题 4 – 8 的附加图解

同样地，我们通过设置 $a=1$ 和 $\beta=0.55$ 来图解说明命题 4 – 8 中 $c<c_1=0.84$ 和 $c<c_2=0.6$ 的分析结果。如前所述，我们将讨论限制在同时满足使用新产品和经典产品入侵条件的情况下（$c<c_2=0.6$）。在此设置下，命题 4 – 6（7）中的分析结果确定了新产品网络外部性强度的阈值 $\mu_2=0.83$（$\mu_1=0.9$）。对于命题 4 – 6（7）中具有足够强网络外部性 $\mu>\mu_2=0.83$（$\mu>\mu_1=0.9$）的新产品，制造商（零售商）总是倾向于采用新产品（经典产品）的入侵策略。否则，对于命题 4 – 6（7）中网络外部性较弱 $\mu<\mu_2=0.83$（$\mu<\mu_1=0.9$）的新产品，只有当直销渠道竞争更大（更小）时，制造商（零售商）才会选择新产品（经典产品）的入侵策略。为了描述两个成员在入侵策略上达成共识或存在分歧的条件，我们绘制了三种不同网络外部性强度水平下的图 B – 4。

对于网络外部性较弱的新产品（$\mu=0.2<\mu_2=0.83$），图 B – 4（a）显示，对于竞争较强的直销渠道（$c\leqslant0.38$，区域 V）或相对较弱的直销渠道（$0.51<c\leqslant0.6$，区域 III），制造商和零售商能够关于新产品入侵终端市场达成共识。但是对于竞争力适度的直销渠道（$0.38<c\leqslant0.51$，区域 IV），制造商和零售商对于新产品是经典产品入侵的偏好不同。

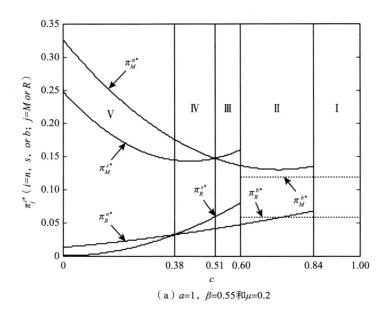

（a）$a=1$，$\beta=0.55$和$\mu=0.2$

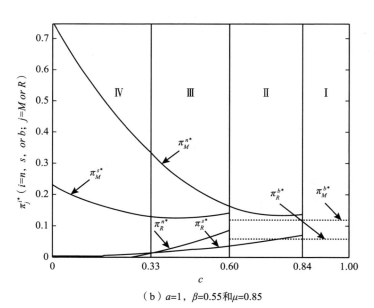

（b）$a=1$，$\beta=0.55$和$\mu=0.85$

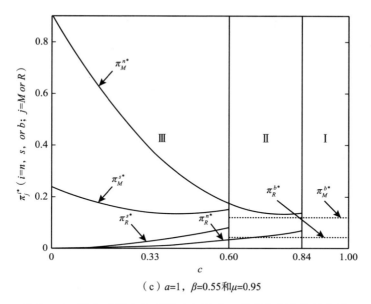

（c）$a=1$，$\beta=0.55$和$\mu=0.95$

图 B-4　两个成员在入侵策略上达成一致或存在分歧的条件

对于网络外部性较强（μ 较大）的新产品，双方的分歧区域扩大，挤压了双方的共识区域。给定 $0.83 = \mu_2 < \mu = 0.85 < \mu_1 = 0.9$，图 B-4（b）显示，当新产品的网络外部性进一步增加到 Ⅳ 时，原图 4（a）中共识区域 Ⅲ 消失，双方只能在较小的区域 Ⅳ 内就新产品的入侵达成共识。当新产品的网络外部性进一步增加到 $\mu = 0.95 > \mu_1 = 0.9$ 时，图 B-4（c）清晰地展示出两个供应链成员对制造商入侵战略的偏好始终存在分歧。

命题 4-8 和图 B-4 表明，新产品更强的网络外部性会降低制造商和零售商就入侵策略达成共识的可能性，即图 4（a）中区域 Ⅳ 的面积小于图 4（b）和 4（c）中 Ⅲ 的面积。图 B-4 进一步证实了我们的分析结论，即两成员就新产品入侵终端市场达成共识的条件比就同产品入侵达成共识的条件限制更少。具体而言，图 B‐4（a）中区域Ⅴ大于区域Ⅲ，而图 B‐4（b）中区域Ⅳ小于图 4（a）中区域Ⅴ，且图 4（b）中不存在可以达成经典产品入侵共识的区域。

附录 C 第 5 章的相关说明

C.1 零售商没有推出自有品牌的基准情形

在零售商没有推出自有品牌的基准情形下，制造商负责制造商品牌的生产，零售商负责制造商品牌的销售。具体来说，零售商以单位批发价 w^b 从制造商那里采购产品，然后以零售价 p_R^b 转卖给消费者。假设消费者对该产品的线性逆需求函数为 $p_R^b = a - q_M^b$，则在零售商没有推出自有品牌的基准情形下，两个供应链成员的利润函数可以表示为：

$$\pi_M^b = w^b q_M^b \qquad (C-1)$$

$$\pi_R^b = (p_R^b - w^b) q_M^b \qquad (C-2)$$

决策顺序如下：首先，作为斯坦克尔伯格博弈领导者的制造商确定批发价格 w^b。然后，作为斯坦克尔伯格博弈追随者的零售商决定制造商品牌的销售数量 q_M^b。

C.2 自有品牌与制造商品牌完全可替代的情形

在本部分中，零售商推出的自有品牌与制造商品牌完全可替代。此时，自有品牌的需求函数简化为制造商品牌的需求函数。因此，根据艾莉娅等（Arya et al.，2007）和杨等（Yang et al.，2018a）的研究，两个品牌产品的逆需求函数均为：

$$p_R^s = p_M^s = a - q_R^s - q_M^s \qquad (C-3)$$

其中，q_R^s 和 q_M^s 分别为自有品牌和制造商品牌的销售情况。消费者购买这两种品牌支付相同的零售价格，即 $p_R^s = p_M^s$。因此，两个供应链成员的利润函数可以表示为：

$$\pi_M^s = w^s q_M^s, \ \pi_R^s = (p_M^s - w^s) q_M^s + p_R^s q_R^s \qquad (C-4)$$

同样，在零售商推出自有品牌时，如果自有品牌与制造商品牌完全可替代，制造商作为斯坦克尔伯格博弈领导者，首先决策批发价格 w^s。然后，零售商作为斯坦克尔伯格博弈跟随者，同时决策制造商品牌的销售数量 q_M^s 和自有品牌的销售数量 q_R^s。这种决策顺序在零售商入侵文献中也被广泛使用。

此时，$q_R^s = 0$。该结果表明，在零售商推出自有品牌时，如果自有品牌与制造商品牌完全可替代，自有品牌将无法获得销售额。

附录 D 第 5 章的命题证明

D.1 命题 5–1 的证明

通过逆向归纳和模型构建中的决策顺序，根据零售商利润最大化，对零售商利润函数（D–1）求 q_M^n 和 q_R^n 的一阶导数，我们得到了零售商品牌和制造商品牌的销售数量为：

$$\pi_R^n = (a - q_M^n - \beta q_R^n - w^n) q_M^n + (a + \mu q_R^e - q_R^n - \beta q_M^n) q_R^n$$

$$（D–1）$$

$$q_M^n(q_R^n) = \frac{a - 2\beta q_R^n - w^n}{2} \qquad （D–2）$$

$$q_R^n(q_M^n) = \frac{a - 2\beta q_M^n + \mu q_R^e}{2} \qquad （D–3）$$

联立方程（D–2）和方程（D–3），我们得到 $q_M^n(w^n)$ 和 $q_R^n(w^n)$。

$$q_M^n(w^n) = \frac{a(1-\beta) - w^n - \beta\mu q_R^e}{2(1-\beta^2)} \qquad （D–4）$$

$$q_R^n(w^n) = \frac{a(1-\beta) + \beta w^n + \mu q_R^e}{2(1-\beta^2)} \qquad （D–5）$$

根据式（D–5）预测零售商的反应 $q_R^n(w^n)$，制造商确定批

发价格 w^n，以实现利润最大化。将 $q_M^n(q_R^n)$ 代入制造商利润 $\pi_M^n = w^n q_M^n(q_R^n)$ 中，得到 $\pi_M^n(w^n)$。然后，通过求解一阶条件，我们得到 $w^n(q_R^e)$：

$$w^n(q_R^e) = \frac{a(1-\beta) - \beta\mu q_R^e}{2} \qquad (D-6)$$

将式（D-6）中 $w^n(q_R^e)$ 代入式（D-4）中的 $q_M^n(w^n)$ 和 （D-4）中的 $q_R^n(w^n)$，结果 $q_M^n(q_R^e)$ 和 $q_R^n(q_R^e)$ 如下：

$$q_M^n(q_R^e) = \frac{a(1-\beta) - \beta\mu q_R^e}{4(1-\beta^2)} \qquad (D-7)$$

$$q_R^n(q_R^e) = \frac{a(1-\beta)(2+\beta) + (2-\beta^2)\mu q_R^e}{4(1-\beta^2)} \qquad (D-8)$$

根据卡茨和夏皮罗（1985）及易和杨（2017）对实现期望均衡的分析，新产品的预期销售数量等于真实的均衡结果 $q_R^n = q_R^{e*}$。基于这个概念，我们得到零售商品牌的均衡销售数量如下：

$$q_R^{n*} = q_R^{e*} = \frac{a(2-\beta-\beta^2)}{4-4\beta^2-(2-\beta^2)\mu} \qquad (D-9)$$

由于在所有 $\mu \in [0,1]$ 和 $\beta \in (0,1)$ 的条件下，$a(2-\beta-\beta^2) \geq 0$，因此当 $\mu < \min\{\mu_1, 1\}$ 时，$q_R^{n*} > 0$；当 $\mu_1 \leq \mu < 1$ 时，$q_R^{n*} = 0$。其中，$\mu_1 = \frac{4(1-\beta^2)}{2-\beta^2}$。

D.2 命题 5-2 的证明

通过比较 q_R^{n*} 和 q_R^{b*}，可以得出：

$$q_M^{n*} - q_M^{b*} = \frac{a(\mu - 2 + 2\beta)}{8(\beta^2 - 1) + 2\mu(2 - \beta^2)} - \frac{a}{4} \qquad (D-10)$$

给定 $\mu \in [0, 1]$ 和 $\beta \in (0, 1)$ 的情况下，根据在 MATLAB 中绘图可知，$q_M^{n*} - q_M^{b*} < 0$ 恒成立。令 $q_M^{n*} = 0$ 可得到，$\mu = \mu_2 = 2(1 - \beta^2) > 0$。其中，$\mu_1 - \mu_2 = \frac{2\beta(2 - \beta - \beta^2)}{2 - \beta^2} > 0$。因此，式（D-10）可以分为两种性质不同的情况：情形（1）表示，当 $\mu \leqslant \min\{\mu_2, 1\}$ 时，$q_M^{b*} > q_M^{n*} > 0$；情形（2）表示，当 $\mu_2 < \mu \leqslant \min\{\mu_1, 1\}$ 时，$q_M^{b*} > q_M^{n*} = 0$。

D.3　命题 5-3 的证明

命题 5-2 表明，若 $\mu \leqslant \min\{\mu_2, 1\}$，则 $q_M^{n*} > 0$。在这种情况下，通过 w_n^* 与 π_b^* 的比较，可得：

$$w_n^* - w_b^* = \frac{\beta(4\beta^2 + \mu\beta - 4)}{2(\mu\beta^2 - 2\mu - 4\beta^2 + 4)} \qquad (D-11)$$

对于二次方程 $w_n^* - w_b^* = 0$，当零售商入侵时 $\mu\beta^2 - 2\mu - 4\beta^2 + 4 > 0$，所以只需确定分子的正负。令分子的函数 $\beta(4\beta^2 + \mu\beta - 4) = 0$，$\mu_3 = \frac{4(1 - \beta^2)}{\beta}$。所以 $\mu_3 < \mu$ 时，$w_n^* - w_b^* > 0$；$\mu < \mu_3$ 时，$w_n^* - w_b^* < 0$。

此时，需要比较 μ_3 和 μ_1、μ_2 的大小关系。通过 μ_3 与 μ_1 的比较，可得：

$$\mu_3 - \mu_1 = \frac{(4\beta^2 - 4)(\beta + \beta^2 - 2)}{\beta(2 - \beta^2)} \qquad (D-12)$$

对于方程 $\mu_3 - \mu_1 = 0$，分母恒大于 0，所以只需确定分子的正负。令方程 $\beta + \beta^2 - 2 = 0$，得到 $\beta_1 = 0$ 和 $\beta_2 = 1$。所以在 $\beta \in (0, 1]$ 区间，$\beta + \beta^2 - 2 \leq 0$ 且 $4\beta^2 - 4 < 0$。所以 $\mu_3 - \mu_1$ 大于或者等于 0。所以 μ_3 与 μ_1、μ_2 的大小关系为 $\mu_2 < \mu_1 \leq \mu_3$。因此在 $\mu \leq \min\{\mu_2, 1\}$ 区间，$w_n^* - w_b^* < 0$。

根据在 MATLAB 中绘图可知，在 $\mu \leq \min\{\mu_2, 1\}$，零售商与制造商竞争的情况下，$p_m^{n^*} < p_m^{b^*}$ 恒成立。

D.4 命题 5-4 的证明

通过比较 $\pi_R^{n^*}$ 和 $\pi_R^{b^*}$，可得：

$$\pi_R^{n^*} - \pi_R^{b^*} = \frac{\mu^2\left[\beta^2(4-\beta)\right] + \mu\left[8\beta(\beta^2-1)(\beta+2)\right] + 32(\beta^2-1)(\beta^2+\beta-2)}{16\left[\beta^2(4-\mu)+2\mu-4\right]^2}$$

$$(D-13)$$

在式（D-11）中，分母大于零恒成立。在分子部分，考虑其为 μ 的二次函数。其中，给定 $\mu \in [0, 1]$ 和 $\beta \in (0, 1]$ 的情况下，根据在 MATLAB 中绘图可知，$\beta^2(4-\beta) > 0$ 且 $\Delta = [8\beta(\beta^2-1)(\beta^2+2)^2] - 128\beta^2(4-\beta^2)(\beta^2-1)(\beta^2+\beta-2) < 0$，因此分子大于零恒成立。综上所述，$\pi_R^{n^*} - \pi_R^{b^*} > 0$ 恒成立。

D.5 命题 5-5 的证明

命题 5-2 表明，若 $\mu_2 < \mu \leq \min\{\mu_1, 1\}$，$q_M^{n^*} = 0$。在这种情

况下，$\pi_M^{n^*} - \pi_M^{b^*} = -\pi_M^{b^*} < 0$。命题 5 - 2 也指出，若 $\mu \leqslant \min\{\mu_2,$

1\}，则 $q_M^{n^*} > 0$。在这种情况下，可得：

$$\pi_M^{n^*} - \pi_M^{b^*} = \frac{-2\beta^4\mu^2 + 16\beta(\beta^2 - 1)(\beta - 2)\mu + 64\beta(\beta^2 - \beta^3 + \beta - 1)}{16\left[\beta^2(4 - \mu) + 2\mu - 4\right]^2}$$

$$(D - 14)$$

在式（D - 12）中，分母大于零恒成立。在分子部分，考虑其为 μ 的二次函数。其中，给定 $\mu \in [0, 1]$ 和 $\beta \in (0, 1]$ 的情况下，根据在 MATLAB 中绘图可知，$-\beta^4 < 0$ 且 $\Delta = [16\beta(\beta^2 - 1)(\beta^2 - 2)^2] + 512\beta^5(\beta^2 - \beta^3 + \beta - 1) > 0$。因此，分子等于 0 存在两个根，即 $\mu_3 = \dfrac{-16\beta(\beta^2 - 1)(\beta - 2) - \sqrt{\Delta}}{-4\beta^4}$，

$\mu_4 = \dfrac{-16\beta(\beta^2 - 1)(\beta - 2) + \sqrt{\Delta}}{-4\beta^4}$。根据在 MATLAB 中绘图可知，

$\mu_2 < \mu_3 < \mu_4$。因此，在 $\mu \leqslant \min\{\mu_2, 1\}$ 区间，$\pi_M^{n^*} - \pi_M^{b^*} < 0$ 恒成立。

附录 E　第 6 章的命题证明

E.1　命题 6 - 1 的证明

E.1.1　制造商品牌直销渠道中销售数量决策

在观测自有品牌的销售数量、批发价格、零售渠道订货量的情形下，制造商进行零售渠道最优订货量决策。对制造商利润一阶求导可得：$q_d^{NB} = (a - c_1 - q_r^{NB} - bq_r^{SB})/2$。若 $q_d^{NB} = (a - c_1 - q_r^{NB} - bq_r^{SB})/2 > 0$，则 $q_r^{NB} < a - c_1 - bq_r^{SB}$；反之 $q_r^{NB} \geqslant a - c_1 - bq_r^{SB}$ 时，$q_d^{NB} = 0$。其中，$q_r^{NB} > a - c_1 - bq_r^{SB}$，$q_d^{NB} = 0$ 代表制造商不开辟直销渠道；$q_r^{NB} = a - c_1 - bq_r^{SB}$，$q_d^{NB} = 0$ 代表制造商开辟直销渠道但销售数量为 0。总结为：

$$q_m^{NB}(q_r^{NB}) = \begin{cases} (a - c_1 - q_r^{NB} - bq_r^{SB})/2, & \text{其中 } q_r^{NB} < a - c_1 - bq_r^{SB} \\ 0, & \text{其中 } q_r^{NB} = a - c_1 - bq_r^{SB} \\ 0, & \text{其中 } q_r^{NB} > a - c_1 - bq_r^{SB} \end{cases}$$

E.1.2　制造商品牌的零售渠道订货量决策

在观测自有品牌的销售数量、批发价格的情形下，考虑制造商产品的直销渠道销售数量关于其零售渠道订货量的最优反应函数，制造商进行零售渠道最优订货量决策。

（1）在 $q_r^{NB} < a - c_1 - bq_r^{SB}$ 情形下，将 $q_d^{NB}(q_r^{NB})$ 代入 π_r 得到 $\pi_r(q_r^{NB})$。通过一阶求导可得，$q_r^{NB}(w) = (a + c_1 - 2w - bq_r^{SB})/2$。当 $w \geqslant (a + c_1 - bq_r^{SB})/2$ 时，$q_r^{NB}(w) = 0$；当 $(3c_1 - a)/2 \leqslant w < (a + c_1 - 2bq_r^{SB})/2$ 时，$q_r^{NB}(w) = (a + c_1 - 2w - 2bq_r^{SB})/2$；当 $0 < w < (3c_1 - a)/2$ 时，$q_r^{NB}(w) = a - c_1 - bq_r^{SB}$。

（2）在 $q_r^{NB} = a - c_1 - bq_r^{SB}$ 和 $q_r^{NB} > a - c_1 - bq_r^{SB}$ 情形下，将 $q_d^{NB}(q_r^{NB})$ 代入 π_r 得到 $\pi_r(q_r^{NB})$。通过一阶求导可得，$q_r^{NB}(w) = (a + c_1 - 2w - 2bq_r^{SB})/2$。当 $0 < w < 2c_1 - a$ 时，$q_r^{NB}(w) = (a - w - 2bq_r^{SB})/2$；当 $w \geqslant 2c_1 - a$ 时，$q_r^{NB}(w) = a - c_1 - bq_r^{SB}$。

接下来，通过比较不同 c_1 和 w^{NB} 下零售商的利润，得到最优 q_r^{NB}。首先，$0 < c_1 \leqslant a/3$ 情形下，当 $0 < w < (a + c_1 - 2bq_r^{SB})/2$ 时，$\max\pi_r = \pi_r[q_r^{NB} = (a + c_1 - 2w - 2bq_r^{SB})/2]$；当 $w \geqslant (a + c_1 - 2bq_r^{SB})/2$ 时，$\max\pi_r = \pi_r(q_r^{NB} = 0)$。其次，$a/3 < c_1 \leqslant a/2$ 情形下，当 $0 < w < (3c_1 - a)/2$ 时，$\max\pi_r = \pi_r(q_r^{NB} = a - c_1 - bq_r^{SB})$；当 $(3c_1 - a)/2 \leqslant w < (a + c_1 - 2bq_r^{SB})/2$ 时，$\max\pi_r = \pi_r[q_r^{NB} = (a + c_1 - 2w^{NB} - 2bq_r^{SB})/2]$；当 $w \geqslant (a + c_1 - 2bq_r^{SB})/2$ 时，$\max\pi_r = \pi_r(q_r^{NB} = 0)$。最后，$a/2 < c_1 < a$ 情形下，当 $0 < w < 2c_1 - a$ 时，$\max\pi_r = \pi_r[q_r^{NB} = (a - w^{NB} - 2bq_r^{SB})/2]$；当 $2c_1 - a \leqslant w < (3c_1 - a)/2$ 时，$\max\pi_r = \pi_r(q_r^{NB} = a - c_1 - bq_r^{SB})$；当 $(3c_1 - a)/2 \leqslant w < (a + c_1 - 2bq_r^{SB})/2$ 时，$\max\pi_r = \pi_r[q_r^{NB} = (a + c_1 - 2w^{NB} - 2bq_r^{SB})/2]$；当 $w \geqslant (a + c_1 - 2bq_r^{SB})/2$ 时，$\max\pi_r = \pi_r(q_r^{NB} = 0)$。

在表 E – 1 中总结了不同集合下，NB 在零售渠道中的最优订货量决策。

表 E – 1　　　　　　　制造商品牌的零售渠道最优订货量决策

条件		q_r^{NB}
$0 < c_1 \leqslant a/3$	$w \geqslant w(6)$	0
	$0 < w < w(6)$	$q_r^{NB}(6)$
$a/3 < c_1 \leqslant a/2$	$w \geqslant w(6)$	0
	$w(3) < w < w(6)$	$q_r^{NB}(6)$
	$0 < w \leqslant w(3)$	$q_r^{NB}(7)$
$a/2 < c_1 < a$	$w \geqslant w(6)$	0
	$w(3) < w < w(6)$	$q_r^{NB}(6)$
	$w(7) \leqslant w \leqslant w(3)$	$q_r^{NB}(7)$
	$0 < w < w(7)$	$q_r^{NB}(8)$

注：1. $q_r^{NB}(6) = (a + c_1 - 2w^{NB} - 2bq_r^{SB})/2$，$q_r^{NB}(7) = a - c_1 - bq_R^{SB}$，$q_r^{NB}(8) = (a - w^{NB} - 2bq_r^{SB})/2$；

2. $w(6) = (a + c_1 - 2bq_r^{SB})/2$，$w(7) = 2c_1 - a$。

E.1.3　制造商品牌的零售渠道批发价格决策

在观测零售商产品的销售数量决策的情形下，考虑制造商产品的零售渠道订货量决策关于批发价格的最优反应函数，制造商进行零售渠道最优批发价格决策。

（1）在 $w < 2c_1 - a$ 情形下，将 $q_d^{NB}(q_r^{NB})$ 代入 π_m 得到 $\pi_m(w)$。通过一阶求导可得，$w(q_r^{SB}) = (a - 2bq_r^{SB})/2$。当 $0 \leqslant q_R^{SB} \leqslant q_R^{SB}(4) = (3a - 4c_1)/2b$ 时，$w(q_r^{SB}) = 2c_1 - a$；当 $q_R^{SB} > q_R^{SB}(4)$ 时，$w(q_r^{SB}) = (a - 2bq_r^{SB})/2$。

（2）在 $2c_1 - a \leqslant w < (3c_1 - a)/2$ 情形下，将 $q_d^{NB}(q_r^{NB})$ 代入 π_m 得到 $\pi_m(w)$。通过一阶求导可得，$w = (3c_1 - a)/2$。

（3）在 $(3c_1 - a)/2 \leqslant w < (a + c_1 - 2bq_r^{SB})/2$ 情形下，将 q_d^{NB} (q_r^{NB}) 代入 π_m 得到 $\pi_m(w)$。通过一阶求导可得，$w = (3a - c_1 - 4bq_r^{SB})/6$。当 $0 \leqslant q_r^{SB} < q_r^{SB}(2) = (3a - 5c_1)/2b$ 时，$w = (3a - c_1 - 4bq_r^{SB})/6$；当 $q_r^{SB} \geqslant q_r^{SB}(2)$ 时，$w = (3c_1 - a)/2$。

（4）$w \geqslant (a + c_1 - 2bq_r^{SB})/2$ 情形下，w 不存在。

接下来，通过比较不同 c_1 和 q_r^{SB} 下零售商的利润，得到最优 $w(q_r^{SB})$。首先，在 $0 < c_1 \leqslant a/3$ 情形下，当 $0 \leqslant q_r^{SB} < q_r^{SB}(1)$ 时，$\max \pi_m = \pi_m[w = (3a - c_1 - 4bq_r^{SB})/6]$；当 $q_r^{SB} \geqslant q_r^{SB}(1)$ 时，w 不存在。其次，在 $a/3 < c_1 \leqslant a/2$ 情形下，当 $0 \leqslant q_r^{SB} < q_r^{SB}(2)$ 时，$\max \pi_m = \pi_m[w = (3a - c_1 - 4bq_r^{SB})/6]$；当 $q_r^{SB} \geqslant q_r^{SB}(2)$ 时，$\max \pi_m = \pi_m[w = (3c_1 - a)/2]$。其次，在 $a/2 < c_1 \leqslant 3a/5$ 情形下，当 $0 \leqslant q_r^{SB} < q_r^{SB}(2)$ 时，$\max \pi_m = \pi_m[w = (3a - c_1 - 4bq_r^{SB})/6]$；当 $q_r^{SB} \geqslant q_r^{SB}(2)$ 时，无法直接得到最优 w。具体而言，令 $f_1 = \pi_m[w = (a - 2bq_r^{SB})/2] - \pi_m[w = (3c_1 - a)/2] = [(4b^2)q_r^{SB^2} + (12bc_1 - 8ab)q_r^{SB} + (a - 2c_1)(5a - 6c_1)]/8$，求二阶导数得 $\dfrac{\partial^2 f_1}{\partial^2 q_r^{SB}} = 8b^2 > 0$，得 f_1 是关于 q_r^{SB} 的凹函数。$f_1 = 0$ 存在两个根，但仅有 $q_r^{SB}(3) = [2a - 3c_1 + 2\sqrt{ac_1 - (3c_1^2 + a^2)/4}]/2b$ 满足 $q_r^{SB} \geqslant q_r^{SB}(2)$。因此，当 $q_r^{SB}(2) \leqslant q_r^{SB} < q_r^{SB}(3)$ 时，$\max \pi_m = \pi_m[w = (3c_1 - a)/2]$；当 $q_r^{SB} \geqslant q_r^{SB}(3)$ 时，$\max \pi_m = \pi_m[w = (a - 2bq_r^{SB})/2]$。最后，在 $3a/5 < c_1 < a$ 情形下，当 $0 \leqslant q_r^{SB} < q_r^{SB}(3)$ 时，$\max \pi_m = \pi_m[w = (3c_1 - $

$a)/2]$；当 $q_r^{SB} \geqslant q_r^{SB}(3)$ 时，$\max \pi_m = \pi_m [w = (a - 2bq_r^{SB})/2]$。

在表 E-2 中总结了不同集合下，制造商品牌的零售渠道最优批发价格决策。

表 E-2　　　　　制造商品牌的零售渠道最优批发价格决策

条件		w
$0 < c_1 \leqslant a/3$	$q_r^{SB} \geqslant q_r^{SB}(4)$	NA
		$w(8)$
$a/3 < c_1 \leqslant a/2$	$q_r^{SB} \geqslant q_r^{SB}(5)$	$w(3)$
	$0 \leqslant q_r^{SB} < q_r^{SB}(5)$	$w(8)$
$a/2 < c_1 \leqslant 3a/5$	$q_r^{SB} \geqslant q_r^{SB}(6)$	$w(9)$
	$q_r^{SB}(5) \leqslant q_r^{SB} < q_r^{SB}(6)$	$w(3)$
	$0 \leqslant q_r^{SB} < q_r^{SB}(5)$	$w(8)$
$3a/5 < c_1 < a$	$q_r^{SB} \geqslant q_r^{SB}(6)$	$w(9)$
	$0 \leqslant q_r^{SB} < q_r^{SB}(6)$	$w(3)$

注：1. $w(8) = (3a - c_1 - 4bq_r^{SB})/6$，$w(9) = (a - 2bq_r^{SB})/2$。

2. $q_r^{SB}(4) = (3a - 4c_1)/2b$，$q_r^{SB}(5) = (3a - 5c_1)/2b$，$q_r^{SB}(6) = (2a - 3c_1 + \sqrt{4ac_1 - 3c_1^2 - a^2})/2b$。

E.1.4　自有品牌的销售数量决策

（1）在 $0 < c_1 \leqslant a/3$ 情形下，如果 $0 \leqslant q_r^{SB} < q_r^{SB}(1)$，将 $w(q_r^{SB})$ 代入 π_r 得到 $\pi_r(q_r^{SB})$。通过一阶求导可得，$q_r^{SB} = q_r^{SB}(4) = [9(2 - b)a - 18c_2 + 5bc_1]/[4(9 - 5b^2)]$。当 $0 < c_2 < c_2(1) = [9(2 - b)a + 5bc_1]/18$ 时，$q_r^{SB} = q_r^{SB}(4)$ 有 $0 \leqslant q_r^{SB}(4) < q_r^{SB}(1)$；当 $c_2 \geqslant c_2(1)$ 时，因为 $q_r^{SB}(4) < 0$，故 $q_r^{SB} = 0$。类似地，如果 $q_r^{SB} \geqslant q_r^{SB}(1)$，将 $w(q_r^{SB})$ 代入 π_r 得到 $\pi_r(q_r^{SB})$。通过一阶求导可得，

$q_r^{SB} = [a - c_2 - b(a - c_1)/2]/(2 - b^2)$。由于 $0 < c_1 \leqslant a/3$ 和 $0 < b <$ 1，有 $[a - c_2 - b(a - c_1)/2]/(2 - b^2) > (3a - 4c_1)/2b$。因此，在该情形下，$q_r^{SB} = [a - c_2 - b(a - c_1)/2]/(2 - b^2)$ 是均衡解。

接下来，比较不同 c_2 下零售商的利润，得到最优 q_r^{SB}。当 $0 <$ $c_2 \leqslant c_2(1)$ 时，$\max \pi_r = \pi_r[q_r^{SB} = q_r^{SB}(4)]$；当 $c_2 > c_2(1)$ 时，$\max \pi_r = \pi_r(q_r^{SB} = 0)$。

因此，$0 < c_1 \leqslant a/3$ 时，$q_r^{SB^*} = \begin{cases} q_r^{SB}(4), & \text{其中 } 0 < c_2 \leqslant c_2(1) \\ 0, & \text{其中 } c_2 > c_2(1) \end{cases}$。

（2）在 $a/3 < c_1 \leqslant a/2$ 情形下，如果 $0 \leqslant q_r^{SB} < q_r^{SB}(2)$，将 $w(q_r^{SB})$ 代入 π_r，得到 $\pi_r(q_r^{SB})$。通过一阶求导可得，$q_r^{SB} = q_r^{SB}(4)$。然而，当 $0 < c_2 \leqslant c_2(1)$ 时，$q_r^{SB} = q_r^{SB}(4)$ 且 $0 \leqslant q_r^{SB}(4) < q_r^{SB}(2)$；当 $c_2 > c_2(1)$ 时，由于 $q_r^{SB}(4) < 0$，故 $q_r^{SB} = 0$。类似地，如果 $q_r^{SB} \geqslant q_r^{SB}(2)$，将 $w(q_r^{SB})$ 代入 π_r，得到 $\pi_r(q_r^{SB})$。通过一阶求导可得，$q_r^{SB} = q_r^{SB}(5)$。当 $c_2 \geqslant c_2(2) = \{(10 - 7b^2)c_1 - [6 - (2 + 3b)b]$ $a\}/2b$ 时，$q_r^{SB} = q_r^{SB}(2)$；当 $0 < c_2 \leqslant c_2(2)$ 时，$q_r^{SB} = q_r^{SB}(5)$。接下来，比较不同 c_2 下零售商的利润，得到最优 q_r^{SB}。当 $0 < c_2 \leqslant$ $c_2(1)$ 时，$\max \pi_r = \pi_r[q_r^{SB} = q_r^{SB}(4)]$；当 $c_2 > c_2(1)$ 时，$\max \pi_r =$ $\pi_r(q_r^{SB} = 0)$。

因此，$a/3 < c_1 \leqslant a/2$ 时，$q_r^{SB^*} = \begin{cases} q_r^{SB}(4), & \text{其中 } 0 < c_2 \leqslant c_2(1) \\ 0, & \text{其中 } c_2 > c_2(1) \end{cases}$。

（3）在 $a/2 < c_1 \leqslant 3a/5$ 情形下，如果 $0 \leqslant q_r^{SB} < q_r^{SB}(2)$，将 $w(q_r^{SB})$ 代入 π_r，得到 $\pi_r(q_r^{SB})$。通过一阶求导可得，$q_r^{SB} = q_r^{SB}(4)$。然而，当 $0 < c_2 \leqslant c_2(1)$ 时，$q_r^{SB} = q_r^{SB}(4)$ 且 $0 \leqslant q_r^{SB}(4) < q_r^{SB}(2)$；

当 $c_2 > c_2(1)$ 时，由于 $q_r^{SB}(4) < 0$，故 $q_r^{SB} = 0$。类似地，如果 $q_r^{SB}(2) \leqslant q_r^{SB} < q_r^{SB}(3)$，将 $w(q_r^{SB})$ 代入 π_r，得到 $\pi_r(q_r^{SB})$。通过一阶求导可得，$q_r^{SB} = q_r^{SB}(5)$。当 $c_2 \geqslant c_2(2) = \{(10 - 7b^2)c_1 - [6 - (2 + 3b)b]a\}/2b$ 时，由 $q_r^{SB}(5) < q_r^{SB}(2)$，得 $q_r^{SB} = q_r^{SB}(2)$；当 $0 < c_2 < c_2(2)$ 时，由 $q_r^{SB}(2) \leqslant q_r^{SB}(5) < q_r^{SB}(3)$ 得 $q_r^{SB} = q_r^{SB}(5)$。同样，如果 $q_r^{SB} \geqslant q_r^{SB}(3)$，将 $w(q_r^{SB})$ 代入 π_r，得到 $\pi_r(q_r^{SB})$。通过一阶求导可得，$q_r^{SB} = q_r^{SB}(6)$。当 $c_2 < c_2(3)$ 时，$q_r^{SB} = q_r^{SB}(6)$；当 $c_2 > c_2(3)$ 时，$q_r^{SB} = q_r^{SB}(3)$。

接下来，比较不同 c_2 下零售商的利润，得到最优 q_r^{SB}。当 $0 < c_2 < c_2(3)$ 时，$\max\pi_r = \pi_r[q_r^{SB} = q_r^{SB}(6)]$；当 $c_2(3) \leqslant c_2 \leqslant c_2(2)$ 时，$\max\pi_r = \pi_r(q_r^{SB} = q_r^{SB}(5))$；当 $c_2 > c_2(2) =$ 时，$\max\pi_r = \pi_r(q_r^{SB} = 0)$。

因此，$a/2 < c_1 \leqslant 3a/5$ 时，$q_r^{SB^*} = \begin{cases} q_r^{SB}(6)，其中 0 < c_2 < c_2(3) \\ q_r^{SB}(5)，其中 c_2(3) \leqslant c_2 < c_2(2) \\ 0，\qquad 其中 c_2 \geqslant c_2(2) \end{cases}$。

（4）在 $c_1 > 3a/5$ 情形下，如果 $0 \leqslant q_R^{SB} < q_R^{SB}(3)$，将 $w(q_r^{SB})$ 代入 π_r，得到 $\pi_r(q_r^{SB})$。通过一阶求导可得，$q_r^{SB} = q_r^{SB}(6)$。然而，$(2a - 3ab + 3bc_1)/2 < c_2 \leqslant c_2(3)$ 不一定成立。当 $3a/5 < c_1 \leqslant 5a/6$ 时，$(2a - 3ab + 3bc_1)/2 < c_2(3)$；而当 $c_1 > 5a/6$，$(2a - 3ab + 3bc_1)/2 > c_2(3)$。因此，将该情形区分为 $3a/5 < c_1 \leqslant 5a/6$ 和 $c_1 > 5a/6$。在 $3a/5 < c_1 \leqslant 5a/6$ 下，如果 $0 \leqslant q_R^{SB} < q_R^{SB}(3)$，当 $0 < c_2 \leqslant c_2(3)$ 时，$q_r^{SB} = q_r^{SB}(6)$ 且 $0 \leqslant q_r^{SB}(6) < q_r^{SB}(3)$；当 $c_2 > c_2(3)$ 时，由于 $q_r^{SB}(6) < 0$，故 $q_r^{SB} = 0$。在 $c_1 > 5a/6$ 下，如果 $0 \leqslant q_R^{SB} <$

$q_R^{SB}(3)$，当 $0 < c_2 \leqslant c_2(3)$ 时，$q_r^{SB} = q_r^{SB}(6)$ 且 $0 \leqslant q_r^{SB}(6) < q_r^{SB}$ (3)；当 $c_2 > c_2(3)$ 时，由于 $q_r^{SB}(6) < 0$，故 $q_r^{SB} = 0$。

类似地，在 $c_1 > 3a/5$ 情形下，如果 $q_r^{SB} \geqslant q_r^{SB}(3)$，将 $w(q_r^{SB})$ 代入 π_r 得到 $\pi_r(q_r^{SB})$。通过一阶求导可得，$q_r^{SB} = q_r^{SB}(6)$。当 $c_2 \geqslant c_2(3)$ 时，$q_r^{SB} = q_r^{SB}(3)$；当 $0 < c_2 < c_2(3)$ 时，由于 $q_r^{SB} = q_r^{SB}(6)$。

接下来，比较不同 c_2 下零售商的利润，得到最优 q_r^{SB}。具体而言，$3a/5 < c_1 \leqslant 5a/6$ 情形下，当 $0 < c_2 \leqslant c_2(3)$ 时，$\max\pi_r = \pi_r$ $[q_r^{SB} = q_r^{SB}(6)]$；当 $c_2(3) < c_2 \leqslant c_2(2)$ 时，$\max\pi_r = \pi_r[q_r^{SB} = q_r^{SB}$ $(5)]$，当 $c_2 > c_2(2)$ 时，$\max\pi_r = \pi_r[q_r^{SB} = 0]$。

因此，$3a/5 < c_1 \leqslant 5a/6$ 时，$q_r^{SB*} = \begin{cases} q_r^{SB}(6)，& \text{其中} 0 < c_2 < c_2(3) \\ q_r^{SB}(5)，& \text{其中} c_2(3) \leqslant c_2 < c_2(2) \\ 0，& \text{其中} c_2 \geqslant c_2(2) \end{cases}$。

$c_1 > 5a/6$ 情形下，当 $0 < c_2 \leqslant c_2(3)$ 时，$\max\pi_r = \pi_r[q_r^{SB} = q_r^{SB}$ $(6)]$；当 $c_2 > c_2(3)$ 时，$\max\pi_r = \pi_r(q_r^{SB} = 0)$。因此，该情形下，

$$q_r^{SB*} = \begin{cases} q_r^{SB}(6)，& if\ 0 < c_2 \leqslant c_2(3) \\ 0，& if\ c_2 > c_2(3) \end{cases}。$$

在表 E-3 中总结了不同集合下，自有品牌的最优销售数量决策。

表 E-3 自有品牌的最优销售数量决策

条件		q_r^{SB*}
$0 < c_1 \leqslant a/2$	$c_2(1) < c_2 < a$	0
	$0 < c_2 \leqslant c_2(1)$	$q_r^{SB*}(1)$

条件		q_r^{SB*}
$a/2 < c_1 \leqslant c_1(1)$	$c_2(1) < c_2 < a$	0
	$c_2(2) < c_2 \leqslant c_2(1)$	$q_r^{SB*}(1)$
	$0 < c_2 \leqslant c_2(2)$	$q_r^{SB*}(2)$
$c_1(1) < c_1 \leqslant 3a/5$	$c_2(1) < c_2 < a$	0
	$c_2(2) < c_2 \leqslant c_2(1)$	$q_r^{SB*}(1)$
	$c_2(3) < c_2 \leqslant c_2(1)$	$q_r^{SB*}(2)$
	$0 < c_2 \leqslant c_2(3)$	$q_r^{SB*}(3)$
$3a/5 < c_1 < 5a/6$	$c_2(4) < c_2 < a$	0
	$c_2(3) < c_2 \leqslant c_2(4)$	$q_r^{SB*}(1)$
	$0 < c_2 \leqslant c_2(3)$	$q_r^{SB*}(3)$
$5a/6 < c_1 \leqslant c_1(2)$	$c_2(3) < c_2 < a$	0
	$0 < c_2 \leqslant c_2(3)$	$q_r^{SB*}(3)$
$c_1(2) < c_1 < a$	$0 < c_2 < a$	$q_r^{SB*}(3)$

综上所述，将 q_r^{SB*} 依次代入 $w(q_r^{SB})$、$q_r^{NB}(w)$ 和 $q_d^{NB}(q_r^{SB})$ 可得命题 6-1 中均衡结果。

E.2 命题 6-2 的证明

首先，根据上述命题中阈值 c_1 和 c_2，将情形 ES3、情形 ES5 和情形 ES7 与情形 ES4 作比较，可总结为以下几种情况。

具体而言，当 $0 < c_1 \leqslant a/2$ 时，如果 $0 < c_2 \leqslant c_2(1)$，可以得到 $\pi_r^*(ES5) > \pi_r^*(ES4)$；当 $a/2 < c_1 \leqslant c_1(1)$ 时，如果 $0 < c_2 \leqslant c_2(2)$，可以得到 $\pi_r^*(ES7) > \pi_r^*(ES4)$，并且如果 $c_2(2) < c_2 \leqslant$

$c_2(1)$，可以得到 $\pi_r^*(\text{ES5}) > \pi_r^*(\text{ES4})$；当 $c_1(1) < c_1 \leqslant 3a/5$ 时，如果 $0 < c_2 \leqslant c_2(3)$，可以得到 $\pi_r^*(\text{ES3}) > \pi_r^*(\text{ES4})$，如果 $c_2(3) < c_2 \leqslant c_2(2)$，可以得到 $\pi_r^*(\text{ES7}) > \pi_r^*(\text{ES4})$ 并且如果 $c_2(2) < c_2 \leqslant c_2(1)$，可以得到 $\pi_r^*(\text{ES5}) > \pi_r^*(\text{ES4})$；当 $3a/5 < c_1 \leqslant 5a/6$ 时，如果 $0 < c_2 \leqslant c_2(3)$，可以得到 $\pi_r^*(\text{ES3}) > \pi_r^*(\text{ES4})$，并且如果 $c_2(3) < c_2 \leqslant c_2(4)$，可以得到 $\pi_r^*(\text{ES7}) > \pi_r^*(\text{ES4})$；当 $c_1 > 5a/6$ 时，可以得到 $\pi_r^*(\text{ES3}) > \pi_r^*(\text{ES4})$。

其次，根据上述命题中阈值 c_1 和 c_2，将情形 ES1、情形 ES2 和情形 ES6 与情形 ES4 作比较，可总结为以下几种情况。具体而言，当 $0 < c_1 \leqslant a/3$ 时，如果 $c_2(1) < c_2 < a$，可以得到 $\pi_r^*(\text{ES2}) > \pi_r^*(\text{ES4})$；当 $a/3 < c_1 \leqslant 3a/5$ 时，如果 $c_2(1) < c_2 < a$，可以得到 $\pi_r^*(\text{ES6}) > \pi_r^*(\text{ES4})$；当 $3a/5 < c_1 \leqslant 5a/6$ 时，如果 $c_2(4) < c_2 < a$，可以得到 $\pi_r^*(\text{ES6}) > \pi_r^*(\text{ES4})$；当 $3a/5 < c_1 \leqslant 5a/6$ 时，如果 $c_2(4) < c_2 < a$，可以得到 $\pi_r^*(\text{ES6}) > \pi_r^*(\text{ES4})$；当 $5a/6 < c_1 \leqslant c_1(2)$ 时，如果 $c_2(3) < c_2 < a$，可以得到 $\pi_r^*(\text{ES1}) > \pi_r^*(\text{ES4})$。证毕。

E.3 命题 6-3 的证明

根据上述命题中阈值 c_1 和 c_2，将零售商销售两个品牌的情形 ES3、情形 ES5 和情形 ES7 以及仅销售制造商品牌的情形 ES1、情形 ES2 与情形 ES6 相比，可总结为以下几种情况。

具体而言，当 $0 < c_1 \leqslant a/3$ 时，如果 $0 < c_2 \leqslant c_2(1)$，可以得到

$\pi_r^*(\text{ES5}) > \pi_r^*(\text{ES2})$；当 $a/3 < c_1 \leqslant a/2$ 时，如果 $0 < c_2 \leqslant c_2(1)$，可以得到 $\pi_r^*(\text{ES5}) > \pi_r^*(\text{ES6})$；当 $a/2 < c_1 \leqslant c_1(1)$ 时，如果 $0 < c_2 \leqslant c_2(1)$，可以得到且 $\pi_r^*(\text{ES7}) > \pi_r^*(\text{ES6})$；当 $c_1(1) < c_1 \leqslant 3a/5$ 时，如果 $0 < c_2 \leqslant c_2(1)$，可以得到 $\pi_r^*(\text{ES5}) > \pi_r^*(\text{ES6})$、$\pi_r^*(\text{ES3}) > \pi_r^*(\text{ES6})$ 且 $\pi_r^*(\text{ES7}) > \pi_r^*(\text{ES6})$；当 $3a/5 < c_1 \leqslant 5a/6$ 时，如果 $0 < c_2 \leqslant c_2(4)$，可以得到 $\pi_r^*(\text{ES3}) > \pi_r^*(\text{ES6})$ 且 $\pi_r^*(\text{ES7}) > \pi_r^*(\text{ES6})$；当 $5a/6 < c_1 \leqslant c_1(2)$ 时，如果 $0 < c_2 \leqslant c_2(3)$，可以得到 $\pi_r^*(\text{ES3}) > \pi_r^*(\text{ES1})$；当 $c_1 > c_1(2)$ 时，可以得到 $\pi_r^*(\text{ES3}) > \pi_r^*(\text{ES1})$。证毕。

E.4　命题 6 - 4 的证明

在零售商推出自有品牌的情况下，制造商开辟直销渠道的情形又可以划分为两种不同的情况，即 $q_M^{NB} > 0$ 和 $q_M^{NB} = 0$。其中，在 $q_M^{NB} = 0$ 这种情形中，只要零售商推出自有品牌，制造商也将建立新的直销渠道来销售制造商品牌，即使直销渠道无法售出任何制造商品牌。然后，通过对比制造商开辟直销渠道和不开辟直销渠道两种情形下的利润可得，如果满足条件 $c_1 < c_1(3)$，可以得到 $\pi_m^*(\text{ES5}) > \pi_m^*(\text{ES3})$ 和 $\pi_m^*(\text{ES7}) > \pi_m^*(\text{ES3})$。证毕。

E.5　推论 6 - 1 的证明

通过对比制造商开辟直销渠道和不开辟直销渠道两种情形下

的利润可得，当 c_1 和 c_2 满足以下三个条件之一时，$\pi_m^*(\text{ES5}) > \pi_m^*(\text{ES3})$。其中，在 ES5 情形中，$q_M^{NB} > 0$。具体而言，当 $0 < c_2 < \{a[(4-b)b-2]\}/4b$ 时，如果 $0 < c_1 \leqslant a/2$，可得 $\pi_m^*(\text{ES5}) > \pi_m^*(\text{ES3})$；当 $\{a[(4-b)b-2]\}/4b \leqslant c_2 < [a(5-3b)]/5$ 时，如果 $c_1 \leqslant [(6-2b-3b^2)a+2bc_2]/(10-7b^2)$，可得 $\pi_m^*(\text{ES5}) > \pi_m^*(\text{ES3})$；当 $[a(5-3b)]/5 \leqslant c_2 < c_2(5)$ 时，如果 $0 < c_1 \leqslant 3a/5$，可得 $\pi_m^*(\text{ES5}) > \pi_m^*(\text{ES3})$。证毕。

E.6   命题 6-5 的证明

通过将情形 ES5、情形 ES7 与情形 ES3 进行比较，可证得零售商也能从制造商开辟直销渠道的行为中获利。（1）比较情形 ES5 与情形 ES3，假设 $f_2 = \pi_r^*(\text{ES5}) - \pi_r^*(\text{ES3})$，$f_2$ 是关于 c_1 的凹函数，并且 $f_2 = 0$ 存在两个解。然而，因为 $c_1 > 0$ 时，只有一个根 $c_1(7)$ 成立。同时，上述命题证明只有 $c_1 < c_1(4)$ 下情形 ES5 成立。当 $0 < c_2 \leqslant 0.168a$ 时，可以得到 $c_1(7) < c_1(4)$。因此，可以总结为，只有当 $0 < c_2 \leqslant 0.168a$ 且 $c_1(7) < c_1 < c_1(3)$ 时，才会存在 $f_2 > 0$。（2）比较情形 ES7 与情形 ES3，假设 $f_3 = \pi_r^*(\text{ES7}) - \pi_r^*(\text{ES3})$，$f_3$ 是关于 c_1 的凹函数，并且 $f_3 = 0$ 存在两个解。然而，因为 $c_1 > 0$ 时，只有一个根 $c_1(8)$ 成立。同时，上述命题证明只有 $c_1 < c_1(3)$ 下情形 ES7 成立。当 $0.182a \leqslant c_2 < c_2(5)$ 时，可以得到 $c_1(8) < c_1(3)$。因此，可以总结为，只有当 $0.182a \leqslant c_2 < c_2(5)$ 且 $c_1(8) < c_1 < c_1(3)$ 时，才会存在 $f_3 > 0$。证毕。

附录 F　第 7 章的命题证明

F.1　命题 7-1 的证明

首先，因为 $\mu \in (0, 1)$ 和 $b \in (0, 1]$，所以 $D_{SB}^{RO^{**}} = [b + (2 - b)\mu + (2 + b)\mu a_r]/4 > 0$。其次，令 $D_{NB}^{RO^{**}} = (1 - \mu - 3\mu a_r)/4 = 0$ 可得，$a_r = (1 - \mu)/3\mu$，其中 $(1 - \mu)/3\mu < \min\{a_{r1}, a_{r2}\}$。因此，当 $a_r < (1 - \mu)/3\mu$ 时，$D_{NB}^{RO^{**}} > 0$；当 $(1 - \mu)/3\mu \leqslant a_r < \min\{a_{r1}, a_{r2}\}$ 时，$D_{NB}^{RO^{**}} = 0$。若 $D_{NB}^{RO^{**}} = 0$，SB 产品垄断市场，$D_{SB}^{RO^{*}} = 1 - p_{SB}^{RO^{*}} + bp_{NB}^{RO^{*}} = \{4 + b - (2 + b)\mu + [4 - (2 - b)\mu]a_r\}/4$。证毕。

F.2　命题 7-3 的证明

$p_{SB}^{RO^{*}} - p_{SB}^{RR^{*}} = a_r\mu/[2(1 - b^2)] > 0$，$p_{NB}^{RO^{*}} - p_{NB}^{RR^{*}} = [-(1 - b)^2\mu a_r]/[4(1 - b^2)] < 0$ 且 $w_{NB}^{RO^{*}} - w_{NB}^{RR^{*}} = a_r\mu/2 > 0$。证毕。

F.3　命题 7-4 的证明

（1）当 $a_r < (1 - \mu)/3\mu$ 时，$\pi_m^{RO^{**}} - \pi_m^{RR^{*}} = -(2 + 3\mu a_r)\mu a_r < 0$，

其中 $\pi_m^{RO^{**}} = (1-\mu+\mu a_r)(1-\mu-3\mu a_r)/8$；当 $(1-\mu)/3\mu \leqslant a_r <$ $\min(a_{r1},\ a_{r2})$ 时，$\pi_m^{RO^{**}} - \pi_m^{RR^*} = -(1-\mu)^2/8 < 0$，其中 $\pi_m^{RO^{**}} =$ 0。（2）令 $f = \pi_r^{RO^{**}} - \pi_r^{RR^*}$，由命题 8－2 可知，当 $a_r < (1-\mu)/3\mu$ 时，$\pi_r^{RO^{**}} = \pi_{r1}^{RO^{**}}$；当 $(1-\mu)/3\mu \leqslant a_r < \min(a_{r1},\ a_{r2})$ 时，$\pi_r^{RO^{**}} =$ $\pi_{r2}^{RO^{**}}$。具体而言，（2a）当 $a_r < (1-\mu)/3\mu$ 时，令 $f = 0$ 可得，$a_{r3} = [6-2b-2(7-b)\mu]^+/[\mu(13+5b)]$。给定 $\mu \in (0,\ 1)$ 和 $b \in (0,\ 1]$，通过 MATLAB 软件仿真可知，若 $0 < a_r < a_{r3}$，$f < 0$；若 $a_{r3} \leqslant a_r < (1-\mu)/3\mu$，$f \geqslant 0$，其中 $a_{r3} < (1-\mu)/3\mu$。（2b）当 $(1-\mu)/3\mu \leqslant a_r < \min(a_{r1},\ a_{r2})$ 时，由 $\partial^2 f/\partial^2 a_r = -2\mu^2(1-b)$ $(2-b) < 0$ 可知，f 为 a_r 的二次凹函数。通过 MATLAB 软件仿真可知，$f = 0$ 存在两个根，且两个根分别小于 $(1-\mu)/3\mu$ 或者大于 $\min(a_{r1},\ a_{r2})$。因此，当 $(1-\mu)/3\mu \leqslant a_r < \min(a_{r1},\ a_{r2})$ 时，$f > 0$ 恒成立。（3）$\pi_m^{RO^*} - \pi_m^{RR^*} = \mu a_r[2(1-\mu)+\mu a_r]/8 > 0$ 且 $\pi_r^{RO^*} - \pi_r^{RR^*} = -a_r(1-a_r)(1-\mu)^2/4 < 0$，其中 $\pi_m^{RO^*} = (1-\mu+\mu a_r)^2/8$。证毕。

F.4 命题 7－5 的证明

因为 $\mu \in (0,\ 1)$ 和 $b \in (0,\ 1]$，所以 $D_{SB}^{OR^*} = [b+(2-b)\mu+2(1-\mu)ba_m]/4 > 0$、$D_{SB}^{OR^{**}} > 0$ 且 $D_{NB}^{OR^{**}} > 0$。然后，令 $D_{NB}^{OR^*} = (1-\mu)(1-2a_m)/4 = 0$，可得 $a_m = 1/2$。其中，$\mu \leqslant 1/3$ 时，$\min(a_{m1},\ a_{m2}) \geqslant 1/2$；$1/3 < \mu < 1$ 时，$\min(a_{m1},\ a_{m2}) < 1/2$。因此，当 $\mu \leqslant 1/3$ 时，$D_{NB}^{OR^*} > 0$ 恒成立。当 $1/3 < \mu \leqslant 1$ 时，若 $a_m < 1/2$，则 $D_{NB}^{OR^*} >$

0；若 $1/2 \leqslant a_m < \min(a_{m1}, a_{m2})$，则 $D_{NB}^{OR^*} = 0$。若 $D_{NB}^{OR^*} = 0$，SB 产品垄断市场，$D_{SB}^{OR^{**}} = 1 - p_{SB}^{OR^*} + b p_{NB}^{OR^*} = [4 + b - (2+b)\mu + 2(1-\mu) b a_m]/4$。证毕。

F.5 命题 7-7 的证明

易知 $p_{NB}^{OR^*} - p_{NB}^{RR^*} = [a_m(1-\mu)(1-b)^2]/[2(1-b^2)] > 0$、$p_{SB}^{OR^*} = p_{SB}^{RR^*}$ 和 $w_{NB}^{OR^*} - w_{NB}^{RR^*} = a_m > 0$。证毕。

F.6 命题 7-8 的证明

（1）$\pi_m^{OR^{**}} - \pi_m^{RR^*} = 4a_m(1+a_m)/8 > 0$。（2）令 $f_1 = \pi_r^{OR^{**}} - \pi_r^{RR^*}$，由 $\partial^2 f_1/\partial^2 a_m = 16(1+b)^2(1-b)(1-\mu) > 0$ 可知，f_1 为 a_m 的二次凸函数。通过 MATLAB 软件仿真可知，$f_1 = 0$ 存在两个根，但仅有一个根 a_{m3} 满足 $0 < a_{m3} < \min(a_{m1}, a_{m2})$，其中 $a_{m3} = \{[\sqrt{(1-b)(2-b)} - 1 + b][b + (1-b)\mu]\}/[(1-b^2)(1-\mu)]$。因此，若 $0 < a_m < a_{m3}$，则 $f_1 < 0$；若 $a_{m3} \leqslant a_m < \min(a_{m1}, a_{m2})$，则 $f_1 \geqslant 0$。（3）当 $\pi_m^{OR^*} = (1-\mu)^2(1-4a_m^2)/8$ 时，$\pi_m^{OR^*} - \pi_m^{RR^*} = -4a_m^2/8 < 0$；当 $\pi_m^{OR^*} = 0$ 时，$\pi_m^{OR^*} - \pi_m^{RR^*} = -\pi_m^{RR^*} < 0$；因此，$\pi_m^{OR^*} < \pi_m^{RR^*}$ 恒成立。（4）令 $f_2 = \pi_r^{OR^*} - \pi_r^{RR^*}$，其中，（4a）当 $\mu \leqslant 1/3$ 或者 $1/3 < \mu \leqslant 1$ 且 $a_m < 1/2$ 时，$\pi_r^{OR^*} = \pi_{r1}^{OR^*}$，$f_2 = -[(1-\mu)^2(1-a_m)a_m]/4 < 0$；（4b）当 $1/3 < \mu \leqslant 1$ 且 $1/2 \leqslant a_m < \min(a_{m1}, a_{m2})$ 时，$\pi_r^{OR^*} = \pi_{r2}^{OR^*}$，且 $\partial f_2/\partial a_m = 4b(1-\mu)[b + (1-b)\mu] > 0$。

因此，$f_2 > f_2(a_m = 1/2)$。给定 $b \in (0, 1]$，通过 MATLAB 软件仿真可知，若 $1/3 < \mu < 1$，$f_2(a_m = 1/2) = (1-\mu)[\mu(9 - 8b - b^2) - 1 + 8b + b^2] > 0$ 恒成立。综上所述，$1/3 < \mu < 1$ 且 $1/2 \leqslant a_m < \min(a_{m1}, a_{m2})$ 时，$f_2 > f_2(a_m = 1/2) > 0$。证毕。

参 考 文 献

［1］保罗·萨缪尔森，威廉·诺德豪斯. 经济学［M］. 上海：商务印书馆，2014.

［2］曹宗宏，刘文先，周永务. 引入自有产品对零售商主导的供应链成员决策的影响［J］. 中国管理科学，2014，22（1）：120－129.

［3］陈建国. 博弈论与不完全信息［M］. 北京：经济科学出版社，2006.

［4］崔婷，刘家麒，魏章进. 网络借贷平台双边用户交叉网络外部性研究：来自中国 P2P 网络借贷行业的经验证据［J］. 数理统计与管理，2019，38（3）：561－570.

［5］达曼国际咨询联合凯度消费者指数. 2021 年中国自有品牌行业发展白皮书［EB/OL］.［2024－10－11］. http：//www. sohu. com/a/442922196_665157.

［6］但斌，曲祯经，张海月，等. 供应链中制造商应对强势零售商的混合渠道策略［J］. 管理评论，2016，28（12）：213－224.

［7］段永瑞，戈瑶. 考虑网络外部性的在线广告定价策略研究［J］. 工业工程与管理，2020，25（3）：146－152.

［8］丁雪峰，陈前程．服务商组内网络外部性与物流双边平台定价策略及影响研究［J］．管理评论，2021，33（3）：292－306．

［9］傅强，方文俊．管理者过度自信与并购决策的实证研究［J］．商业经济与管理，2008（4）：76－80．

［10］范小军，陈宏民．零售商导入自有品牌对渠道竞争的影响研究［J］．中国管理科学，2011，19（6）：79－87．

［11］范小军，刘艳．制造商引入在线渠道的双渠道价格与服务竞争策略［J］．中国管理科学，2016，24（7）：143－148．

［12］冯·诺伊曼，摩根斯顿．博弈论与经济行为［M］．北京：生活·读书·新知三联书店，2004．

［13］胡雨菲，陈良华．产品质量差异与需求不确定双因素下的双渠道供应链分销策略选择［J］．河海大学学报（哲学社会科学版），2022，24（5）：85－94，129－130．

［14］郭亚军，赵礼强．基于电子市场的双渠道冲突与协调［J］．系统工程理论与实践，2008（9）：59－66，81．

［15］郭燕，吴价宝，王崇，等．多渠道零售环境下消费者渠道选择意愿形成机理研究——产品类别特征的调节作用［J］．中国管理科学，2018，26（9）：158－169．

［16］贡文伟，夏萌，丁凡，等．制造商过度自信下考虑权力结构的双渠道绿色供应链动态决策［J/OL］．［2024－10－16］．计算机集成制造系统，http：//www. cims－journal. cn/CN/10. 1319/J. cims，2023，0480．

［17］高丽娜，华冬芳．创新环境、网络外部性与城市群创新能力——来自长三角城市群的经验研究［J］．华东经济管理，2020，

34（9）：55 - 60.

［18］贺爱忠，李钰. 商店形象对自有品牌信任及购买意愿影响的实证研究 ［J］. 南开管理评论，2010，13（2）：79 - 89.

［19］韩庆兰，闵雨薇. 环境不确定性、管理者过度自信与研发投入 ［J］. 中南大学学报（社会科学版），2018，24（6）：132 - 139.

［20］和杉，马祖军. 众包快递平台的竞争性定价策略 ［J/OL］. 工业工程与管理，2021，26（4）：44 - 51.

［21］黄甫，宋华明，杨慧，等. 考虑消费者退货的制造商入侵策略研究 ［J］. 中国管理科学，2022，30（7）：264 - 275.

［22］姜付秀，张敏，陆正飞，等. 管理者过度自信，企业扩张与财务困境 ［J］. 经济研究，2009，1：131 - 143.

［23］姜良松，吴斌. 众包物流平台最优定价策略研究 ［J］. 价格理论与实践，2019（6）：152 - 155.

［24］金亮，郭萌. 不同权力结构下品牌差异化制造商市场入侵的影响研究 ［J］. 管理学报，2018，15（1）：135 - 143.

［25］经有国，刘震，李胜男. 不确定需求下制造商渠道入侵与信息收集披露激励 ［J］. 工业工程与管理，2020，25（2）：109 - 117.

［26］经有国，王海龙，任君玲，等. 基于直销/直租的制造商渠道入侵策略选择 ［J］. 管理工程学报，2023，37（3）：138 - 148.

［27］李保明. 效用理论与纳什均衡选择 ［M］. 北京：经济科学出版社，2003.

［28］李海，崔南方，徐贤浩. 零售商自有品牌与制造商直销

渠道的互动博弈问题研究［J］.中国管理科学，2016，24（1）：107－115．

［29］李凯，孙建华，严建援.间接和混合渠道下零售商引入自有品牌的影响分析［J］.运筹与管理，2017，26（1）：103－112．

［30］李晓静，艾兴政，唐小我.电子商务环境下交叉竞争供应链的渠道策略研究［J］.管理学报，2017，14（3）：459－465．

［31］李秋香，吉慧敏，黄毅敏，等.非对称信息下制造商策略选择：渠道入侵与信息泄露［J］.管理评论，2023，35（12）：169－181．

［32］李明珠，叶涛锋.考虑零售商自有品牌的制造商渠道引入策略［J］.物流技术，2023，42（12）：98－109．

［33］李金溪，任大磊，易余胤.供应链部分整合下的渠道入侵和广告决策研究［J］.系统工程理论与实践，2023，43（10）：2952－2980．

［34］李进，刘格格，张海霞，等.基于消费者绿色偏好和渠道竞争的制造商分散式入侵策略［J］.中国管理科学，2024，32（7）：281－290．

［35］梁喜，张余婷.基于消费者偏好的低碳双渠道供应链定价与减排策略［J］.运筹与管理，2020，29（12）：107－117．

［36］梁喜，梁伦海.考虑渠道成本差异的双渠道供应链定价策略与渠道选择［J］.工业工程，2021，24（2）：1－9．

［37］梁佳平，范丽伟，王宁宁，等.碳排放奖惩机制下新产品和再制品的定价与分销渠道选择策略［J］.系统工程理论与实践，2023，43（4）：1116－1133．

［38］林慧婷，王茂林．管理者过度自信、创新投入与企业价值［J］．经济管理，2014，36（11）：94 – 102.

［39］林志炳．基于网络外部性的绿色制造策略研究［J］．中国管理科学，2020，28（9）：137 – 145.

［40］林强，郭恒嘉，林晓刚，等．双渠道下考虑网络外部性的制造商优惠券投放策略研究［J］．工业工程与管理，2023，28（4）：156 – 169.

［41］刘竞，傅科．信息不对称下零售商自有品牌引入问题研究［J］．管理科学学报，2019，22（9）：39 – 51.

［42］刘盾，宋慧玲，聂佳佳．放弃制造商品牌？——制造商入侵与自有品牌引入的博弈分析［J］．工业工程，2020，23（1）：35 – 43，58.

［43］刘震，经有国，秦开大．基于延保服务授权条件契约的制造商渠道入侵策略［J］．管理工程学报，2022，36（4）：186 – 195.

［44］刘震，经有国；申诗谣．基于促销和延保的渠道入侵与订货时序策略［J］．运筹与管理，2022，31（2）：70 – 76.

［45］刘刚，安丰悦．考虑内容特征和网络外部性的一体化网站定价与分销［J］．系统工程学报，2023，38（5）：663 – 677，722.

［46］罗伯特·约翰·奥曼．博弈论讲义［M］．北京：中国人民大学出版社，2017.

［47］罗贯中．三国演义［M］．北京：人民文学出版社，2018.

［48］吕芹，霍佳震．基于制造商和零售商自有品牌竞争的供应链广告决策［J］．中国管理科学，2011，19（1）：48 – 54.

［49］梁开荣，李登峰．竞合模式对平台供应链线上分销策略

的影响研究［J］. 中国管理科学，2022，30（12）：305－316.

［50］慕艳芬，聂佳佳，石纯来. 市场需求和成本信息不对称对制造商开通直销渠道的影响［J］. 管理评论，2018，30（9）：143－151.

［51］马亮，李凯，李伟. 主导零售商自有品牌决策及影响研究［J］. 产经评论，2017，8（2）：122－135.

［52］马昭，尤薇佳，吴俊杰. 免费试用营销对众筹平台的影响研究［J］. 管理学报，2020，17（1）：121－130.

［53］浦徐进，覃熙焙，刘燃. 考虑实体店公平关切的制造商线上入侵策略研究［J］. 中国管理科学，2021，29（4）：149－157.

［54］潘爱玲，刘文楷，王雪. 管理者过度自信，债务容量与并购溢价［J］. 南开管理评论，2018，21（3）：35－45.

［55］琼·罗宾逊. 不完全竞争经济学［M］. 北京：华夏出版社，2012.

［56］邱俊，杨玉香. 考虑低碳政策和权力结构的低碳供应链减排决策比较研究［J］. 计算机集成制造系统，2024，30（7）：2566－2587.

［57］邱甲贤，聂富强，童牧，等. 第三方电子交易平台的双边市场特征——基于在线个人借贷市场的实证分析［J］. 管理科学学报，2016，19（1）：47－59.

［58］曲道钢，郭亚军. 分销商需求与其努力相关时混合渠道供应链协调研究［J］. 中国管理科学，2008（3）：89－94.

［59］饶育蕾，贾文静. 影响CEO过度自信的因素分析——来自我国上市公司的经验证据［J］. 管理学报，2011，8（8）：1162－

1167.

[60] 若虚. 上兵伐谋管仲传 [M]. 南京：江苏凤凰文艺出版社，2021.

[61] 阮航. 儒家经济伦理研究：先秦儒家经济伦理的问题脉络与观念诠释 [M]. 北京：中国社会科学出版社，2013.

[62] 史永东，朱广印. 管理者过度自信与企业并购行为的实证研究 [J]. 金融评论，2010，2（2）：38，73 - 82，124 - 125.

[63] 石肖然，周扬，蒋凤. 考虑零售商过度自信的供应链决策与协调 [J]. 工业工程，2014，17（3）：46 - 50.

[64] 宋淑琴，代淑江. 管理者过度自信、并购类型与并购绩效 [J]. 宏观经济研究，2015（5）：139 - 149.

[65] 单娟，范小军. 零售商形象，品类特征与自有品牌购买意愿 [J]. 管理评论，2016，28（5）：85 - 95.

[66] 石纯来，聂佳佳. 网络外部性对双渠道供应链信息分享的影响 [J]. 中国管理科学，2019，27（8）：142 - 150.

[67] 史丽丽，林军. 具有网络外部性的在线服务平台性能投资及广告定价决策研究 [J]. 管理学报，2020，17（6）：917 - 923.

[68] 沈启超. 供应链视角下零售商自有品牌引入策略研究 [D]. 重庆：重庆大学，2024.

[69] 尚晓凤，周建亨. 考虑零售商引入自有品牌的信息共享策略 [J]. 管理科学与工程，2024，13（1）：269 - 283.

[70] 孙武. 孙子兵法 [M]. 北京：新华出版社，2017.

[71] 涂俊梅，许正权. 过度营销对于消费者消费倦怠的影响效应 [J]. 商业经济研究，2020（19）：63 - 67.

[72] 王霞，张敏，于富生. 管理者过度自信与企业投资行为异化——来自我国证券市场的经验证据 [J]. 南开管理评论，2008 (2)：77 - 83.

[73] 王华清，李静静. 基于感知质量的自有品牌产品定价决策 [J]. 系统工程理论与实践，2011，31 (8)：1454 - 1459.

[74] 王蒙，杨蕙馨. 零售商自有品牌与制造商自建渠道对产品创新的影响分析 [J]. 武汉轻工大学学报，2012 (2)：89 - 92.

[75] 王新林，胡盛强，刘晓斌. 考虑供需随机及过度自信的期权契约协调 [J]. 计算机集成制造系统，2018，24 (11)：2898 - 2908.

[76] 王福胜，王也，刘仕煜. 媒体关注，管理者过度自信对盈余管理的影响研究 [J]. 管理学报，2022，19 (6)：832.

[77] 王文杰，刘亚洲. 渠道竞争下考虑零售商过度自信的供应链定价决策 [J]. 管理学报，2023，20 (10)：1525 - 1535.

[78] 汪旭晖，李晓宇，张其林. 多渠道零售商线上线下物流共生体构建模型及策略 [J]. 财经论丛，2014，183 (7)：82 - 89.

[79] 万骁乐，王欢欢，杜元伟，等. 考虑过度自信的交叉持股供应链决策研究 [J]. 中国管理科学，2022，30 (2)：191 - 203.

[80] 肖迪，袁敬霞，鲁其辉. 决策者过度自信视角下考虑质量控制的供应链库存策略 [J]. 中国管理科学，2014，22 (10)：59 - 65.

[81] 肖建敏，黄宗盛. 考虑消费者满意的强势零售商自有品牌导入策略分析 [J]. 软科学，2019，33 (1)：109 - 113.

[82] 谢勇，孟楚，王红卫. 过度自信的报童模型研究 [J]. 工

业工程，2013（4）：38－43.

［83］熊中楷，李根道，唐彦昌，等．网络环境下考虑动态定价的渠道协调问题研究［J］.管理工程学报，2007（3）：49－55.

［84］徐玉发，刘哲睿，王海娟．信息不对称下具有过度自信零售商的供应链激励契约研究［J］.运筹与管理，2014，23（3）：113－118.

［85］孙嘉轶，王小飞，滕春贤．基于消费者效用的临期产品销售渠道选择及捆绑销售策略研究［J］.管理学报，2024，21（9）：1401－1410.

［86］杨浩雄，孙丽君，孙红霞，等．服务合作双渠道供应链中的价格和服务策略［J］.管理评论，2017，29（5）：183－191.

［87］杨颖．制造商广告介入对零售商自有品牌的影响研究［J］.西部经济管理论坛，2018，29（4）：75－83.

［88］颜锦江，郭春香，龚浩．面向网络外部性特征产品的供应链动态竞争策略研究［J］.运筹与管理，2018，27（10）：76－82.

［89］余明桂，夏新平，邹振松．管理者过度自信与企业激进负债行为［J］.管理世界，2006（8）：104－112，125，172.

［90］易车网．乘联会：2021年国内乘用车处于产能严重过剩的区间［EB/OL］.［2025－01－08］.https：//news. yiche. com/xiaoliangshuju/20220129/1615039125. html.

［91］易余胤，杨海深．网络外部性下质量决策与零售商经营目标选择［J］.管理科学学报，2019，22（12）：15－30.

［92］翟爱梅，张晓娇．管理者过度自信与企业并购决策及企业绩效之关系［J］.现代财经（天津财经大学学报），2012，32

（10）：102 – 114.

［93］赵道致，吕昕．随机需求下基于供应商过度自信的 VMI 模型［J］．系统工程，2011，29（8）：1 – 7.

［94］赵礼强，徐家旺，王建明．B2C 电子商务模式下供应链双渠道冲突与协调的契约设计［J］．工业工程，2013，16（6）：113 – 120.

［95］赵礼强，徐家旺．基于电子市场的供应链双渠道冲突与协调的契约设计［J］．中国管理科学，2014，22（5）：61 – 68.

［96］赵婉鹏，叶春明．供应链中过度自信零售商的决策特征与理性供应商的调节措施［J］．工业工程，2019，22（6）：80 – 88.

［97］赵骅，张晗，李志国．零售商信息禀赋优势下制造商电商直销渠道决策［J］．中国管理科学，2022，30（3）：96 – 105.

［98］郑本荣，杨超，杨珺．回收模式对制造商渠道入侵策略的影响［J］．管理科学，2019，32（3）：92 – 105.

［99］郑本荣，金亮，杨超，等．闭环供应链中制造商渠道进入策略［J］．系统管理学报，2020，29（4）：794 – 805.

［100］周雄伟，蔡丹，李世刚，等．基于网络外部性和质量差异化的产品定价策略［J］．管理科学学报，2019，22（8）：1 – 16.

［101］周永务，关鑫鑫，曹彬，等．即时货运服务共享平台的价格策略选择研究［J］．中国管理科学，2023，31（8）：111 – 121.

［102］赵映雪，聂佳佳，代壮．存在盗版下网络外部性对信息产品定价的影响［J］．系统工程理论与实践，2017，37（3）：620 – 630.

［103］朱宾欣，马志强，威廉姆斯．盗版和网络外部性下基于

免费策略的信息产品定价和质量决策研究［J］. 管理评论，2021，33（9）：143－154.

［104］朱晓东，李薇. 双边网络环境下考虑消费者行为的两期供应链回收定价模型研究［J］. 中国管理科学，2021，29（5）：97－107.

［105］朱晓东，郭亚捷，丁莲. 考虑主播影响力的制造商销售渠道选择研究［J］. 合肥工业大学学报（自然科学版），2023，46（4）：568－576.

［106］爱德华·张伯仑. 垄断竞争理论［M］. 北京：华夏出版社，2009.

［107］张永芬. 供应链延保服务渠道策略研究［D］. 上海：上海财经大学，2019.

［108］张翠华，李慧思. 考虑产品质量差异的制造商入侵决策研究［J］. 管理工程学报，2020，34（4）：161－170.

［109］张冲，刘影. 考虑零售商销售努力的制造商入侵策略研究［J］. 运筹与管理，2022，31（12）：86－92.

［110］张李浩，杨杰. 考虑零售商资金约束的双渠道供应链信息共享与融资决策［J］. 管理评论，2023，35（5）：280.

［111］张谦，李冰晶. 数字平台捆绑销售策略的垄断动机研究：基于交叉网络外部性视角［J］. 管理学刊，2021，34（2）：65－79.

［112］张雪峰，李果. 开放引入还是放任不管？平台商应对制造商渠道入侵的策略研究［J］. 中国管理科学，2024，32（1）：251－259.

［113］ AHMED A S, DUELLMAN S. Managerial overconfidence and accounting conservatism ［J］. Journal of Accounting Research, 2013 (1): 1 – 30.

［114］ AILAWADI K L, HARLAM B. An empirical analysis of the determinants of retail margins: the role of store-brand share ［J］. Journal of Marketing, 2004, 68 (1): 147 – 165.

［115］ AL – MONAWER N, DAVOODI M, QI L. Brand and quality effects on introduction of store brand products ［J］. Journal of Retailing and Consumer Services, 2021, 61: 102507.

［116］ AMROUCHE N, YAN R. Implementing online store for national brand competing against private label ［J］. Journal of Business Research, 2012, 65 (3): 325 – 332.

［117］ ANSELMSSON J, JOHANSSON U. Corporate social responsibility and the positioning of grocery brands ［J］. International Journal of Retail and Distribution Management, 2007, 35 (10): 835 – 856.

［118］ ANCARANI A, MAURO C D, DURSO D. Measuring overconfidence in inventory management decisions ［J］. Journal of Purchasing and Supply Management, 2016, 22 (9): 171 – 180.

［119］ ARYA A, MITTENDORF B, SAPPINGTON D E M. The bright side of supplier encroachment ［J］. Marketing Science, 2007, 26 (5): 651 – 659.

［120］ ARNETT D B, LAVERIE D A, WILCOX J B. A longitudinal examination of the effects of retailer-manufacturer brand alliances: the role of perceived fit ［J］. Journal of Marketing Management, 2010, 26

(1 -2)：5 -27.

[121] ASSARZADEGAN P, HEJAZI S R. A game theoretic approach for analyzing the competition between national and store brands by considering store loyalty [J]. Journal of Retailing and Consumer Services, 2021, 60: 102449.

[122] BAAKE P, BOOM A. Vertical product differentiation, network externalities, and compatibility decisions [J]. International Journal of Industrial Organization, 2001, 19 (1 -2): 267 -284.

[123] BALASUBRAMANIAN G, MARUTHASALAM A P P. Substitution effect of retailer store brand and manufacturer encroachment [J]. International Journal of Production Economics, 2021, 239: 108208.

[124] BATARFI R, JABER M Y, ZANONI S. Dual-channel supply chain: A strategy to maximize profit [J]. Applied Mathematical Modelling, 2016, 40 (21 -22): 9454 -9473.

[125] BENEKE J, CARTER S. The development of a consumer value proposition of store label brands and the application thereof in a South African retail context [J]. Journal of Retailing and Consumer Sservices, 2015, 25: 22 -35.

[126] BERNARD V L, THOMAS J K. Evidence that stock prices do not fully reflect the implications of current earnings for future earnings [J]. Journal of Accounting and Economics, 1990, 13: 305 -340.

[127] BETTMAN J R, WEITZ B A. Attributions in the board room: causal reasoning in corporate annual reports [J]. Administrative Science Quarterly, 1983, 28 (2): 165 -183.

[128] BONTEMS P, MONIER – DILHAN S, RÉQUILLART V. Strategic effects of private labels [J]. European Review of Agricultural Economics, 1999, 26 (2): 147 – 165.

[129] BONTEMPS C, OROZCO V, RÉQUILLART V. Private labels, national brands and food prices [J]. Review of Industrial Organization, 2008, 33 (1): 1 – 22.

[130] BROWN R, SARMA N. CEO overconfidence, CEO dominance and corporate acquisitions [J]. Journal of Economics and Business, 2007, 59 (5): 358 – 379.

[131] BINNINGER A S. Exploring the relationships between retail brands and consumer store loyalty [J]. International Journal of Retail and Distribution Management, 2008, 36 (2): 94 – 110.

[132] BILLETT M T, QIAN Y. Are overconfident CEOs born or made? Evidence of self-attribution bias from frequent acquirers [J]. Management Science, 2008, 54 (6): 1037 – 1051.

[133] BURRELL O K. Possibility of an experimental approach to investment studies [J]. The Journal of Finance, 1951, 6 (2): 211 – 219.

[134] CAI G S. Channel selection and coordination in dual-channel supply chains [J]. Journal of Retailing, 2010, 86 (1): 22 – 36.

[135] CAO Z, WANG Y, ZHAO J, et al. Store brand introduction and quantity decision under asymmetric cost information in a retailer-led supply chain [J]. Computers and Industrial Engineering, 2021, 152: 106995.

［136］ CAPRICE S. Analysis of Contribution of Store Label in the VerticalInercations ［M］. Paris: University of Paris, 2000.

［137］ CARTER C R, KAUFMANN L, MICHEL A. Behavioral supply management: A taxonomy of judgment and decision-making biases ［J］. International Journal of Physical Distribution, 2007, 37 (8): 661 – 665.

［138］ CASTAÑO R, SUJAN M, KACKER M, et al. Managing consumer uncertainty in the adoption of new products: Temporal distance and mental simulation ［J］. Journal of Marketing Research, 2008, 45 (3): 320 – 336.

［139］ CATTANI K, GILLAND W, HEESE H S, et al. Boiling frogs: Pricing strategies for a manufacturer adding a direct channel that competes with the traditional channel ［J］. Production and operations management, 2006, 15 (1): 40 – 56.

［140］ CHAI J, YAN W, LI Y, et al. Selling vertically differentiated products under one channel or two? A quality segmentation model for differentiated distribution channels ［J］. Journal of the Operational Research Society, 2020, 71 (8): 1180 – 1198.

［141］ CHANG S, MA H, HOU P. Direct or Indirect? Implications of the retailer's investment choices on the manufacturer's encroachment strategy ［J］. Computers & Industrial Engineering, 2023, 179: 109201.

［142］ CHEN J, ZHANG H, SUN Y. Implementing coordination contracts in a manufacturer Stackelberg dual-channel supply chain ［J］. Omega, 2012, 40 (5): 571 – 583.

[143] CHEN J, LIANG L, YAO D Q, et al. Price and quality decisions in dual-channel supply chains [J]. European Journal of Operational Research, 2017, 259 (3): 935 – 948.

[144] CHEN J, PUN H, LI W. Using online channel to defer the launch of discount retailing store [J]. Transportation Research Part E: Logistics and Transportation Review, 2018, 120: 96 – 115.

[145] CHEN J, PUN H, ZHANG Q. Eliminate demand information disadvantage in a supplier encroachment supply chain with information acquisition [J]. European Journal of Operational Research, 2023, 305 (2): 659 – 673.

[146] CHENG H K, LIU Y. Optimal software free trial strategy: The impact of network externalities and consumer uncertainty [J]. Information Systems Research, 2012, 23 (2): 488 – 504.

[147] CHENG R, DUAN Y, ZHANG J, et al. Impacts of store-brand introduction on a multiple-echelon supply chain [J]. European Journal of Operational Research, 2021, 292 (2): 652 – 662.

[148] CHENG R, MA W, KE H. Store-brand introduction and production arrangement in the presence of multiple retailers [J]. Rairo – Operations Research, 2020, 54 (3): 827 – 843.

[149] CHENG R, MA W, KE H. How does store-brand introduction affect a supply chain with uncertain information [J]. Journal of Intelligent and Fuzzy Systems, 2018, 34 (1): 189 – 201.

[150] CHIANG W K, CHHAJED D, HESS J D. Direct marketing, indirect profits: A strategic analysis of dual-channel supply-chain

design [J]. Management Science, 2003, 49 (1): 1 – 20.

[151] CHIRCO A, SCRIMITORE M. Choosing price or quantity? The role of delegation and network externalities [J]. Economics Letters, 2013, 121 (3): 482 – 486.

[152] CHOI J P. Tying in two-sided markets with multi-homing [J]. The Journal of Industrial Economics, 2010 (3): 607 – 626.

[153] CHUNG H, LEE E. Store brand quality and retailer's product line design [J]. Journal of Retailing, 2017, 93 (4): 527 – 540.

[154] CHUNG H, LEE E. Effect of store brand introduction on channel price leadership: An empirical investigation [J]. Journal of Retailing, 2018, 94 (1): 21 – 32.

[155] CNBC. The direct-to-consumer craze is slamming into reality [EB/OL]. [2022 – 03 – 14]. https: //www. cnbc. com/2022/03/14/ the – direct – to – consumer – craze – is – slamming – into – reality. html.

[156] COOPER A C, WOO C Y, DUNKELBERG W C. Entrepreneurs perceived chancesfor success [J]. Journal of Business Venturing, 1988, 3: 97 – 108.

[157] CORSTJENS M, LAL R. Building store loyalty through private labels [J]. Journal of Marketing Research, 2000, 37 (3): 281 – 291.

[158] CROSON D, CROSON R, Ren Y F. How to manage an overconfident newsvendor [EB/OL]. [2024 – 12 – 10]. Working Paper, http: //www. academia. edu/download/78033828/How to_mange_an – overconfident_newsvendo20220104 – 31737 – 1 sa5008. pdf.

［159］CUI Q，CHIU C H，DAI X，et al. Store brand introduction in a two-echelon logistics system with a risk-averse retailer ［J］. Transportation Research Part E：Logistics and Transportation Review，2016，90：69 - 89.

［160］CUI Q. Quality investment，and the contract manufacturer's encroachment ［J］. European Journal of Operational Research，2019，279（2）：407 - 418.

［161］CUTLER D M，POTERBA J，SUMMERS L H. Speculative dynamics and the role of feedback traders ［J］. American Economic Review，1990，58（195）：61 - 68.

［162］DAN B，XU G，LIU C. Pricing policies in a dual-channel supply chain with retail services ［J］. International Journal of Production Economics，2012，139（1）：312 - 320.

［163］DAVIES G. Marketing to retailers：a battle for distribution? ［J］. Long Range Planning，1990，23（6）：101 - 108.

［164］Daymon. The future of private brands ［EB/OL］. ［2024 - 10 - 15］. https：//www. daymon. com/wp - content/uploads/2020/08/Daymon - PB - Intelligence - Report - 2020. pdf.

［165］DEBONDT W，THALER R. Financial decision-making in market and firms：a behavioral perspective ［A］. Elsevier NewYork，1995：385 - 410.

［166］DOUKAS J A，PETMEZAS D. Acquisitions overconfident managers and self-attribution bias ［J］. European Financial Management，2007（3），13（3）：531 - 577.

［167］ DUNNE D, NARASIMHAN C. The new appeal of private labels ［J］. Harvard Business Review, 1999, 77 （3）: 41 – 42.

［168］ DUmrongsiri A, FAN M, JAIN A, et al. A supply chain model with direct and retail channels ［J］. European Journal of Operational Research, 2008, 187 （3）: 691 – 718.

［169］ FANG X, GAVIRNENI S, RAO V R. Supply chains in the presence of store brands ［J］. European Journal of Operational Research, 2013, 224 （2）: 392 – 403.

［170］ FAST N J, SIVANATHAN N, MAYER N D, et al. Power and overconfident decision-making ［J］. Organizational Behavior and Human Decision Processes, 2012, 117 （2）: 249 – 260.

［171］ FISCHHOFF B, SLOVIC P, LICHTENSTEIN S. Knowing with certainty: The appropriateness of extreme confidence ［J］. Journal of Experimental Psychology: Human Perception and Performance, 1997, 3 （4）: 552.

［172］ GALASSO A, SIMCOE T S. CEO overconfidence and innovation ［J］. Management Science, 2011, 57 （8）: 1469 – 1484.

［173］ GENDEL – GUTERMAN H, LEVY S. Does consumers' personal involvement have an influence on store brand buying proneness? ［J］. Journal of Consumer Marketing, 2013, 30 （7）: 553 – 562.

［174］ GERVAIS S, HEATON J B, ODEAN T. Overconfidence, in-vestment policy and executive stock options ［R］. University of Pennsylvania, 2003.

［175］ GERVAIS S, HEATON J B, ODEAN T. The positive role of

overconfidence and optimism in investment policy [J]. 2002: 1 – 45.

[176] GOEL M A, THAKOR A V. Rationality overconfidence and leadership [EB/OL]. [2024 – 11 – 12]. DePaul University working paper, http://rodneywhitecenter. wharton. upenn. edu/wp – content/uploads/2014/04/02/5. pdf.

[177] GRIFFIN D, TVERSKY A. The weighing of evidence and the determinants of confidence [J]. Cognitive Psychology, 1992, 24 (3): 411 – 435.

[178] GROZNIK A, HEESE H S. Supply chain interactions due to store-brand introductions: The impact of retail competition [J]. European Journal of Operational Research, 2010, 203 (3): 575 – 582.

[179] GUAN X, LIU B, CHEN Y, et al. Inducing supply chain transparency through supplier encroachment [J]. Production and Operations Management, 2020, 29 (3): 725 – 749.

[180] GURNANI H, ERKOC M, LUO Y. Impact of product pricing and timing of investment decisions on supply chain co-opetition [J]. European Journal of Operational Research, 2007, 180 (1): 228 – 248.

[181] HA A, LONG X, NASIRY J. Quality in supply chain encroachment [J]. Manufacturing & Service Operations Management, 2016, 18 (2): 280 – 298.

[182] HACKBARTH D. Managerial optimism, overconfidence and capital structure decision [R]. Mimeo, UC Berkeley, 2003.

[183] HAGIU A. Pricing and commitment by two-sided platforms

[J]. The RAND Journal of Economics, 2006, 37 (3): 720 – 737.

[184] HANSEN K, SINGH V, CHINTAGUNTA P. Understanding store-brand purchase behavior across categories [J]. Marketing Science, 2006, 25 (1): 75 – 90.

[185] HANS S H. Competing with channel partners: Supply chain conflict when retailers introduce store brands [J]. Naval Research Logistics, 2010, 57 (5): 441 – 459.

[186] HARA R, MATSUBAYASHI N. Premium store brand: Product development collaboration between retails and national brand manufacturers [J]. International Journal of Production Economics, 2017, 185: 128 – 138.

[187] HASHIMOTO K, MATSUBAYASHI N. A note on dynamic monopoly pricing under consumption externalities [J]. Economics Letters, 2014, 124 (1): 1 – 8.

[188] HAYWARD M L A, HAMBRICK D C. Explaining the premiums paid for large acquisitions: Evidence of CEO hubris [J]. Administrative Science Ouarterly, 1997, 42 (1): 103 – 127.

[189] HIRSHLEIFER D, LOW A, TEOH S H. Are overconfident CEOs better innovators? [J]. The Journal of Finance, 2012, 67 (4): 1457 – 1498.

[190] HOCH S J, BANERJI S. When do private labels succeed? [J]. Sloan Management Review, 1993, 34 (4): 57 – 67.

[191] HOUTHAKKER H S. Compensated changes in quantities and qualities consumed [J]. The Review of Economics Studie, 1952, 19

（3）: 155 – 164.

[192] HU H, SUN S, ZHENG X, et al. Committed or contingent? The retailer's information acquisition and sharing strategies when confronting manufacturer encroachment [J]. International Journal of Production Economics, 2021, 242: 108294.

[193] HUA G, WANG S, CHENG T C E. Price and lead time decisions in dual-channel supply chains [J]. European Journal of Operational Research, 2010, 205 (1): 113 – 126.

[194] HUANG S, GUAN X, CHEN Y J. Retailer information sharing with supplier encroachment [J]. Production and Operations Management, 2018a, 27 (6): 1133 – 1147.

[195] HUANG Y, GOKPINAR B, TANG C S, et al. Selling innovative products in the presence of externalities [J]. Production and Operations Management, 2018b, 27 (7): 1236 – 1250.

[196] HUANG Z, FENG T. Money-back guarantee and pricing decision with retailer's store brand [J]. Journal of Retailing and Consumer Services, 2020, 52: 101897.

[197] JAIN T, HAZRA J, CHENG T C E. Sourcing under overconfident buyer and suppliers [J]. International Journal of Production Economics, 2018, 206: 93 – 109.

[198] JIANG B, JERATH K, SRINIVASAN K. Firm strategies in the "mid tail" of platform-based retailing [J]. Marketing Science, 2011, 30 (5): 757 – 775.

[199] JIN Y N, WU X L, HU Q Y. Interaction between channel

strategy and store brand decision [J]. European Journal of Operational Research, 2017, 256 (3): 911 – 923.

[200] JIN M, ZHANG X, XIONG Y, et al. Implications of green optimism upon sustainable supply chain management [J]. European Journal of Operational Research, 2021, 295 (1): 131 – 139.

[201] JULLIEN B, REISINGER M, REY P. Personalized pricing and distribution strategies [J]. Management Science, 2023, 69 (3): 1687 – 1702.

[202] KATZ M, SHAPIRO C. Network externalities, competition and compatibility [J]. American Economic Review, 1985, 75 (3): 424 – 440.

[203] KARP. Hannah Karp store brand step up their game, and prices Wall Street journal [EB/OL]. [2012 – 01 – 31]. https://www. wsj. com/articles/SB10001424052970204624204577179193540556620.

[204] KARRAY S, MARTıN – HERRAN G. The impact of a store brand introduction in a supply chain with competing manufacturers: the strategic role of pricing and advertising decision timing [J]. International Journal of Production Economics, 2022, 244: 108378.

[205] KESKIN N B, BIRGE J R. Dynamic selling mechanisms for product differentiation and learning [J]. Operations Research, 2019, 67 (4): 1069 – 1089.

[206] KHOUJA M, PARK S, CAI G G. Channel selection and pricing in the presence of retail-captive consumers [J]. International Journal of Production Economics, 2010, 125 (1): 84 – 95.

［207］KIRSHNER S N, SHAO L. The overconfident and optimistic price-setting newsvendor ［J］. European Journal of Operational Research, 2019, 277 (1): 166 – 173.

［208］KOELLINGER P, MINNITI M, SCHADE C. "I think I can, I think I can": Overconfidence and entrepreneurial behavior ［J］. Journal of Economic Psychology, 2007, 28 (4): 502 – 527.

［209］KUMAR N, STEENKAMP J B E. Brand versus brand ［J］. International Commerce Review: ECR Journal, 2007, 7 (1): 47.

［210］KUO C W, YANG S J S. The role of store brand position for appropriating supply chain profit under shelf space allocation ［J］. European Journal of Operational Research, 2013, 231 (1): 88 – 97.

［211］LANDIER A, SRAER D, THESMAR D. Financial risk management: When does independence fail? ［J］. American Economic Review, 2009, 99 (2): 454 – 458.

［212］LANGER E J. The illusion of control ［J］. Journal of Personality and Social Psychology, 1975, 32: 311 – 328.

［213］LEE H L, PADMANABHAN V, WHANG S. Information distortion in a supply chain: The bullwhip effect ［J］. Management Science, 1997, 43 (4): 546 – 558.

［214］LI T, XIE J, ZHAO X. Supplier encroachment in competitive supply chains ［J］. International Journal of Production Economics, 2015a, 165: 120 – 131.

［215］LI Z, LU Q, TALEBIAN M. Online versus bricks-and-mortar retailing: a comparison of price, assortment and delivery time ［J］.

International Journal of Production Research, 2015b, 53（13）: 3823 - 3835.

［216］LI M, PETRUZZI N C, ZHANG J. Overconfident Competing Newsvendors ［J］. Management Science, 2017, 63（8）: 2637 - 2646.

［217］LI H, LENG K, QING Q, et al. Strategic interplay between store brand introduction and online direct channel introduction ［J］. Transportation Research Part E: Logistics and Transportation Review, 2018a, 118: 272 - 290.

［218］LI W, CHEN J, CHEN B. Supply chain coordination with customer returns and retailer's store brand product ［J］. International Journal of Production Economics, 2018b, 203: 69 - 82.

［219］LI M. Overconfident distribution channels ［J］. Production and Operations Management, 2019, 28（6）: 1347 - 1365.

［220］LI G, LI L, SETHI S P, et al. Return strategy and pricing in a dual-channel supply chain ［J］. International Journal of Production Economics, 2019, 215: 153 - 164.

［221］LI X, CAI X, CHEN J. Quality and private label encroachment strategy ［J］. Production and Operation Management, 2022, 31（1）: 374 - 390.

［222］LIAO B, YANO C A, TRIVEDI M. Optimizing store-brand quality: impact of choice of producer and channel price leadership ［J］. Production and Operations Management, 2020, 29（1）: 118 - 137.

［223］LIU B, GUAN X, WANG H, et al. Channel configuration

and pay-on-delivery service with the endogenous delivery lead time [J]. Omega, 2019, 84: 175 – 188.

[224] LIU Y, ZHANG Z J. Research note-the benefits of personalized pricing in a channel [J]. Marketing Science, 2006, 25 (1): 97 – 105.

[225] LIU T, WANG C. Factors affecting attitudes towards private labels and promoted brands [J]. Journal of Marketing Management, 2008, 34 (3/4): 283 – 298.

[226] LIU Y, CUI T H. The length of product line in distribution channels [J]. Marketing Science, 2010, 29 (3): 474 – 482.

[227] LIU Z, LI M, KOU J. Selling information products: Sale channel selection and versioning strategy with network externality [J]. International Journal of Production Economics, 2015, 166: 1 – 10.

[228] LIU B, GUAN X, WANG Y. Supplier encroachment with multiple retailers [J]. Production and Operations Management, 2021, 30 (10): 3523 – 3539.

[229] LIANG C, DUNN P. Entrepreneurial characteristics optimism pessimism and realism-correlation or collision? [J]. Journal of Business and Entrepreneurship, 2010, 22 (1): 1.

[230] LU Q, LIU N. Effects of e-commerce channel entry in a two-echelon supply chain: A comparative analysis of single-and dual-channel distribution systems [J]. International Journal of Production Economics, 2015, 165: 100 – 111.

[231] LU X, SHANG J, WU S, et al. Impacts of supplier hubris

on inventory decisions and green manufacturing endeavors [J]. European Journal of Operational Research, 2015, 245 (1): 121 – 132.

[232] LU W, JIANG Y, XIA P, et al. How retailer overconfidence affects supply chain transparency with manufacturer encroachment [J]. Annals of Operations Research, 2023, 329 (1): 1149 – 1174.

[233] MA W, CHENG R, KE H. Impacts of power structure on supply chain with a store brand [J]. Asia Pacific Journal of Operational Research, 2018, 35 (4): 1850020.

[234] MAHAJAN, J. The overconfidence effect in marketing management predictions [J]. Journal of Marketing Research, 1992, 29 (3): 329 – 342.

[235] MALMENDIER U, TATE G. Who Makes Acquisitions: CEO Overconfidence and the Market's Reaction [J]. Journal of Financial Economics, 2008, 89 (1): 20 – 43.

[236] MALMENDIER U, TATE G, YAN J. Overconfidence and early-life experiences: the effect of managerial traits on corporate financial policies [J]. The Journal of Finance, 2011, 66 (5): 1687 – 1733.

[237] MANJUR R. JD. com launches "Made by JD" brand with Li and Fung's support [EB/OL]. [2021 – 07 – 08]. https: //www. marketing – interactive. com/jdcom – launches – made – by – jd – brand – with – li – fungs – support.

[238] MATSUI K. Optimal bargaining timing of a wholesale price for a manufacturer with a retailer in a dual-channel supply chain [J]. European Journal of Operational Research, 2020, 287 (1): 225 – 236.

［239］MILLS D E. Private labels and manufacturer counterstrategier ［J］. European Review of Agricultural Economics, 1995, 26 （2）: 125 – 145.

［240］MILLS D E. Why retailers sell private labels ［J］. Journal of Economics and Management Strategy, 2005, 4 （3）: 509 – 528.

［241］MILBERG S J, CUNEO A, LANGLOIS C. Should leading brand manufacturers supply private label brands to retailers: calibrating the trade-offs ［J］. Industrial Marketing Management, 2019, 76: 192 – 202.

［242］MODAK N M, KELLE P. Managing a dual-channel supply chain under price and delivery-time dependent stochastic demand ［J］. European Journal of Operational Research, 2019, 272 （1）: 147 – 161.

［243］MOORE D A, HEALY P J. The trouble with overconfidence ［J］. Psychological Review, 2008, 115 （2）: 502 – 517.

［244］MUKHOPADHYAY S K, ZHU X, YUE X. Optimal contract design for mixed channels under information asymmetry ［J］. Production and Operations Management, 2008, 17 （6）: 641 – 650.

［245］NARASIMHAN C, WILCOX R T. Private labels and the channel relationship: A cross-category analysis ［J］. The Journal of Business, 1998, 71 （4）: 573 – 600.

［246］NASSER S, TURCIC D, NARASIMHAN C. National brand response to store brands: Throw in the towel or fight back? ［J］. Marketing Science, 2013, 31 （4）: 591 – 608.

[247] NAVON A, SHY O, THISSE J F. Product differentiation in the presence of positive and negative network effects [J]. Working Paper, 1995.

[248] PALMEIRA M M, THOMAS D. Two-tier store brands: The benefic impact of a value brand on perceptions of a premium brand [J]. Journal of Retailing, 2011, 87 (4): 540 – 548.

[249] PAUWELS K, SRINIVASA S. Who benefits from store brand entry? [J]. Marketing Science, 2004, 23 (3): 369 – 390.

[250] PRASAD A, VENKATESH R, MAHAJAN V. Optimal bundling of technological products with network externality [J]. Management Science, 2010, 56 (12): 2224 – 2236.

[251] PLMA. Private label today [EB/OL]. [2024 – 10 – 11]. http://www. plmainternational. com/industry – news/private – label – today.

[252] PLMA. PLMA's 2021 international private label yearbook [EB/OL]. [2021 – 04 – 14]. https://www. plmainternational. com/yearbook.

[253] PROEGER T, MEUB L. Overconfidence as a social bias: Experimental evidence [J]. Economic Letters, 2013, 122 (2): 203 – 207.

[254] PUTSIS W P, COTTERILL R W. Share price and category expenditure-geographic market effects and private labels [J]. Managerial and Decision Economics, 1999, 20 (4): 175 – 187.

[255] RAJU J S, SETHURAMAN R, DHAR S K. The introduc-

tion and performance of store brands [J]. Management Science, 1995, 41 (6): 957 –978.

[256] REN Y, CROSON. R. Overconfidence in newsvendor orders: An experimental Study [J]. Management Science, 2013, 59 (11): 2502 –2517.

[257] REN Y F, CROSON D C, CROSON R T A. The overconfident newsvendor [J]. Journal of the Operational Research Society, 2017, 68 (5): 496 –506.

[258] Retail Dive. These traditional brands are shifting to a DTC model. Here's how, 2021. [EB/OL]. [2022 – 11 – 11]. https://www. retaildive. com/news/these – traditional – brands – are – shifting – to – a – dtc – mode 1 – heres – how/607646/.

[259] RICHARDSON P S, DICK A S, JAIN A K. Extrinsic and intrinsic cue effects on perceptions of store brand quality [J]. Journal of Marketing, 1994, 58 (4): 28 –36.

[260] ROLL. The hubris hypothesis of corporate takeovers [J]. Journal of Business, 1986, 59 (2): 197 –216.

[261] ROY A, GILBERT S M, LAI G. The implications of visibility on the use of strategic inventory in a supply chain [J]. Management Science, 2019, 65 (4): 1752 –1767.

[262] RU J, SHI R, ZHANG J. Does a store brand always hurt the Manufacturer of a competing national brand [J]. Production and Operations Management, 2015, 24 (2): 272 –286.

[263] RUBIE N, YAGUE M J. Alternative panel models to evalu-

ate the store brand market share: Evidence from the Spanish market [J].
European Journal of Marketing, 2009, 43 (1/2): 110 – 138.

[264] SAYMAN S, HOCH S J, RAJU J. Positioning of store
brands [J]. Marketing Science, 2002, 21 (4): 129 – 141.

[265] SCOTT M, Zettelmeyer F. The strategic positioning of store
brands in retailermanufacturer negotiations [J]. Review of Industrial Or-
ganization, 2004, 24 (2): 161 – 194.

[266] SEENIVASAN S, SUDHIR K, TALUKDAR D. Do store
brands aid store loyalty? [J]. Management Science, 2015, 62 (3):
802 – 816.

[267] SETHURAMAN R, GIELENS K. Determinants of store brand
share [J]. Journal of Retailing, 2014, 90 (2): 141 – 153.

[268] SHAROT T, KORN C W, DOLAN R J. How unrealistic op-
timism is maintained in the face of reality [J]. Nature Neuroscience,
2011, 14 (11): 1475 – 1479.

[269] SHEN Q, HE B, QING Q. Interplays between manufacturer
advertising and retailer store brand introduction: agency vs. wholesale
contracts [J]. Journal of Retailing and Consumer Services, 2022, 64:
102801.

[270] Shenzhen convention and exhibition center. Private label mar-
ket in China [EB/OL]. [2022 – 12 – 18]. http: //www. marcachina-
fair. com/en/index/Marca – China/About – private – label.

[271] SHI R X, ZHANG J, Ru J. Impacts of power structure on
supply chains with uncertain demand [J]. Production and Operations

Management, 2013, 22 (5): 1232 - 1249.

[272] SHI C L, GENG W. To introduce a store brand or not: Roles of market information in supply chains [J]. Transportation Research Part E: Logistics and Transportation Review, 2021, 150: 102334.

[273] SIMON M, HOUGHTON S M. The relationship between overconfidence and the introduction of risky products: Evidence from a field study [J]. The Academy of Management Journal 2003, 46 (2): 139 - 149.

[274] SIMON M, SHRADER R C. Entrepreneurial actions and optimistic overconfidence: The role of motivated reasoning in new product introductions [J]. Journal of Business Venturing, 2012, 27 (3): 291 - 309.

[275] SONG Z, TANG W, ZHAO R, et al. Inventory strategy of the risk averse supplier and overconfident manufacturer with uncertain demand [J]. International Journal of Production Economics, 2021, 234: 108066.

[276] SPENGLER J J. Vertical integration and antitrust policy [J]. Journal of Political Economy, 1950, 58 (4): 347 - 352.

[277] STATMAN M, SHEFRIN H. The disposition to sell winners too early and ride losers too long: theory and evidence [J]. The Journal of Finance, 1985, 19 (4): 1540 - 1565.

[278] STEENKAMP J, DEKIMPE M. The increasing power of private labels: building loyalty and market share [J]. Long Range Planning, 1997, 30 (6): 917 - 930.

［279］ Holzweber S. Tying and bundling in the digital era ［J］. European Competition Journal, 2018, 14 （2 – 3）: 342 – 366.

［280］ SUDHIR K, TALUKDAR D. Does store brand patronage improve store patronage? ［J］. Review of Industrial Organization, 2004, 24 （2）: 143 – 160.

［281］ SUN X, TANG W, CHEN J, et al. Manufacturer encroachment with production cost reduction under asymmetric information ［J］. Transportation Research Part E: Logistics and Transportation Review, 2019, 128: 191 – 211.

［282］ SUN L, JIAO X, GUO X, et al. Pricing policies in dual distribution channels: The reference effect of official prices ［J］. European Journal of Operational Research, 2022, 296 （1）: 146 – 157.

［283］ SWAMI S, SHAH J. Channel coordination in supply chain management ［J］. The Journal of the Operational Research Society, 2013, 64 （3）: 336 – 351.

［284］ TAHIROV N, GLOCK C H. Manufacturer encroachment and channel conflicts: A systematic review of the literature ［J］. European Journal of Operational Research, 2022, 302 （2）: 403 – 426.

［285］ TANG C H, GUAN M, DOU J M. Understanding the impact of high speed railway on urban innovation performance from the perspective of agglomeration externalities and network externalities ［J］. Technology in Society, 2021, 67: 101760.

［286］ The Good. Big manufacturer benefits of selling direct-to-consumer ［EB/OL］. ［2021 – 12 – 18］. https: //the good. com/insights/

benefits – direct – to – consumer/.

[287] The Good. How to best manage channel conflict (and how to prevent it) [EB/OL]. [2022 – 05 – 01]. https: //thegood. com/insights/overcoming – channel – conflict/.

[288] TONG Y, LU T, LI Y, et al. Encroachment by a better-informed manufacturer [J]. European Journal of Operational Research, 2023, 305 (3): 1113 – 1129.

[289] TSAY A, AGRAWAL N. Channel conflict and coordination in the E-commerce age [J]. Production and Operations Management, 2004, 13 (1): 93 – 110.

[290] TSAI F S, LIN C H, LIN J L, et al. Generational diversity, overconfidence and decision-making in family business: A knowledge heterogeneity perspective [J]. Asia Pacific Management Review, 2018, 23 (1): 53 – 59.

[291] VERHOEF P C, NIJSSEN E J, SLOOT L M. Strategic reactions of national brand manufacturers towards private labels: An empirical study in The Netherlands [J]. European Journal of Marketing, 2002, 36 (11/12): 1309 – 1326.

[292] VISWANATHAN S. Competing across technology-differentiated channels: The impact of network externalities and switching costs [J]. Management Science, 2005, 51 (3): 483 – 496.

[293] WAN X, SANDERS N R. The negative impact of product variety: Forecast bias, inventory levels, and the role of vertical integration [J]. International Journal of Production Economics, 2017, 18 (6):

123 – 131.

[294] WAN X, CHEN J, LI W. The impact of retail pricing leadership under manufacturer encroachment [J]. European Journal of Operational Research, 2023, 310 (1): 217 – 237.

[295] WANG J, HE S. Optimal decisions of modularity, prices and return policy in a dual-channel supply chain under mass customization [J]. Transportation Research Part E: Logistics and Transportation Review, 2022, 160: 102675.

[296] WANG L, CHEN J, SONG H. Manufacturer's channel strategy with retailer's store brand [J]. International Journal of Production Research, 2021, 59 (10): 3042 – 3061.

[297] WANG W, LI G, CHENG T C E. Channel selection in a supply chain with a multi-channel retailer: The role of channel operating costs [J]. International Journal of Production Economics, 2016, 173: 54 – 65.

[298] WANG N, LI Z. Supplier encroachment with a dual-purpose retailer [J]. Production and Operations Management, 2021, 30 (8): 2672 – 2688.

[299] WEBB K L. Managing channels of distribution in the age of electronic commerce [J]. Industrial Marketing Management, 2002, 31 (2): 95 – 102.

[300] WEI W, LIU W, TANG O, et al. CSR investment for a two-sided platform: network externality and risk aversion [J]. European Journal of Operational Research, 2023, 307 (2): 694 – 712.

[301] WEINSTEIN N D. Unrealistic optimism about future life events [J]. Journal of Personality and Social Psychology, 1980, 39 (5): 806-820.

[302] WOLOSIN R J, STEVEN J S, AMMON T. Effects of cooperation and competition on responsibility attribution after success and failure [J]. Journal of Experimental Social Psychology, 1973, 9: 220-235.

[303] WOODSIDE A G, OZCAN T. Customer choices of manufacturer versus retailer brands in alternative price and usage contexts [J]. Journal of Retailing and Consumer Services, 2009, 16 (2): 100-108.

[304] WU C, WANG C J. A positive theory of private label: A strategic role of private label in a duopoly national brand market [J]. Marketing Letters, 2005, 16 (2): 43-161.

[305] XIAO T, SHI J. Pricing and supply priority in a dual-channel supply chain [J]. European Journal of Operational Research, 2016, 254 (3): 813-823.

[306] XIAO Y, NIU W, ZHANG L, et al. Store brand introduction in a dual-channel supply chain: The roles of quality differentiation and power structure [J]. Omega, 2023, 116: 102802.

[307] XIANG Z H, XU M L. Dynamic game strategies of a two-stage remanufacturing closed-loop supply chain considering Big Data marketing, technological innovation and overconfidence [J]. Computers and Industrial Engineering, 2020, 145: 106538.

［308］XU H, LIU Z Z, ZHANG S H. A strategic analysis of dual-channel supply chain design with price and delivery lead time considerations ［J］. International Journal of Production Economics, 2012, 139 (2): 654 –663.

［309］XU L, SHI X, DU P, et al. Optimization on pricing and overconfidence problem in a duopolistic supply chain ［J］. Computers & Operations Research, 2019, 101: 162 –172.

［310］XU B, YAO Z, WU S. Pricing strategies for a bundled channel with services network effects ［J］. International Journal of Production Research, 2020b, 3: 1 –17.

［311］XU H. Corporate social responsibility innovation as a counter-strategy of national brand manufacturer against private label ［J］. Nankai Business Review International, 2020a, 11 (3): 393 –407.

［312］XU P, XIAO T. Pricing and entry strategies for competitive firms with optimistic entrant ［J］. International Transactions in Operational Research, 2022, 29 (2): 1159 –1187.

［313］YAN R, PEI Z. Retail services and firm profit in a dual-channel market ［J］. Journal of Retailing and Consumer Services, 2009, 16 (4): 306 –314.

［314］YAN Y, ZHAO R, LIU Z. Strategic introduction of the marketplace channel under spillovers from online to offline sales ［J］. European Journal of Operational Research, 2018, 267 (1): 65 –77.

［315］YAN N, ZHANG Y, XU X, et al. Online finance with dual channels and bidirectional free-riding effect ［J］. International Journal of

Production Economics, 2021, 231: 107834.

[316] YAN Y, ZHAO R, XING T. Strategic introduction of the marketplace channel under dual upstream disadvantages in sales efficiency and demand information [J]. European Journal of Operational Research, 2019, 273 (3): 968 – 982.

[317] YANG H, LUO J, ZHANG Q. Supplier encroachment under nonlinear pricing with imperfect substitutes: Bargaining power versus revenue-sharing [J]. European Journal of Operational Research, 2018a, 267 (3): 1089 – 1101.

[318] YANG Z, HU X, GURNANI H, et al. Multichannel distribution strategy: Selling to a competing buyer with limited supplier capacity [J]. Management Science, 2018b, 64 (5): 2199 – 2218.

[319] YANNAN Y, WU X, HU Q. Interaction between channel strategy and store brand decisions [J]. European Journal of Operational Research, 2017, 256 (3): 911 – 923.

[320] YI Y, YANG H. Wholesale pricing and evolutionary stable strategies of retailers under network externality [J]. European Journal of Operational Research, 2017, 259 (1): 37 – 47.

[321] YOON D H. Supplier encroachment and investment spillovers [J]. Production and Operations Management, 2016, 25 (11): 1839 – 1854.

[322] ZHANG J, LI S, ZHANG S, et al. Manufacturer encroachment with quality decision under asymmetric demand information [J]. European Journal of Operational Research, 2019a, 273 (1): 217 –

236.

[323] ZHANG Q, TANG W, ZACCOUR G, et al. Should a man-ufacturer give up pricing power in a vertical information-sharing channel? [J]. European Journal of Operational Research, 2019b, 276 (3): 910 – 928.

[324] ZHANG S, ZHANG J, ZHU G. Retail service investing: An anti-encroachment strategy in a retailer-led supply chain [J]. Omega, 2019c, 84: 212 – 231.

[325] ZHANG J, CAO Q, HE X. Manufacturer encroachment with advertising [J]. Omega, 2020, 91: 102013.

[326] ZHANG T, FENG X, WANG N. Manufacturer encroach-ment and product assortment under vertical differentiation [J]. European Journal of Operational Research, 2021b, 293 (1): 120 – 132.

[327] ZHANG Z, SONG H, GU X, et al. How to compete with a supply chain partner: Retailer's store brand vs. manufacturer's encroach-ment [J]. Omega, 2021c, 103: 102412.

[328] ZHANG X, LI G, LIU M, et al. Online platform service in-vestment: A bane or a boon for supplier encroachment [J]. International Journal of Production Economics, 2021a, 235: 108079.

[329] ZHANG L H, TIAN L, CHANG L Y. Equilibrium strategies of channel structure and RFID technology deployment in a supply chain with manufacturer encroachment [J]. International Journal of Production Research, 2022, 60 (6): 1890 – 1912.

[330] ZHENG B, YU N, JIN L, et al. Effects of power structure

on manufacturer encroachment in a closed-loop supply chain [J]. Computers and Industrial Engineering, 2019, 137: 106062.

［331］ZHENG Q, JANG H, PAN X A. Store-brand introduction and multilateral contracting [J]. Manufacturing and Service Operations Management, 2022, 24（1）: 467 – 468.

［332］ZHOU Y W, GUO J, ZHOU W. Pricing/service strategies for a dual-channel supply chain with free riding and service-cost sharing [J]. International Journal of Production Economics, 2018, 196: 198 – 210.